MÉMOIRES ET TRAVAUX
PUBLIÉS PAR DES PROFESSEURS
DES FACULTÉS CATHOLIQUES DE LILLE

# DE L'INFLUENCE

Étude psychologique, métaphysique, pédagogique

PAR

## Edouard THAMIRY

DOCTEUR EN THÉOLOGIE, DOCTEUR ÈS-LETTRES
CHANOINE HONORAIRE DE CAMBRAI
DOYEN DE LA FACULTÉ DE THÉOLOGIE DE LILLE

FACULTÉS CATHOLIQUES
**DE LILLE**
60, Boulevard Vauban

Gabriel BEAUCHESNE
117, Rue de Rennes
**PARIS**

1922

# DE L'INFLUENCE

## ÉTUDE PSYCHOLOGIQUE, MÉTAPHYSIQUE, PÉDAGOGIQUE

Fascicule **XX**

MÉMOIRES ET TRAVAUX
PUBLIÉS PAR DES PROFESSEURS
**DES FACULTÉS CATHOLIQUES DE LILLE**

# DE L'INFLUENCE

Étude psychologique, métaphysique, pédagogique

PAR

## Edouard THAMIRY

DOCTEUR EN THÉOLOGIE, DOCTEUR ÈS-LETTRES
CHANOINE HONORAIRE DE CAMBRAI
DOYEN DE LA FACULTÉ DE THÉOLOGIE DE LILLE

FACULTÉS CATHOLIQUES
**DE LILLE**
60, Boulevard Vauban

GABRIEL BEAUCHESNE
117, Rue de Rennes
**PARIS**

1922

# INDEX BIBLIOGRAPHIQUE

## PRINCIPAUX OUVRAGES CITÉS


ALBERT LE GRAND. — *De apprehensione*, édit. Prost, Lyon 1651.

ARISTOTE. — *De l'Ame, Métaphysique, Seconds analytiques*, édit. Bekker, Berlin 1831.

SAINT AUGUSTIN. — *Confessionum libri tredecim*, édit. Migne, Patrologie latine, Paris 1844, t. XXXII ; *Contra Academicos, ibid.*, t. XXXII ; *De Genesi ad litteram, ibid.*, t. XXXIV ; *De Civitate Dei, ibid.*, t. XLI ; *De Trinitate, ibid.*, t. XLII ; *Contra Julianum Pelagianum, ibid.*, XLIV.

BAEUMKER. — *Das Problem der Materie in der griechischen Philosophie*, Munster 1890.

BARTHÉLÉMY-SAINT-HILAIRE. — *De l'Ecole d'Alexandrie*, Paris 1845.

H. BERGSON. — Revue de Métaphysique et de Morale : *Introduction à la Métaphysique*, janvier 1903 ; *Essai sur les données immédiates de la Conscience*, Paris 1906 ; *L'évolution créatrice*, 3e édition, Paris 1907.

A. BINET. — *Introduction à la Psychologie expérimentale*, Paris 1894 ; *Psychologie des grands calculateurs et joueurs d'échecs*, Paris 1894.

E. BOIRAC. — *L'idée du phénomène*, Paris 1894.

M. BLONDEL. — *L'Action*, Paris 1895 ; *Lettre sur les Exigences.....*, Saint-Dizier 1896 ; *Lettres*, etc...

SAINT BONAVENTURE. — *Commentaria in IV libros Sententiarum*, édit. Collegii S¹ Bonaventurae, Quaracchi, près de Florence, 1882.

P. BOURGET. — *Le Disciple*, Paris 1889.

E. BOUTROUX. — *Leibniz*, Paris 1881.

H. BREMOND. — *Un éducateur anglais, Edwards Thring*, Revue des Deux-Mondes, 15 septembre 1902.

CL.-CH. CHARAUX. — *Notes et Réflexions*, Paris 1887.

L. Cellerier. — *Esquisse d'une science pédagogique*, Paris 1910.

Clément d'Alexandrie. — *Stromates, Exhortation aux Gentils*, édit. Migne, Patrologie grecque, Paris 1857, t. VIII.

H. Dehove. — *Essai critique sur le réalisme thomiste comparé à l'idéalisme kantien*, Lille 1907.

A. Delplanque. — *Fénelon et ses Amis*, Paris 1910.

Denys l'Aréopagite. — *De la hiérarchie ecclésiastique*, édit. Migne, P. G., t. III.

Mgr d'Hulst. — *Carême*, Paris 1891 ; *Mélanges philosophiques*, Paris 1912.

J. Didiot. — *Morale fondamentale*, Lille 1896.

Mgr Dupanloup. — *De la haute éducation intellectuelle*, Paris 1866.

Erasme. — *Commentarium : de genesi ad litteram*, édit. Migne, P. L., t. XLVII.

A. Eymieu. — *Le gouvernement de soi-même*, Paris 1911.

E. Faguet. — *La démission de la morale*, Paris 1910.

G. Fonsegrive. — *La Causalité efficiente*, Paris 1893.

A. Fouillée. — *L'avenir de la Métaphysique fondée sur l'expérience*, Paris 1891 ; *Tempérament et caractère*, Paris 1901 ; *La morale de la vie chez les animaux*, Revue des Deux-Mondes, 15 août 1902.

Saint François de Sales. — *Traité de l'Amour de Dieu*, édit. des Œuvres de saint François de Sales, par Dom B. Mackey, Annecy 1892, t. IV et V.

Grégoire. — *Le mouvement antimécaniciste*, Bruxelles 1905.

D. Hume. — *Essais philosophiques sur l'entendement humain*, traduit de l'anglais, Londres 1788.

W. James. — *Précis de Psychologie*, traduction Baudin et Bertier, Paris 1910.

Janet et Séailles. — *Histoire de la philosophie*, Paris 1887.

Saint Justin. — *IIᵉ Apologie*, édit. Otto, Iéna 1876.

P. Lacombe. — *Esquisse d'un enseignement basé sur la psychologie de l'enfant*, Paris 1899.

Lacordaire. — *Pensées choisies*, édit. Chocarne, Paris 1892.

G. Le Bon. — *Psychologie des foules*, Paris 1899 ; *Psychologie de l'éducation*, Paris 1909.

F. Le Dantec. — *Le mécanisme de l'imitation*, Revue philosophique, octobre 1899 ; *Le Conflit*, Paris 1901.

Leibniz. — *Monadologie, Système nouveau de la nature et de la communication des substances, Eclaircissement du Nouveau Système, Troisième Eclaircissement...., Lettres*, etc..., édit. Erdmann, Berlin 1840.

L. Mabilleau. — *Histoire de la philosophie atomistique*, Paris 1895.

Maine de Biran. — *Œuvres inédites*, édit. Naville, Paris 1859.

Malebranche. — *De la Recherche de la Vérité, Entretiens sur la métaphysique*, édit. de Genoude, Paris 1837.

Card. Mercier. — *Métaphysique générale*, Louvain 1905.

Milne-Edwards. — *Leçons de physiologie*, Paris 1880.

Montaigne. — *Essais*, édit. Leclère, Paris 1872.

Montesquieu. — *Esprit des Lois*, édit. Paul Janet, Paris 1887.

Newman. — *Le développement du dogme chrétien*, traduction H. Bremond, Paris 1908.

D. Nys. — *Cosmologie*, Louvain 1903.

Fr. Paulhan. — *L'activité mentale et les éléments de l'esprit*, Paris 1889 ; *Les types intellectuels, Esprits logiques et esprits faux*, Paris 1896.

J. Payot. — *L'éducation de la Volonté*. Paris 1899.

Platon. — *République, Théétète, Timée*, édit. Firmin-Didot, Paris 1856.

Cl. Piat. — *La personne humaine*, Paris 1897.

E. Rabier. — *Psychologie*, Paris 1888.

Ravaisson. — *Essai sur la métaphysique d'Aristote*, Paris 1846.

Th. Ribot. — *La psychologie de l'attention*, Paris 1889 ; *Les maladies de la mémoire*, Paris 1891 ; *La psychologie des sentiments*, Paris 1899.

Ritter. — *Histoire de la Philosophie*, trad. Tissot, Paris 1858.

Rollin. — *Traité des Etudes*, Paris 1819.

S. Sighele. — *La foule criminelle*, 2ᵉ édition, Paris 1901.

A. Schopenhauer. — *Le fondement de la Morale*, trad. Burdeau, Paris 1900.

H. Taine. — *De l'intelligence*, 9ᵉ édit., Paris 1900.

G. Tarde. — *Les lois de l'imitation*, Paris 1895.

TERTULLIEN. — *Apologie*, édit. Migne, P. L., t. I.

SAINT THOMAS. — *Summa theologica*, édit. de Parme 1852, t. I-IV ;
*Summa contra Gentiles*, ibid., t. V ; *Commentaria in IV libros
Sententiarum*, ibid., t. VI et VII ; *De Veritate*, ibid., t. IX ; *De Ente
et Essentia*, ibid., t. XVI.

F. THOMAS. — *La suggestion, son rôle dans l'éducation*, Paris 1898.

M. DE VOGUÉ. — *Spectacles contemporains*, Paris 1891.

# PRÉFACE





*Le Problème.* — L'expérience de tous les jours met sous nos yeux une multiplicité d'actions et de réactions réciproques. Aussi, l'influence des êtres les uns sur les autres et sur nous, aussi bien que l'influence de nos énergies internes les unes sur les autres, semble incontestable à première vue. Mais c'est là le monde de l'apparence et l'on peut se demander si le spectacle auquel nous assistons en nous et hors de nous traduit une réalité profonde.

**1.** *Dans l'antiquité.* — Ce problème du *changement* et du *devenir* est soulevé dès le début de la philosophie. Xénophane « ayant contemplé le ciel dans son ensemble, dit Aristote, proclame que l'Un est Dieu » (1) ; qu'il est immuable et impassible (ἀκίνητον, ἀπαθή) ; qu'il est identique au monde. Le monde cependant n'est pas à l'abri de tout changement : immuable dans sa substance, il ne l'est pas dans sa forme. Concilier cette mobilité de surface avec l'immobilité de l'Etre lui-même en son fond, c'était faire une concession au sens commun, mais au prix de la rigueur du système.

---

(1) **Cf.** P. Janet et G. Séailles, *Hist. de la phil.*, p. 922 (Paris, 1887).

Aussi avec plus de logique, tout en parlant encore le langage des apparences et de l'illusion, Parménide proclame l'unité absolue de l'Être et nie toute multiplicité et tout devenir. Dès lors, il ne peut pas être question d'actions réciproques et pour les Eléates le problème de l'influence ne se pose pas.

Il se pose au contraire dans la philosophie d'Héraclite, où il revêt une importance capitale. Ici tout est dans un éternel devenir, tout change, se reconstitue, s'évanouit et reparaît. Chaque chose renferme en soi ce qui la nie : identité des contraires, lutte d'éléments, d'où sort l'harmonie du cosmos (πόλεμος πατήρ πάντων). Incessante est l'influence des êtres les uns sur les autres ; profonde aussi, puisqu'ils se fusionnent et s'absorbent dans les transformations de l'unique principe substantiel qui les constitue : le *feu* éternellement vivant s'allumant et s'éteignant suivant la loi...

Mais avec Empédocle une nouvelle difficulté surgit. Il n'admet plus, en effet, cette compénétration intime de tous les êtres dans une unité substantielle. Il affirme, au contraire, l'existence d'un certain nombre de substances impérissables, et explique tout le changement par l'action, la réaction et la combinaison de ces substances. Il est ramené par là à concevoir l'influence réciproque suivant l'apparence extérieure, qui fait penser que quelque chose de l'agent passe dans le sujet de son action. Les corps, selon lui, échangent des effluves, qui pénètrent dans des pores organisés pour les recevoir. Cela suppose une adaptation préalable entre l'agent et le sujet. Cette harmonie préétablie, condition nécessaire de l'influence réciproque, se traduit dans l'axiome suivant : « Le semblable est connu par le semblable » ; et l'amitié (φιλία) — naturelle entre les choses, qui se ressemblent, — favorise leurs relations.

*Influence nulle* même dans le monde des phénomènes ; *influence réelle*, dans le monde de l'apparence, mais unité et identité foncière de tout ce qui est ; *influence réelle entre des substances essentiellement distinctes*, mais en relations de ressemblances ou de sympathies. Telles sont les positions qu'adoptent respectivement Parménide, Héraclite, Empédocle : ce sont les seules que la philosophie peut prendre en face de ce problème du changement et de ce mystère du *devenir*. — Elles revêtent sans doute des nuances, des précisions nouvelles et très importantes aux diverses époques ; l'histoire cependant ne semble pas nous offrir d'autres solutions.

2. *Dans les temps modernes*. — La position de Parménide était la plus difficile à tenir : Zénon d'Elée, pour démontrer l'inanité du mouvement même apparent, invoque la divisibilité à l'infini du temps et de l'espace, et l'on connaît ses paradoxes fameux. Les Alexandrins, qui empruntent à son école l'idée de l'*Un éternel et immuable*, ne peuvent se défendre d'admettre une certaine mobilité dans la matière et s'embarrassent d'une foule d'intermédiaires pour essayer d'expliquer le rapport de l'immuable avec le changeant. Chez eux déjà, la conception se modifie.

Par la suite, tout en restant fidèle au principe de l'incommunicabilité, elle prendra un aspect bien différent encore dans la philosophie moderne, où elle rallie des systèmes qui admettent, et des systèmes qui nient l'existence de substances distinctes. Sous l'influence du mécanisme cartésien ou par réaction contre lui, et pour des raisons différentes, plusieurs ne voient plus comment l'influence serait possible entre des êtres essentiellement divers. De là l'Occasionnalisme de Malebranche ; le développement parallèle des attributs divins de l'étendue et de la pensée chez Spinoza ; la négation de toute action réciproque entre les monades dans le système de Leibniz.

Cependant, nous sommes loin de l'immobilité que proclamait Parménide. Avec les Eléates on nie sans doute le *devenir* sous une influence extérieure, même purement phénoménale, mais on reconnaît aux changements de la nature un principe immanent à l'être, qui évolue. Par là on se rapproche du système d'Héraclite.

Héraclite, en effet, pose en principe une multiplicité apparente, qui se résout en l'unité fondamentale d'un principe essentiellement actif. Seulement, il admet la réalité des influences phénoménales entre les contraires, dont la lutte organise le monde. Zénon de Cittium accentue à son tour l'opposition de surface et l'identité de fond dans les actions réciproques de la matière et de la force, du corps et de l'âme de l'univers. Et son système se continue à travers l'école d'Alexandrie jusqu'à Jordano Bruno et Spinoza, pour reprendre une vie nouvelle chez les successeurs de Kant, qui semblent ressusciter la physique du stoïcisme, comme le maître en avait ressuscité l'éthique. D'une manière plus nette encore, Schopenhauer exposera cette doctrine de l'unité substantielle. A la conception héraclitienne enfin, se rattachent nécessairement tous les monismes évolutionnistes et toutes les doctrines d'immanence absolue.

En face d'elle se place toujours la conception d'Empédocle qui, au principe des choses, ne pose pas l'Un mais le multiple. A l'entendre, ce ne sont plus les accidents d'une même substance qui agissent les uns sur les autres, ce sont des substances diverses. La difficulté de concevoir l'influence réciproque est désormais autrement grave ; mais Empédocle, pas plus que Démocrite d'ailleurs, ne s'en aperçoit. Comme nous l'avons rappelé, ils croient trouver la solution du problème dans l'observation extérieure : les éléments des corps ou les atomes qui les composent s'entrechoquent et s'envoient des effluves. Ceux-ci portent dans le patient la représentation matérielle de l'agent (εἴδωλα) ; ainsi la cause imprime sa ressemblance dans le sujet qu'elle affecte. Déjà cependant, l'on reconnaît qu'il y a chez ce dernier des prédispositions, des amitiés d'éléments, des adaptations préordonnées qui favorisent ou contrecarrent l'action de l'agent.

Aristote bientôt épurera cette conception trop matérielle. Soit dans sa théorie de la genèse des formes, soit surtout dans sa théorie de la connaissance, il montrera comment l'influence peut se concevoir sans pénétration réciproque. Selon lui, le connu est présent dans le connaissant, mais d'une manière idéale, par sa forme et non par sa matière, de sorte que l'agent et l'agi, le sensible et le sentant, s'unissent dans une action commune, bien qu'en partie double (chacun produisant son acte propre). Alors se réalise l'*assimilation*, signe de l'influence efficace, parce qu'elle est le résultat de l'action même de l'agent.

L'Ecole, par la suite, a insisté davantage encore sur cette impénétrabilité des substances, sur la réelle immanence de leur énergie, montrant par sa thèse de l'*éduction des formes*, que l'assimilation, produite par l'influence de l'agent, n'est pas due à un apport de l'extérieur mais à une mise en valeur, sous l'intervention de la cause, d'énergies latentes dans le patient. Influence réelle entre substances distinctes, réglée par des aptitudes préordonnées et des harmonies réciproques : nous ferons ressortir la valeur de cette solution.

Elle était un peu oubliée au XVIIe siècle, lorsque Descartes ramena toute influence à des actions mécaniques. C'était revenir à une philosophie de l'apparence. Leibniz s'en aperçut bientôt et posant *ex professo* la question de la communication des substances, déclara impossible leur influence réelle. Il ne pouvait admettre la transitivité d'accidents d'une substance à une autre..

3. *L'antinomie à résoudre.* — Mais s'il en est ainsi, et nous pensons le montrer, nous voyons se dresser devant nous l'antinomie qui pose avec plus de netteté que jamais le problème de l'influence : *Rien ne passe de l'agent dans l'agi, et cependant l'agent produit quelque chose dans l'agi, où il n'est pas* ; — si l'immanence du sujet semble réelle, l'action exercée sur lui semble réelle également. Comment concilier ces deux données ? C'est la question que nous entreprenons d'étudier.

4. *Division.* — Prenant notre point de départ dans l'observation des phénomènes et adoptant le langage des apparences, nous constaterons par une analyse méthodique, que sous ce langage relativement clair se cachent des difficultés réelles. L'examen des données positives de notre étude nous les révélera. Guidés par cette expérience scientifiquement élaborée (livre Ier, *Psychologie*), nous nous efforcerons à l'aide d'une critique rationnelle de déterminer le *comment* de l'influence efficace (livre II, *Métaphysique*), — puis nous essaierons de montrer quelques-unes des applications pratiques qui découlent de nos conclusions (livre IIIe, *Pédagogie*).

5. *Limites de la recherche.* — Nous n'avons pas l'intention d'aborder dans son ensemble l'immense problème

du *devenir*. Son extension, en effet, est illimitée. Il enveloppe tous les êtres matériels et spirituels, car tout ce qui existe agit, influe, assimile *de cette assimilation* qui nous apparaît comme la caractéristique d'une conception *concrète de* l'influence, d'une part, tandis que d'autre part il pose devant nous le mystère de la causalité, dont nous venons de rappeler l'antinomie. Aussi ne pourrions-nous suffire à pareille tâche.

Nous voulons donc restreindre notre effort à l'*aspect humain* du problème : partir du sujet agissant, que nous connaissons le mieux, et en étudier les influences exercées ou subies.

Il y a à celá plusieurs raisons. — D'abord l'action, qui nous importe le plus, est celle que nous pouvons avoir sur nous-mêmes et sur nos semblables : il n'est point d'influence qui nous intéresse davantage, car la morale, la pédagogie, la sociologie y sont intéressées au premier chef. — Ensuite une méthode rigoureuse semble exiger que l'on commence par l'immédiatement perçu et le bien connu ; or, rien n'est plus à notre portée que notre moi. — Enfin, cette manière rendra plus facile l'enquête expérimentale et la comparaison des deux termes de l'action, puique — mieux que toutes les autres substances — nos semblables peuvent nous révéler l'influence qu'ils ont entrepris de nous faire subir et les résultats de notre action sur eux.

Dans ces limites, peut-être apporterons-nous quelque lumière à la solution du problème de l'influence.

# LIVRE PREMIER

## ENQUÊTE EXPÉRIMENTALE

---

### CHAPITRE PREMIER

## LE FAIT DES INFLUENCES RÉCIPROQUES

Sommaire. — Inévitable expansion de l'activité humaine. — 1. La tendance à la dispersion et le besoin d'unité. — Progrès par une série alternée de dissolutions et de recompositions. — 2. Trois étapes : *a)* psychisme inférieur, — *b)* psychisme conscient, — *c)* psychisme rationnel. — Rythme de l'expansion conquérante.

Vivre essentiellement c'est agir, c'est déployer par une inévitable expansion ses énergies constitutives. Tel est du moins le témoignage que rend notre *conscience* dès le premier regard qu'elle jette sur notre monde intérieur. Mues par une poussée irrésistible, nos diverses puissances font effort vers un progrès incessant. Aucun résultat ne satisfait leurs exigences et n'égale leurs désirs ; tout succès ne semble au contraire qu'exalter les unes et les autres, et, qu'on le veuille ou non, notre vie se déroule toujours plus envahissante.

1. *La tendance à la dispersion et le besoin d'unité.* — Singulier spectacle, que nous offrent comme en un grouillement confus nos phénomènes psychologiques. C'est la mobilité de la mer, où les flots se heurtent,

s'unissent, se séparent avec plus ou moins de violence, selon que l'atmosphère est calme ou que le vent souffle en tempête. Voilà pourquoi plusieurs redisent avec Héraclite que tout s'écoule, qu'on ne se baigne pas deux fois dans les mêmes eaux, que tout se dissout et se recompose. Ce phénoménisme cependant n'épuise pas toute l'apparence. Il nous semble encore que cette multiplicité d'événements s'accomplit à l'intérieur d'une conscience que l'expérience nous révèle toujours la même, d'une manière continue, et au sein de laquelle se perpétue dans une « zone mouvante » (1), une lutte indéfinie entre des éléments divers et un principe d'unité.

Les uns paraissent vouloir ravir l'être à lui-même, le désagréger, le dissoudre, le dissiper en une série de phénomènes, et c'est la surface ; — l'autre s'efforce de les dominer, de les synthétiser à son profit pour défendre et assurer son existence, et c'est le fond. Vu par le dedans, le vivant se présente à nous comme un système clos mais en équilibre toujours instable (2). Le travail, qui l'agite sans cesse, lui fait sentir son insuffisance. Aussi il aspire à s'ouvrir, pressé par une indigence, qui le contraint à chercher secours hors de lui. Mais il se referme aussitôt, grâce à une énergie profonde, qui, sous peine de mort, doit s'assimiler l'élément à l'instant introduit.

Vrai Protée, le moi sans cesse change de forme et varie l'orientation de sa synthèse. Jamais plus nous ne serons ce que nous sommes à présent, car par leur opération même nos puissances se sont enrichies ou

---

(1) Cf. H. Bergson, *L'Evolution créatrice*, p. 3 (Paris, 1907).

(2) Cf. M. Blondel, *Ann. de Phil. chrét.*, juin 1906, *Le point de départ de la recherche philosophique* : « Antérieurement à tout préjugé spéculatif, ce qui nous est donné, ce n'est ni le fixe ni le mobile, ce n'est ni le relatif, ni l'absolu, c'est ce que Malebranche appelait l'*inquiétude*, état d'équilibre perpétuellement instable... », p. 234.

appauvries, perfectionnées ou faussées. Et leur évolution ne connaît pas d'arrêt, puisque l'être se manifeste
à nous comme une force et qu'une force ne peut exister
sans agir. Si donc nous voulons avoir de lui quelque
clarté, il nous faut suivre du regard les particularités
de son évolution. « La véritable science du sujet, écrit
en effet M. Blondel, est celle qui, considérant dès le
point de départ l'acte de la conscience comme un acte,
en découvre par un progrès continu l'inévitable expansion » (1). Ainsi l'être se déploie sous toutes les impulsions, qui l'atteignent ; il réagit, s'adapte et prend sa
part de la vie universelle dans laquelle il insère son
action.

Mais *expansion* implique *relation* soit entre le sujet
et ses voisins, soit entre les diverses énergies du sujet
lui-même. De là nécessairement ces *relations réciproques* que nous entreprenons d'étudier.

Or, les seules qui soient à notre portée dans une
expérience *constante* et *phénoménalement immédiate*,
appartiennent au domaine psychologique. Ce sont les
influences, par lesquelles le moi sous l'excitation de
son milieu et en vertu de sa spontanéité vivante travaille d'abord à se conquérir lui-même ; ce sont les
influences qui éveillent nos puissances endormies, en
composent les aspirations dans des synthèses de plus
en plus fécondes, jusqu'à ce que le moi en pleine
conscience de sa liberté soumette à son pouvoir toutes
nos énergies.

Marquons d'abord les *étapes* de ce progrès.

2. *Etapes*. — Nous pourrions chercher à les fixer
à travers la psychologie infantile. Cela nous permettrait de noter les caractères de l'action vivante depuis

---

(1) *Cf. L'Action*, p. 97 (Paris, 1895).

l'instant où l'enfant n'est encore qu'un personnage
tout sensitif à peine sorti des langes de l'inconscience,
jusqu'au moment où il est devenu capable d'initiative
volontaire. Mais cette méthode d'observation externe
est longue, complexe ; les résultats en sont indécis et
souvent contestables. D'ailleurs, nous n'interprétons
les faits et gestes de l'enfant qu'à la lumière de notre
expérience personnelle, c'est donc toujours à celle-ci
qu'en définitive il faudra recourir. Autant vaut le
faire de suite et invoquer une observation que nous
pourrons reprendre et contrôler à notre gré. Elle nous
sera fournie par l'examen de l'expansion d'activité,
que provoque en nous une sensation jusqu'alors
non éprouvée.

Le cas n'est pas difficile à reproduire et il a l'avantage
de n'exiger qu'un minimum d'intervention extérieure.
Pour la première fois, je suppose, on m'offre du vin
d'Asti. Sans doute j'en ai déjà entendu faire l'éloge ;
mais toutes les paroles d'autrui n'ont pu me faire
éprouver la sensation inexprimable, parce qu'elle est
singulière et individuelle, que ce vin provoquera en
moi. Elle m'étonne, parce qu'en réalité elle m'était
inconnue ; elle me séduit par le *plaisir* qu'elle m'apporte.
*D'instinct* je cherche à la prolonger. Si un obstacle
m'en empêche, je suis réduit à n'en avoir que la représentation et le souvenir, possession idéale, d'où naîtra
le *désir*. Celui-ci appellera à son aide l'*imagination*,
qui en retour l'avivera davantage. Il ébranlera pour
les mettre à son service toutes les énergies de mon
âme. — Ce travail intense de sollicitation et de tenta-
tion, par le fait même qu'il synthétise en de séduisantes
cristallisations les images ayant entre elles quelque
ressemblance, préparera l'éclosion de l'*idée*, soit de
l'excellence de ce vin, soit de la jouissance qu'il procure. Puis toujours sous la même pression l'esprit

énoncera des *jugements* qui constatent ce désir et l'approuvent, tandis que des *résolutions* s'ébaucheront en vue de le réaliser. Le plaisir de gourmandise paré de la sorte peut devenir alors comme le but de ma vie, ayant pour cet instant tous les attraits d'un idéal : il faut, semble-t-il, lorsqu'il revêt les intolérances de la passion, le conquérir ou mourir à la peine.

Toutefois, si d'aventure mes jugements et mes résolutions heurtent quelque jugement antérieur, un jugement moral par exemple, ou quelque autre résolution, qu'elles ont réveillés par contraste, une hésitation se produit... La *réflexion* commence... Il y a une lutte pénible, qui me fait prendre conscience d'un pouvoir souverain, dont je dispose pour trancher le débat. Je me sens libre d'opter pour l'une des deux alternatives : acquiescer à ma gourmandise ou me retenir *par volonté*. A ce moment je suis à même de faire un acte humain, car progressivement toutes mes puissances ont été rappelées à l'activité et je sens que maintenant tout dépendra de mon initiative.

Cette succession de phénomènes a pu ne durer que quelques minutes. Elle n'en comprend pas moins une *série d'influences réciproques*, par lesquelles se sont mutuellement mises en acte et en valeur mes diverses facultés. Essayons de suivre pas à pas cet épanouissement d'activité afin de saisir, s'il est possible, la physionomie de toutes les évolutions de ce genre.

A) *Psychisme inférieur.* — Dès que les organes des sens sont excités, surgissent en nous une foule d'activités corporelles et spirituelles. Elles entrent fatalement en jeu et chacune suivant sa pente naturelle. Réserve puissante d'énergie nerveuse et psychologique, notre être n'est pas indifférent à tout genre de déploiement, comme une cire inerte reçoit avec une égale facilité toutes les formes qu'on lui imprime. Même dès l'origine de sa vie, il possède déjà des modes d'agir déterminés selon lesquels se fait la première poussée de son action. Tant que celle-ci s'exerce à l'aise, il se complaît dans cette expansion ; il en éprouve un plaisir mais encore si vague, qu'il s'en aperçoit à peine. Soudain des chocs, des arrêts se produisent, apportant avec eux l'expérience de la douleur. Ce phénomène nouveau, différent du premier, éveille une conscience plus nette. Désormais, l'homme distingue l'acte pénible de l'acte agréable, et d'instinct s'efforce de reproduire ce dernier.

*Le plaisir* à ce moment domine en son intérieur, il est le but poursuivi, la cause finale immanente en vue de laquelle tout s'organise, le principe d'unification de toutes les énergies éveillées jusque-là.

в) *Psychisme conscient.* — Il peut facilement remplir ce rôle, parce que la sensation, qui le constitue, n'est pas un pur phénomène affectif ; elle contient encore les matériaux d'une représentation plus ou moins précise. De fait, les représentations de ce genre, les images, sont aussi nombreuses que les émotions qui les ont provoquées. Sans doute, beaucoup d'entre elles tombent dans l'oubli et semblent évanouies à jamais. Plusieurs cependant persistent chez nous.

Et, désormais, ces deux phénomènes — émotion, image, — seront souvent unis et si le plaisir réussit à donner de l'élan à notre activité tout entière, ce sera d'ordinaire grâce à son influence sur les *images*.

Par l'attention spontanée, dont il est maître, il rendra plus nette l'image qui l'intéresse, en la maintenant dans la conscience. Elle deviendra par là même le centre, autour duquel se grouperont tous les autres phénomènes psychologiques capables de lui prêter

leur force d'expansion. L'image, en effet, mieux encore
que le plaisir, est un instrument de réduction à l'unité
dans la vie sensible. Or, redisons-le, si elle réussit en
cette tâche, c'est qu'en elle semblent se confondre les
deux sources de toute activité : la connaissance et
l'amour. Point d'arrivée de l'une, elle amorce l'autre
en l'éclairant. Après l'avoir fait jouir un instant de la
possession idéale de son objet, elle lui fait sentir
davantage son indigence ; elle lui montre l'insuffisance
de l'actuelle coordination à laquelle échappe la possession réelle, qu'il convoite. De là une souffrance, principe d'un nouvel effort vers une synthèse plus complète cette fois.

Le *désir* dirigera cette tentative pour réaliser une
unité supérieure. L'être, chez qui un désir précis n'est
pas encore né, est l'esclave des nombreuses et variables
sensations qu'il éprouve. Il tourne en toutes directions.
Les fins qu'il poursuit sont multiples et se substituent
sans cesse les unes aux autres. C'est l'instabilité
même, avec souvent l'impression d'ennui, qu'apporte
l'anarchie intérieure. Dès que le désir prévaut, tout
change : la coordination des énergies s'opère, l'action
devient efficace. Dissolvant à son profit les synthèses
antérieures et divergentes, il ramasse en un point
toute notre force et en décuple la puissance d'exercice.
C'est lui qui soutient le savant ou l'artiste en la poursuite de son idéal et ne lui laisse plus de repos (1).
Rien de ce qui a rapport au projet, qu'il caresse, ne

---

(1) Un bel exemple de cette concentration d'attention sous l'influence
du désir a été donné par Ampère. G. de la Rive avait élevé de fortes objections contre sa théorie de l'aimant, tourmenté par le désir de les résoudre,
Ampère *ne vivait plus que pour cela.* « Il est impossible de se représenter
jusqu'où était portée en pareille circonstance la concentration de son esprit.
On voyait alors cet homme qu'on appelait, distrait, isolé pendant de longues
heures dans une méditation profonde, traversant ses occupations et les
devoirs de la vie dans une sorte de somnambulisme, oubliant tout, jusqu'au
moment où la vérité se faisant jour, le délivrait de cette obsession ». DUMAS,
*Revue scientifique*, t. XV, p. 650, cité par E. RABIER, *Psychologie*, p. 234.

passe inaperçu pour lui. Au contraire, tout ce qui peut enrichir la représentation conçue vient se cristalliser autour d'elle. Alors la susceptibilité intellectuelle du travailleur s'aiguise, son goût acquiert une pureté merveilleuse : tout s'éclaire, tout s'anime, l'œuvre se dégage, se polit, elle apparaît en sa splendeur. Ce prodige, qui réclamait l'exaltation jusqu'au génie des facultés du poète ou de l'artiste, un désir intense l'a réalisé. Il a confisqué pour son service toutes les ressources internes : il a tout concentré pour tout s'assimiler et tout dominer.

Cette extraordinaire puissance de synthèse est plus visible encore lorsque sous l'influence d'une passion elle devient anormale. L'être entier se trouve alors à la merci d'une image fixe ou d'un monoïdéisme, dont la persistance est aussi opposée à notre nature que l'incohérence même. C'est un excès redoutable, mais qui fait mieux ressortir en les accentuant les caractères de l'influence qu'exerce le désir.

Né de la sollicitation d'une image agréable, celui-ci provoque à son tour une considérable floraison d'images. Il les embellit jusqu'à les rendre fascinatrices. Excitée par lui, l'imagination les recouvre de faux brillants, comme le givre attache des cristaux aux mille feux sur des branches de bois mort. Leur séduction fait alors plus cruellement sentir à l'homme son dénûment, sa privation, son besoin de bonheur. Il les maudit parfois à cause de la souffrance qu'elles lui infligent, mais il ne peut se détacher d'elles. Elles deviennent le but, la fin en même temps que les excitatrices de tous ses efforts. Elles mettent en branle tout notre intérieur et semblent fouiller jusqu'aux recoins de notre être pour y découvrir des activités à utiliser. Comme un piston qui, donnant un « ré » dans une salle d'orchestre, répéterait sa note jusqu'à ce qu'il ait ébranlé tous les instruments capables de vibrer à son unisson et de l'enrichir de leurs harmoniques, — l'image s'agite, lutte, intrigue, cherche des alliés et entraîne tout dans sa sphère d'action. Elle est insatiable, et s'il existe encore quelque virtualité endormie, fût-elle d'ordre supérieur à elle-même, elle n'a point de repos qu'elle ne l'ait éveillée. Ainsi, les rapprochements d'images en des systèmes dus à la similarité mettent en lumière certains caractères communs.

c) *Psychisme rationnel.* — L'esprit soudain les aperçoit comme tels et reconnaît le parti qu'il peut en tirer pour le progrès de sa synthèse mentale : leur identité lui permet de les entraîner dans son mouvement et de les exprimer dans une seule et même conception intellectuelle : l'*idée* est dégagée. A partir de ce moment, l'influence des facultés sensibles, provoquant le travail de la raison, a ouvert un monde nouveau à notre action. Sans doute, les images conserveront leur importance puisqu'elles sont aussi nécessaires à l'élaboration des idées que le fil à l'ascension du cerf-volant, et que les deux ordres de faits doivent entrer dans les systèmes du même moi ; mais la souplesse et la variété des synthèses désormais possibles s'étend à l'infini.

Ce n'est plus seulement telle satisfaction concrète et déterminée, que l'homme poursuivra nécessairement. L'idée du bonheur lui ramènera sous les yeux les représentations des formes diverses et multiples de jouissances, auxquelles il peut aspirer. Enfin, quand il aura choisi l'une d'entre elles, cette dernière déploiera — pour embellir ses perspectives — des ressources infiniment plus considérables, que ne pouvait faire l'image. Aussi aura-t-elle plus de chances de dominer la synthèse interne, de dissoudre même à son profit les organisations mentales, qui s'ébaucheraient pour s'opposer à son expansion, et ne tardera-t-elle pas à se réaliser et à conquérir son objet.

La chose en effet est incontestable : le pouvoir dynamique de l'idée semble irrésistible. Elle ne s'est pas formée en dehors d'une attention spontanée ou volontaire, toujours soutenue d'ailleurs par un désir et par un sentiment. En fait, elle se montre toujours environnée d'un cortège de phénomènes sensibles, qui la rendent aimable et séduisante : l'idée la plus abstraite des mathématiciens n'est jamais complètement dépouillée de ces charmes. Voilà pourquoi, colorée par l'imagination et par le sentiment, remplie d'une chaleur communicative, elle devient facilement, pour qui la possède, un idéal, un but, une cause finale de l'activité. Celui qui en est épris la compare à toutes ses opérations intellectuelles et morales, lui trouve des consonances qui l'enrichissent comme des harmoniques enrichissent une note dominante. Jugements et raisonnements sont requis pour cette œuvre, à laquelle il semble que toutes les autres tendances doivent être sacrifiées.

Toutes les puissances d'un être cependant ne sont pas toujours à point pour être absorbées en un tel système de penser et d'agir sous la direction d'un amour, qui, ne pouvant se les assimiler, les laissera dans l'ombre ou les combattra. Elles se révoltent, et l'anarchie triomphe un instant dans la vie interne. Parfois même elles se coalisent pour briser le premier élan de l'âme. La lutte s'engage. A chaque choc les deux groupes de tendances semblent s'organiser d'une manière plus serrée afin de l'emporter. Les mobiles rendent plus vives et plus attrayantes les images qui les expriment, montrent mieux la facilité et l'agrément des actes qu'ils souhaitent ; des motifs s'adjoignent à eux et exposent l'utilité d'une décision en leur faveur et ce, avec tant de persuasion, que déjà s'ébauchent les mouvements d'âme et de corps, qui vont les satisfaire.

Au milieu de ces aspirations contradictoires, l'action s'arrête indécise. Pourquoi cette hésitation ? Parce que la synthèse interne n'est pas suffisamment complète. L'être est comme en état de dissolution, il est divisé entre des fins diverses qui sollicitent son action. Or, cet état est épuisant et douloureux, l'homme souhaite d'en sortir. Il fait effort pour cela et tout à coup il s'aperçoit qu'il peut dirimer le conflit... Cette anarchie intérieure, avivant son besoin d'unité, amène l'âme à prendre conscience d'une énergie, qu'elle ne se connaissait pas (1). C'est un progrès nouveau et le plus important : l'éveil de la *volonté libre*.

Celle-ci prend aussitôt l'initiative de soumettre toutes les énergies qui semblent étrangères à sa puissance. Elle recommence, *comme à un étage supérieur*, le travail d'unification, que la dispersion des désirs avait un instant arrêté. Mais l'œuvre sera cette fois responsable et méritoire, parce qu'elle est voulue. Une résolution est au principe de cette entreprise ; elle marque le commencement d'une lutte nouvelle contre les tendances anarchiques, car « toute résolution est une déclaration de guerre à la mollesse et à la dissipation des forces vivantes » (2).

Pour triompher et faire de toutes les facultés antérieurement éveillées une synthèse originale et favorable à une action déterminée, la volonté doit vaincre

_______________

(1) M. H. BERGSON, dans l'*Evolution créatrice*, p. 199 (Paris, 1907), fait une observation analogue : « Chez l'homme l'habitude motrice peut avoir un second résultat incommensurable avec le premier. Elle peut tenir en échec d'autres habitudes motrices, et par là, domptant l'automatisme, mettre en liberté la conscience ».

(2) Cf. M. BLONDEL, *L'Action*, p. 259 (Paris, 1895).

la mobilité naturelle de nos états de conscience, fixer
au milieu de son évolution spontanée l'idée ou l'image
élue, autour de laquelle tout devra graviter dans le
monde interne. Faute de suivre cette tactique, elle
échouera parce qu'elle n'a point sur nos énergies une
autorité tyrannique et arbitraire. Du monde psychologique on peut répéter ce que Bacon disait du monde
matériel : *On ne commande à la nature qu'en obéissant
à ses lois.* Ainsi notre moi ne domine la synthèse
interne, qu'à condition d'utiliser les lois de systématisation des phénomènes. Il y arrive au moyen de l'attention dont il dispose. Grâce à elle, il oriente son activité
d'une manière efficace vers le but un jour entrevu et
actuellement choisi.

Tant que la volonté cependant demeure faible,
engourdie ou distraite, les idées et les images suivent
leur cours à la dérive, au hasard de l'association et
au gré des désirs changeants, sans rien de net, de
précis, d'ordonné, état agréable peut-être comme dans
la rêverie, mais à coup sûr émiettement de l'action et
inutilité pour le progrès de la vie humaine. Au contraire, lorsqu'une volonté énergique s'attache à faire
prévaloir une émotion, une idée, une action, celle-ci,
surtout si elle est en harmonie avec les aspirations
profondes de l'âme, ne tarde pas à devenir prépondérante. Les états de conscience, à elle opposés, sont
éliminés, tandis que ceux qui peuvent lui prêter
secours y sont tous invités. Bien vite l'ordre et l'harmonie sont réalisés. — Ensuite, par une juste récompense et un juste retour, le but choisi, parce qu'à lui
s'associe le sentiment de la victoire et de l'empire sur
soi-même, devient agréable. Cela ramène vers lui les
aspirations qu'il a dû violenter et étend jusque dans
l'ordre sensible l'unité intérieure. A ce prix l'action
est féconde ; elle triomphe de tous les obstacles,

pourvu que la volonté soit tenace : la puissance de cette faculté, en définitive, mesure la puissance de l'homme.

A cette maîtrise de soi s'ajoute bientôt une conséquence nécessaire. Consciente de sa force, la volonté toujours travaillée par un irrésistible besoin d'expansion, s'avancera vers d'autres conquêtes. Il y a à cela des raisons profondes : « La volonté humaine ne peut se garder toute en soi, parce qu'elle ne vient pas toute de soi. Si agrandi que soit le cercle, l'action finit toujours par le faire éclater, elle n'est pas maîtresse de se borner » (1). Elle l'est d'autant moins, que ses puissances ont été davantage organisées, concentrées, unifiées à l'intérieur. La rigueur de la synthèse semble mieux encore que par le passé, lui avoir fait connaître son indigence des richesses extérieures, en même temps qu'elle a accumulé des forces pour insérer avec succès son acte comme un coin dans le déterminisme universel et conquérir tout ce qui l'environne. De là un double besoin d'activité.

Mais en y répondant, l'homme ne se dissipe pas hors de lui-même. S'il s'avance vers les êtres voisins, s'il s'adapte à eux pour agir sur eux, c'est toujours d'abord afin de les ramener à soi, à une unité, dont il se fait le centre ; le tout en vue de la finalité immanente, qui caractérise la vie, — sans préjudice de la finalité transcendante qu'il peut ensuite imposer à cette dernière en vue d'un idéal, qui la dépasse.

*Rythme de l'expansion conquérante.* — En résumé, dès le plus bas degré de son existence, l'homme franchit les limites de son être. Il cherche à se mettre en harmonie avec son milieu, parce qu'il y devine une condition

_____________

(1) *Ibid.*, p. 327.

de sa vie. Bientôt il rêve de conquérir ce milieu lui-même. De même que le son s'accroît des harmoniques, qu'il éveille, l'*émotion gagne* à se répercuter et à créer autour d'elle un courant de sympathies, et la volonté, — qui en définitive résume tout l'homme parce qu'elle est la plus haute expression de son énergie vivante, — est toujours agitée par quelque ardeur de prosélytisme. Elle aspire à soumettre à son pouvoir le monde entier. Et son ambition grandit avec le succès. L'homme veut devenir le centre d'une synthèse de plus en plus vaste et de plus en plus rigoureuse, dont les éléments seront les âmes qui l'entourent. Il souhaite dominer pour son propre bien ou pour celui des autres. La chose est délicate et difficile ; mais c'est une entreprise que tentent tous les hommes, puisque tous réussissent à se créer une sphère d'influence, si petite soit-elle.

Enfin, se sentant né pour l'infinité, l'homme aspire à dépasser le monde lui-même, à s'élever jusqu'à la possession de Dieu ou du moins jusqu'à une certaine ressemblance avec Lui, ambition dont Platon faisait le but de toute vie morale. Parfois *même* il prétend se faire Dieu lui-même... En cet effort incessant, l'action humaine plus que jamais apparaît envahissante et conquérante à l'infini.

Ainsi en va-t-il de toute vie. Son activité spontanée, immanente et finaliste se déploie comme en un système dont les énergies s'éveillent, se relâchent, se tendent à nouveau par l'effet d'influences réciproques ; puis s'enrichissent par des relations avec les êtres voisins. Son progrès semble suivre un mode oscillatoire de *thèse*, d'*antithèse* et de *synthèse*. L'état de conscience, que le cœur ou la volonté a élu, tâche à s'assimiler tous les phénomènes, qui jaillissent autour de lui, et cela afin d'en accaparer les forces. Parfois une lutte s'engage : conflit et anarchie intérieure ; mais la victoire est assurée au mode d'agir que favorise l'attention. L'ordre se rétablit. Bientôt surgit un conquérant nouveau et la lutte recommence... C'est ce qu'on voit par exemple dans le travail du savant : les faits ont été groupés, ils sont bien connus, on en a exprimé les lois, la science semble faite. Voici qu'un phénomène se présente, il est rebelle à la loi. Celle-ci est remise en question ; de nouvelles études s'imposent : observations, expériences, comparaisons... jusqu'à ce que soit achevée une synthèse plus forte : hypothèse vérifiée ou loi corrigée.

Analyses ou dissolutions, synthèses ou recompositions : ainsi se déroulent en une série alternée et progressive les défaites et les victoires du principe d'unité et de la tendance à la dispersion ;... et tel est le rythme qui, en apparence du moins, scande le progrès de l'évolution humaine. C'est une marche vers un équilibre toujours plus puissant, provoquée par un besoin d'ordre, par un amour, dont la propriété essentielle est de résoudre la multiplicité en une unité harmonieuse ; — réalisée enfin par un effort, qui rend d'abord l'homme maître de lui-même, puis des autres.

Quelle est la loi de cet effort ? Comment se réalise cette expansion de l'activité ?

# CHAPITRE II

## COMMENT S'EXERCENT LES INFLUENCES RÉCIPROQUES DANS LA VIE SENSIBLE

SOMMAIRE. — 1. Complexité de la vie psychologique. — 2. Activité sensible : *a)* son expansion sous la poussée du plaisir, — *b)* de l'image attrayante ou redoutée, — *c)* de la sympathie et de l'amour, — *d)* du désir... se fait en vue d'une assimilation. — 3. Rôle de l'attention spontanée dans la vie émotive.

**1. *Complexité de la vie psychologique.*** — Le rapide coup d'œil, que nous venons de jeter sur l'activité de notre moi, nous la fait apercevoir immanente, mais tourmentée par un besoin d'expansion et de progrès, qui lui fait trouver toujours inférieur à ses aspirations profondes son développement actuel. Contraint par une sorte d'indigence radicale, il aspire sans cesse à se dépasser. Son effort pour y réussir entraîne toute la complexité mouvante de ses phénomènes. Émotions, inclinations, images, pensées, volitions travaillent de concert, car elles coexistent dans l'unité de l'âme, d'où elles jaillissent. Un acte ou un état d'âme n'est donc jamais purement et uniquement *sensation*, purement et uniquement *idée*, purement et uniquement *volition*. En fait, il n'est jamais isolé, et lorsque nous disons : « je sens », « je pense », « je veux », ce que nous désignons en définitive, c'est seulement la forme prédominante, le caractère dominateur, le centre de notre synthèse psychique actuelle.

Cet artifice est cependant nécessaire, car il est la condition de l'analyse interne et de la clarté du langage. C'est pourquoi, après avoir rappelé cette intime concomitance et compénétration des phénomènes psychiques, nous exposerons notre enquête au sujet de leur *mode* d'influence réciproque en nous plaçant successivement à trois points de vue : activité de la *vie sensible*, activité de la *vie connaissante*, activité de la *vie volontaire* (1).

Nous tâcherons de suivre ainsi l'évolution décrite au chapitre précédent.

2. *Activité sensible*. — En ses débuts (autant que l'expérience permet de le constater), la vie humaine se caractérise par un élan instinctif, par une évolution des capacités et aptitudes constitutives de notre nature. Mais, dès son premier déploiement, l'activité s'accompagne d'un épiphénomène, qui nous renseigne sur la valeur de son expansion : toutes les fois que notre activité s'exerce avec mesure, toutes les fois que l'inclination, qui l'anime, atteint son objet sans excès ni fatigue, nous éprouvons un sentiment de satisfaction, sentiment dû au développement harmonieux de notre être. C'est une loi bien constatée en psychologie.

A) *Son expansion sous la poussée du plaisir*. — Ce contre-coup agréable cependant ne résulte pas de la seule modération dans le travail. Il est affaire de *qualité* autant que de quantité. Bien vite, en effet, nous

---

(1) Sur la base solide que nous fourniront les faits que nous allons examiner et discuter dans ce *Livre Premier*, nous élèverons notre théorie à l'aide d'une critique que nous espérons rigoureuse et serrée, dans notre *Livre Second*. Expérimentale et rationnelle sera donc notre méthode. Elle nous conduira à des conclusions, dont nous montrerons la portée dans ses applications pratiques au *Livre Troisième*.

reconnaissons que notre réserve d'énergie n'est pas indifférente à tout genre d'expansion. Elle recèle des prédispositions foncières, qui marquent une direction naturelle à notre activité. Dès lors, tout effort devient douloureux, non seulement lorsque par excès il nous porte au delà de la fin, à laquelle secrètement aspirent nos tendances, ou lorsque par défaut il nous laisse en deçà, mais aussi lorsqu'il aboutit à côté de cette fin. Ce n'est donc pas uniquement de l'intensité de l'acte que dépendent le plaisir et la douleur, c'est surtout de son accord, de son *harmonie* avec les dispositions de notre nature. Voilà pourquoi, dans l'appréciation des plaisirs, il faut tenir grand compte des tempéraments (dispositions organiques), de l'imagination (dispositions psychologiques), des préjugés, des idées préconçues, des convictions, des résolutions (dispositions morales). En un mot, l'activité devient agréable toutes les fois qu'elle est *conforme* à la nature de l'être qui agit.

Une telle adaptation, d'ailleurs, semble la condition nécessaire de toute émotion intense, même douloureuse. Dans l'animation d'une bataille, le soldat ne souffre guère, au premier moment, des blessures qu'il reçoit. Les expériences et les témoignages en sont nombreux : la sensation d'un coup de fouet, et parfois la difficulté de mouvoir un membre, voilà le premier effet que produit une balle. Plus tard seulement la douleur commence ; puis elle s'augmente au fur et à mesure que les nerfs se détendent et que la désorganisation gagne les diverses parties du corps. De même, dans l'ordre purement psychologique, l'annonce brusque d'un grand bonheur ou d'un désastre ne cause tout d'abord qu'une surprise violente, qui semble paralyser la sensibilité : nous restons interdits, haletants, en apparence impassibles. Bientôt l'âme se met

au point, les associations gaies ou tristes s'éveillent,
la vision de ce qui nous arrive s'accentue, s'intensifie,
s'exagère parfois sous l'influence des images ; l'émotion gagne de proche en proche, ébranle l'être tout
entier, s'incarne en lui pour ainsi dire. Alors, c'est
l'ivresse de la joie ou le désespoir. Enfin, qui n'a trem-
blé après coup au souvenir d'un danger auquel il vient
d'échapper et dont il s'est tiré avec un sang-froid en
apparence imperturbable.

La sensibilité s'accroît donc par une sorte de rayonnement qui conquiert à l'impression reçue toutes nos
énergies. Mieux se fait cette adaptation à l'état d'âme
provoqué d'abord, mieux s'exerce notre pouvoir de
sentir ; mais aussi, nous l'avons vu, plus notre action
s'harmonise aux souhaits profonds de notre être, plus
elle est agréable ; plus elle est en désaccord avec eux,
plus elle est douloureuse.

Ceci nous suggère une double conclusion. D'une
part, au point de vue de l'apparence au moins, la loi
de conquête à l'intérieur de l'âme, le mode d'influence
efficace des états sensitifs est un progrès d'*assimilation*.
D'autre part, cette loi semble régir toute l'évolution
de la vie émotive. En effet le plaisir et la joie sont,
à n'en pas douter, la récompense d'une activité qui se
déploie suivant sa loi de nature. Or, le plaisir et la joie
n'accompagnent qu'une augmentation d'harmonie ;
ils naissent avec la conscience plus ou moins vague
de l'épanouissement normal de nos tendances,
c'est-à-dire d'un accroissement d'adaptation, d'assimilation de nos énergies à leur fin naturelle.

B) *L'image attrayante ou redoutée*. — Cette recherche
spontanée de l'harmonie intérieure, source d'un sentiment de satisfaction, est de fait tellement dans l'ordre
des choses, que nous en trouvons maints exemples

dans ce que M. le D^r Grasset appelle le « psychisme inférieur ».

Si, à un sujet en catalepsie, on ferme le poing, on voit bientôt en vertu des associations habituelles la face se contracter pour exprimer un sentiment de colère, puis l'autre poing se crispe, le corps prend une position d'attaque ; par une sorte de synergie, l'état d'âme provoqué éveille, attire à lui, organise à son profit, en un mot harmonise, assimile au but qu'il poursuit toutes les ressources de l'être. Qu'on impose alors au sujet un autre état de conscience — en lui joignant les mains, par exemple, — toute son attitude ne tardera pas à se modifier, un nouveau sentiment absorbera à son tour les énergies de l'être et le préparera à la prière, l'y adaptera par un réel commencement d'action. Sous la pression de la même nécessité d'équilibre, entre ses diverses puissances, le somnambule inconsciemment effectue les mouvements qu'il imagine.

D'ailleurs, ce besoin est parfois contraignant, au point que l'homme n'arrive pas à lui résister : il est amené malgré lui à exécuter un acte qu'il redoute. C'est le cas du vertige. Je suis au sommet d'une tour et j'ai pour me tenir debout quatre fois plus d'espace qu'il ne m'en faut au niveau du sol, et cependant je ne puis m'y maintenir... j'ai une tendance presque irrésistible à me jeter dans le vide.

Le fait est curieux, mais il est cent fois constaté. Il s'explique d'ailleurs facilement. L'idée du danger m'impressionne et me fait concevoir avec une vivacité extraordinaire l'image de la chute et des mouvements musculaires qui l'accompagnent. Sous cette influence, décuplée par la crainte, mes membres accomplissent les mouvements imaginés. Le sentiment de l'équilibre qui, d'ordinaire, triomphe de telles représentations, ne peut opposer ici qu'une résistance insuffisante et, si l'on ne me retenait, de moi-même je me précipiterais dans l'abîme. Cette tendance à assimiler le geste à l'état conçu crée de même toutes les contagions de l'*imitation instinctive*. C'est un danger toujours à redouter par ceux qui, comme les enfants, n'ont qu'un faible pouvoir d'inhibition. Leur volonté débile n'offre guère d'obstacle à la réalisation des images.On connaît l'histoire de la guérite du camp de Boulogne : une sentinelle s'y était pendue à un clou... plusieurs soldats en faction au même poste l'imitèrent... il fallut, dit-on, brûler la guérite. Les *séries rouges*, épidémies de crimes ou de suicides, peuvent avoir la même source..

Les exemples de ce genre surabondent dans le domaine du psychisme inférieur ; ils y montrent surtout la puissance du pouvoir-moteur des images. Mais en quoi consiste ce pouvoir, sinon à entraîner l'organisme vers la réalisation concrète de la représentation psychologique, c'est-à-dire à mettre les attitudes du corps en harmonie avec les actes de l'âme, en un mot, à façonner celui-là à la ressemblance de celle-ci. Ainsi l'expansion de la puissance de l'image se ramène à une *conquête par assimilation*.

c) *La sympathie et l'amour*. — Ce mode d'influence semble plus efficace encore dans la vie sensible pleinement consciente, où le progrès d'un état d'âme paraît toujours provoqué par une prédisposition, une similitude ébauchée, que l'être travaille à augmenter et à achever. L'amour, en effet, y est le grand ressort de l'action. Or, aimer c'est se complaire en une perfection, c'est éprouver une joie intime à en apprécier l'excellence, c'est en quelque sorte mettre en elle le but de sa vie, parce que l'on sent en elle son âme se dilater, se grandir, épanouir ses aspirations profondes. Chaque progrès en ce sens se marque par un accroissement de bonheur. — Mais ce contre-coup agréable, nous l'avons vu, est le signe d'une expansion harmonieuse de l'activité, la preuve d'un développement, qui répond aux inclinations naturelles de l'être. Or, ces inclinations, dont l'évolution nous rapproche de l'idéal aimé et nous fait plus semblables à lui, que peuvent-elles être sinon des prédispositions sympathiques, aptitudes complémentaires aux siennes ou ressemblances initiales ?

Celles-ci sont la condition même de la naissance d'un amour, *Amicitia pares invenit aut facit*, et de leur existence nul ne peut douter, puisque l'amour ne jaillit pas indifféremment pour tous les objets et pour toutes les personnes. Il a ses préférences parfois inexplicables à qui ne voit que la surface des choses. En un mot, l'amour suppose une sorte d'inclination fondamentale, une conformation intérieure, une sympathie pour une perfection ou pour un être, en qui l'homme trouve l'achèvement, le complément, l'épanouissement de ses aspirations spontanées. De là le charme du sentiment qu'il provoque, charme qui bientôt envahit l'âme entière, attire à lui, afin de les tendre vers son objet, toutes nos énergies intimes ; et de proche en proche, établit son empire par un *progrès d'assimilation*.

Spontanément, en effet, l'homme souhaite conquérir l'objet de ses complaisances, afin de le posséder à jamais. Il rêve de s'unir à lui, de se perdre en lui et, à défaut d'une fusion impossible, il s'efforce de se rapprocher de lui par une ressemblance chaque jour plus complète. Voilà pourquoi, qu'on le veuille ou non, on imite ce que l'on aime : *Amicitia pares... facit.* Si l'amitié suppose une ressemblance, par une influence de retour sa pratique accentue sans cesse cette ressemblance. Des hommes se rapprochent parce que leurs aspirations se complètent (1), parce que leurs sentiments s'harmonisent, parce que leur commerce, loin de contrarier le mouvement de leur nature, en favorise le développement. Ils goûtent une jouissance profonde en un mutuel épanchement. Leur vie semble s'étendre et absorber pour chacun la vie de son ami ; leurs âmes se touchent et se mêlent au point que, selon le mot de Montaigne, on ne découvre plus « la cousture qui les a joinctes ». Tout devient commun — parfois jusqu'aux manières de penser et de parler (2) — en une *assimilation* aussi parfaite que possible.

D) *Le désir.* — Cette marche vers l'assimilation — spontanée au début de l'amour, s'accélère bien vite sous la pression du désir.

L'homme, en effet, ne se repose pas longtemps dans le doux sentiment de complaisance que lui procure le premier ravissement de l'amour. Fatalement ramené vers lui-même, il souffre de se sentir si loin de l'idéal,

---

(1) Cf. SAINT FRANÇOIS DE SALES, *Traité de l'amour de Dieu*, livre I, ch. VIII, édit. Dom Mackey, t. IV, p. 48, 49 (Annecy, 1894). « Or, il en est de même de l'amour humain, car il se prend quelquefois plus fortement entre des personnes de contraires qualités qu'entre celles qui sont fort semblables... Ainsy l'amour ne se fait pas tous jours par la ressemblance et simpathie, ains par la correspondance et proportion, qui consiste en ce que par l'unyon d'une chose à une autre, elles puissent recevoir *mutuellement* de la perfection et devenir meilleures ».

(2) M. P. BOURGET a bien observé ce phénomène d'assimilation progressive, lorsque dans *Le Disciple* (Paris, 1889), il fait dire à Robert Greslou : « Un savant d'un rare mérite et que vous connaissez bien, M. Espinas, a expliqué ainsi que toute société est fondée sur la ressemblance. J'ai conclu, moi, que pour un homme, apprivoiser un animal, c'est l'amener à vivre en société avec lui, c'est ne faire dans ses rapports avec l'animal que des mouvements dont cet animal puisse se rendre compte en les refaisant, c'est lui ressembler. J'avais vérifié cette loi en constatant la mystérieuse analogie de physionomie qui s'établit entre les chasseurs et leurs chiens, par exemple. Je constatai de même — et c'était le signe qu'en effet Mlle de Jussat s'apprivoisait chaque jour un peu davantage. — que nous commencions, elle et moi, à employer dans nos phrases des expressions analogues, des tournures presque pareilles. Je me surprenais timbrant mes mots d'un accent qui ressemblait au sien et j'observais en elle des gestes qui ressemblaient aux miens. Enfin, je devenais une portion de sa vie sans qu'elle s'en aperçut elle-même... » Edit. Nelson, p. 219, 220.

qui l'a charmé. Alors, il souhaite de s'élever de nouveau
jusqu'à lui, de s'identifier plus pleinement avec lui,
afin de retrouver et d'assurer d'une manière durable
le bonheur, dont il a joui un instant. Le désir est né.
Essentiellement, il est un *élan* vers un objet, auquel
l'âme est déjà unie en imagination ; il est un effort
pour rendre, malgré les obstacles qui ont fait reconnaître à l'amour son indigence, la réalité semblable
au rêve entrevu ; il est un souhait de fusion totale
provoqué cette fois par la conscience plus ou moins
vague d'une conformité initiale avec l'objet aimé et
par la conviction, forte de l'expérience antérieure,
qu'augmenter cette conformité jusqu'à la ressemblance
parfaite sera conquérir le bonheur. « Pour désirer,
écrivait Ravaisson, il faut que, sans le savoir, on se
complaise par avance et se repose dans l'objet de son
désir ; qu'on mette dans lui en quelque manière son
bien propre et sa félicité ; qu'on se pressente en lui,
qu'on s'y sente, au fond, déjà uni et qu'on aspire à
s'y réunir encore » (1).

Développer une union, une identification, ou faute
de mieux une ressemblance, une assimilation est donc
la tâche du désir. En cela, il reprend, accentue, achève
l'œuvre commencée par l'amour. Celui-ci, en effet,
est rarement assez fort et assez heureux pour ne point
rencontrer de résistance. Souvent mille inclinations
diverses contrarient son action et le réduisent à la
possession imaginaire et fugitive, à la contemplation
platonique de son idéal. Mais tout change lorsque le
désir intervient. S'il est intense, il ne tarde pas à
s'emparer de l'hégémonie dans le monde intérieur,
il annihile les tendances rebelles à son impulsion,

----

(1) Cf. *Revue des Deux Mondes*, 1er nov. 1840, cité par E. RABIER, *Psychologie*, p. 483.

il synthétise les autres et confisque à son usage toutes leurs ressources. Avec une ardeur inconnue jusque là, il pousse l'être d'une manière irrésistible vers la possession réelle du bien qui l'attire. Soutenu par lui, l'homme à force de pensée patiente acquiert cette science, cette vérité dont la beauté l'avait enthousisamé, il la réalise en lui, la fait sienne par une union dans laquelle il lui donne la vie. Soutenu par lui également, l'homme se rapproche de son idéal et, pour le mieux connaître et le mieux aimer, s'efforce d'en reproduire dans son âme l'image fidèle, en un mot de *s'assimiler à lui.*

3. *Rôle de l'attention dans la vie émotive.* — Si maintenant nous cherchons comment le désir réussit à accélérer et à rendre victorieuse de toutes les oppositions cette marche nouvelle vers une assimilation, la psychologie nous répond que c'est grâce à *l'attention spontanée,* dont il dispose. Celle-ci cependant n'est pas créatrice d'énergie. Elle n'est qu'un pouvoir d'inhibition qui maintient dans la conscience un phénomène sensible qu'elle entreprend de rendre dominateur. Que se passe-t-il alors ? En vertu de l' « automatisme psychologique », ce phénomène s'avive ; il éveille pour se les adjoindre toutes les énergies intérieures qui peuvent le favoriser, les utilise pour son propre développement et par là oriente l'âme entière vers la fin que poursuit le désir. L'attention apparaît donc désormais comme un *instrument d'adaptation et d'assimilation* à un but.

La preuve expérimentale en est faite : « Lorsqu'une personne, écrit M. Binet, placée dans les conditions décrites plus haut (c'est-à-dire ayant la main sur une table et cachée par un écran) doit localiser une sensation de contact, elle commence par faire un effort d'attention, que l'on voit se manifester par de très légers mouvements qu'elle a une tendance à exécuter... » (1). Il arrive même, si le contact attendu tarde à se produire, que le sujet s'illusionne et s'imagine le percevoir. Cette influence assimilatrice est plus visible encore, lorsqu'il s'agit d'un mouvement à réaliser. Dans un exercice militaire, le commandement préparatoire attire l'attention des soldats sur l'image d'un mouvement ; si le commandement d'exécution se fait trop attendre, on les voit malgré eux ébaucher ce mouvement. L'attention donc prédispose l'être tout entier à se mettre en harmonie avec l'état d'âme qu'elle favorise ; et sous son influence l'expansion de l'activité apparaît incontestablement comme un progrès vers l'assimilation.

Il en va de la sorte dans le domaine de la sensibilité. D'une part, l'attention peut, en se portant vers d'autres sujets, nous rendre incapables d'éprouver certaines émotions : on connaît le cas d'Archimède et celui de Pascal. D'autre part, elle augmente notre susceptibilité à l'égard de certaines impressions : chez le malade imaginaire, elle assimile l'état réel à l'état conçu au point de produire parfois en fait la douleur redoutée (2).

En définitive, si notre vie émotive s'exalte ou s'abaisse suivant la direction et l'intensité de notre attention ; si pour rendre efficace l'influence d'un sentiment aimé, il suffit à l'attention de seconder notre

---

(1) Cf. *Introduction à la psychologie expérimentale*, p. 43 (Paris, 1894).

(2) L'attention, qui semble être à la source de toute influence vraiment efficace, opère *entre deux assimilations* et son œuvre consiste à nous conduire de l'une à l'autre. Née d'une sympathie, suscitée par une ressemblance, une adaptation, qui permettant l'expansion agréable de l'activité éveille le désir, — elle met l'être en harmonie avec son milieu intérieur et extérieur, afin qu'il puisse mieux en recevoir les impressions et à son tour agir sur lui avec plus de succès.

besoin naturel d'expansion harmonieuse en adaptant nos énergies à l'objet de leurs désirs, nous sommes une fois de plus amenés à penser que l'expansion de l'activité normale, dont la joie est le signe, est régie par une *loi d'assimilation*.

# CHAPITRE III

## COMMENT S'EXERCENT LES INFLUENCES RÉCIPROQUES DANS LA VIE INTELLECTUELLE

Sommaire. — Activité connaissante. — 1. Mode d'influence réciproque entre les phénomènes de remémoration, — 2. dans le jeu de l'association des idées, — 3. dans les faits de perception, — 4. dans la vie rationnelle : les idées, les jugements, les raisonnements, l'analyse. — Progrès par assimilation.

Toute la vie sensible est donc un effort continu de l'être pour s'assimiler aux fins, qui provoquent son désir. Il n'en va pas autrement dans la vie connaissante puisqu'elle aussi a pour ressort un amour, l'amour du Vrai et du Beau, qui en est la splendeur.

*Activité connaissante.* — L'homme qui réfléchit, savant ou artiste, concentre toutes les ressources de son intelligence afin de s'harmoniser à l'idéal dont il s'est épris : en son travail se marque nettement l'influence *assimilatrice* des états psychologiques et leur tendance à une systématisation conquérante. Corneille rêve à une conception du Cid, que la lecture des romanceros lui a suggérée. Les données historiques lui sont restituées par la mémoire. Vagues et confuses d'abord, elles s'organisent, s'ajustent de manière à reproduire en son imagination un groupement, un système représentant le Cid espagnol. Ensuite, à cela et pour animer cette conception, s'ajoutent le souvenir

des circonstances analogues dans lesquelles il peut
s'être trouvé, soit réellement, soit d'une façon imaginaire ; puis les émotions qu'il a éprouvées alors, ainsi
que les paroles qui, du cœur, lui sont montées aux
lèvres. Sa vie psychologique avec toute sa complexité
s'emploie à enrichir la représentation première. Un
auteur se révèle toujours dans son œuvre ; car l'efflo-
rescence spontanée, qui fait naître, vivre et grandir
sous les yeux de son esprit ce modèle de courage et
d'honneur, sera comme l'aboutissant naturel des profondes aspirations de son âme. C'est pourquoi il éprou-
vera une joie intense à les voir se préciser, et, pour
ainsi dire, prendre corps dans un personnage concret.
L'émotion le gagnera tout entier. Il s'éprendra de sa
propre conception. Son amour, voulant conserver et
fixer ce type de grandeur morale, donnera l'élan à son
génie et lui fera enfanter un chef-d'œuvre.

Que s'est-il passé dans son intelligence ? — Une
série d'actes s'est déroulée, d'après quelle loi ?

1. *Remémoration.* — La mémoire a rempli son
office en ramenant à la conscience vive des connaissances acquises autrefois. Mais ces connaissances ont-
elles été quelconques et sont-elles réveillées par des
phénomènes quelconques ? Non. — Nous ne pensons
pas ce que nous voulons à propos de rien, et un souvenir, quel qu'il soit, n'est pas le produit d'une génération spontanée. Il est la résurrection ou mieux la
création nouvelle d'un acte psychologique qui, déjà
réalisé dans le passé, a laissé dans notre âme une aptitude à le reproduire comme il arrive à tous les phénomènes habituels. La remémoration prend donc rang
parmi les faits d'habitude. Les lois de ce qu'on appelle
la *conservation* du souvenir le prouvent, puisqu'elles
sont identiques aux lois de l'habitude : la répétition,

l'ordre, l'intensité de l'attention la favorisent. — Par ailleurs, il en est de même de la *réviviscence* du souvenir. Les actes premiers ont laissé une propension à recommencer telle ou telle opération, par exemple à concevoir le Cid, comme un héros espagnol, vainqueur des Maures, héroïque et magnanime.

Mais cette propension, cette facilité due à un commencement d'habitude, cette aptitude à agir dans un sens déterminé, ne se déploie que sous certaines conditions. Ainsi, dans le cas de la suggestion par attitudes, l'hypnotiseur n'obtient un résultat qu'à condition de faire exécuter au sujet le premier mouvement de la série de phénomènes qu'il entreprend de réveiller : s'il veut que le sujet prie, il faut qu'il lui joigne les mains. Cet acte provoquera la réviviscence des images qui lui sont d'ordinaire associées, et ces images à leur tour provoqueront les gestes de la prière. Il semble donc que la mémoire achève un mouvement dont on lui donne le premier temps : le point de départ de la réponse d'un élève est toujours contenu dans la question du maître.

La condition de la réviviscence du souvenir est en effet la présence à l'état primaire d'un élément du groupe à remémorer. Cet élément, soutenu par l'attention spontanée ou volontaire, se précise. Suivant la tendance que nous avons décrite au chapitre précédent, il s'efforce d'étendre progressivement sa conquête, c'est-à-dire dans l'espèce, de raviver de proche en proche les éléments autrefois unis à lui dans notre synthèse psychologique. Cherchant par exemple le nom d'une personne que j'ai entrevue, je fixe mon attention sur ses traits ; j'essaie d'ébaucher quelques syllabes qui ont chance de ressusciter ce mot que j'ai sur la langue sans le pouvoir dire. Je travaille à sortir de cet état de connaissance négative, suffisante pour me faire écarter un nom inexact, trop confuse pour me donner la représentation du nom réel. J'ai recours aux circonstances : je prie un ami de prononcer le nom de toutes les personnes que nous avons rencontrées ensemble dans telle réunion... Enfin, s'il vient à prononcer le nom cherché, je le reconnais : l'association entre cette image sonore et l'image visuelle d'abord connue se reforme. Le souvenir ne renaît donc pas tout d'un coup. Il suppose souvent un effort qui ajuste mes états d'âme actuels aux états d'âme dans lesquels je me trouvai lors de la première coordination de ses éléments.

Mais, si l'on y prend garde, cela revient à dire que l'expansion de l'activité connaissante, qui ramène à l'état vif les phénomènes remémorés, est une manière d'*assimilation* : assimilation du moi présent au moi passé.

Et, de fait, se souvenir c'est refaire son âme telle qu'elle fut jadis, lui rendre d'une manière actuelle et vivante ses pensées et ses émotions antérieures ; reconstituer un état secondaire, c'est travailler à obtenir une reproduction exacte et complète de l'état primaire (1).

Si parfois on a tenté d'établir une différence entre ces deux états, il semble que ce soit à tort. Pourquoi vouloir que le souvenir ne nous rende plus que le mot ou l'idée indépendamment des phénomènes affectifs qui ont fait, eux aussi, partie de l'état primaire ? C'est que, à mon avis, la manière dont a été posée la

_______

(1) Cf. Th. RIBOT, *La psychologie des sentiments* (Paris, 1899), ch. XI, où, après avoir montré que « la mémoire affective, vraie ou concrète, consiste dans la reproduction *actuelle* d'un état affectif antérieur avec tous ses caractères » (p. 161), l'auteur conclut que les objections élevées contre sa thèse viennent de ce que les psychologues contemporains négligent de tenir compte d'une condition essentielle de la remémoration. « Or, la principale (condition) c'est que tout souvenir doit être une *réversion* par laquelle le passé redevenant présent, nous vivons présentement dans le passé... », p. 170, n. 2.

question est vicieuse. Une règle essentielle, en effet,
pour arriver à la solution d'un problème est d'en bien
délimiter les contours, de mettre en lumière le point
précis en litige et de l'isoler des objets voisins, qui en
masqueraient la vue. Or, c'est ce qu'on ne fait pas
assez dans le cas présent. Le problème est double :
l'image, que nous voulons étudier, est celle qui renaît
après l'oubli, celle qui est contenue dans un souvenir.
Mais le souvenir complet, tel que l'état sain nous l'offre,
suppose deux opérations : la réviviscence et la reconnaissance. Faute de les distinguer, les philosophes qui,
depuis Reid, Garnier, etc., jusqu'à William James (1),
admettent entre l'état primaire et l'état secondaire
une différence de nature, aussi bien que ceux qui, à la
suite de Hume, ne voient entre ces deux états qu'une
différence de degré, entrechoquent des arguments qui,
selon la coutume, sont péremptoires à leur point de vue.

Les uns et les autres, en effet, semblent réduire le
souvenir tout entier à l'image. « La preuve, disaient
Reid, Cardaillac, etc..., qu'il y a entre les faits dont

(1) Cf. *Précis de Psychologie*, trad. Baudin et Bertier, p. 375 et 376 (Paris,
1910) : « La mémoire proprement dite est la connaissance d'un ancien état
psychologique reparaissant dans la conscience après en avoir disparu, ou
plutôt, c'est la *connaissance d'un événement ou d'un objet* auquel nous avons
cessé un certain temps de penser et qui revient *enrichi d'une conscience
additionnelle, le signalant comme l'objet d'une pensée ou d'une expérience
antérieures.*

On pourrait croire que l'élément essentiel de cette connaissance est la
reproduction dans l'esprit d'une image ou copie de l'objet original. C'est
bien ainsi que l'entendent maints auteurs, selon lesquels cette reproduction
suffit à constituer un souvenir de l'expérience première. Mais cette reproduction sera ce qu'elle voudra, elle ne sera jamais un *souvenir* : c'est un
*double* ou seconde édition et qui n'a d'autre rapport avec la première édition
que de lui ressembler d'aventure...

Récurrence n'est pas mémoire. Deux éditions d'un même état de conscience sont *deux événements distincts*, enfermés chacun dans sa peau ; l'état
de conscience d'hier est mort et enterré ; la présence de l'état de conscience
d'aujourd'hui ne le fera pas ressusciter. Pour qu'une image présente puisse
prétendre à s'identifier à une image passée, il faut encore une condition
dont on ne parle pas.

Cette condition c'est que ladite image soit expressément *rapportée au
passé* et *pensée dans le passé*... Et comment penser le passé ? Dans le
chapitre de la perception du temps, nous avons vu que notre intuition
immédiate du passé ne nous mène guère plus loin que quelques secondes
en arrière du présent. Hors de cette limite, nous concevons, nous ne percevons pas le passé ; nous n'en avons qu'une connaissance symbolique exprimée
dans des *mots*, v. g. « la semaine dernière », « en 1850 », etc...

il s'agit une différence de nature, c'est que jamais nous ne confondons une sensation même très faible avec une image ou réciproquement » (1). A quoi les seconds répondent en niant le fait et en donnant l'observation comme inexacte, car, dit M. Rabier, « cette confusion a lieu. Elle se produit dans trois cas différents... Tout d'abord elle se produit quand la vivacité du souvenir est, pour une raison ou pour une autre, exceptionnellement accrue. C'est le cas, par exemple, de l'hallucination et de la folie... Une cause morbide porte ici l'image *au niveau de la sensation* ; par suite, la distinction entre l'image et la sensation n'a plus lieu » (2).

A quoi nous pourrions répondre au nom des Ecossais, qu'il est illégitime de chercher dans un état morbide de nos facultés mentales ou de leurs instruments organiques des arguments qui atteignent la valeur des facultés et de leurs instruments à l'état normal. Dans l'hallucination et la suggestion sous l'empire de causes organiques qu'il appartient à la science de déterminer, l'image en l'absence de l'objet est accompagnée de croyance ; la distinction entre imaginer et percevoir est effacée : c'est la loi de la maladie. Elle ne vaut pas pour l'état normal ; car, de ce qu'un fou regarde le faux comme vrai, il ne s'ensuit pas que le vrai soit le faux. Ainsi de l'halluciné : s'il confond l'image d'une chose passée avec celle d'une chose présente, c'est précisément parce qu'il n'est pas dans son état normal et qu'il est incapable de souvenir. Son acte sera une réminiscence, mais non un souvenir, car pour cela il lui manque la reconnaissance, la notion du déjà-vu.

Ce dernier élément ne s'obtient d'ordinaire que grâce à l'action des réducteurs antagonistes. Là où

---

(1) Cf. E. RABIER, *Psychologie*, p. 155 (Paris, 1888).
(2) *Ibid.*

ils existent, la confusion de l'état primaire et de l'état
secondaire ne se fait jamais. Pour un homme sain,
en effet, perception et souvenir sont toujours deux.
M. Rabier lui-même nous en fournit la preuve (1)
lorsque, afin de prouver leur confusion, il cite ce
passage de Taine : « Newton avait la faculté d'évoquer
devant ses yeux l'image du soleil, même dans l'obscu-
rité, simplement en faisant un certain effort visuel.
Gœthe pouvait évoquer à volonté l'image d'un objet
et lui faire subir devant son esprit une série de transformations. Brierre de Boismont parle d'un peintre
anglais qui pouvait, sans l'avoir sous les yeux, voir
son modèle : « Je prenais l'homme dans mon esprit,
dit-il, je le mettais sur la chaise, où je l'apercevais
aussi distinctement que s'il y eût été en réalité... » (2).
Ces faits sont réels et chacun peut les avoir expéri-
mentés dans une certaine mesure. Avec un peu d'effort,
il nous est loisible de faire apparaître une image dans
notre esprit, de la parachever de plus en plus, en y
ajoutant des détails qui augmentent progressivement
la netteté du dessin. Ce phénomène est parfaitement
décrit par Brierre de Boismont, lorsqu'il nous dit que
l'image s'éclaircit par degrés, qu'il « prend son homme »,
le pose « sur la chaise », puis ajoute à sa représentation
les variétés de forme et de couleur. Le jeu de l'association des idées suffit à cela. — Mais là n'est point
la question. Ce qu'il faut se demander, c'est si Newton
et les autres ont confondu leur image remémorée avec
une perception actuelle. Il est certain que non. La
première preuve en est qu'ils avaient conscience de
travailler eux-mêmes à la combinaison d'un état
subjectif.

---

(1) *Ibid.*
(2) *Ibid.*, p. 155 et 156.

Certes, leur sensation était aussi vive que dans le moment de la perception, mais la distinction persistante prouve contre la thèse de M. Rabier. Il n'a donc pu renverser cet argument des Ecossais : l'expérience prouve que l'homme sain ne confond jamais les deux états de conscience, quelle que soit la puissance de l'état secondaire. Un artiste rêvant au crépuscule peut avoir une vue indécise des objets qui l'entourent et la vue très nette d'un paysage qu'il imagine. A moins qu'il ne soit halluciné, les réducteurs antagonistes l'empêcheront de regarder son souvenir comme une perception.

Cela fait ressortir une fois de plus qu'un souvenir suppose réalisées deux conditions distinctes mais également nécessaires : la réviviscence d'un phénomène et la reconnaissance de ce phénomène comme déjà éprouvé. Or, il se trouve que Reid et les partisans de sa théorie ont considéré principalement la seconde, « la reconnaissance », tandis que leurs adversaires se sont surtout attachés à considérer la nature de la première « la réviviscence ». Les uns, avec raison, avaient remarqué que la notion du déjà-vu est essentielle à la constitution du souvenir, phénomène d'ordre intellectuel, mais les autres avec autant de raison ont compris qu'il n'y avait pas que cela dans le souvenir et que l'élément intellectuel d'abord restauré s'accompagne de l'élément émotif et des phénomènes physiologiques inclus jadis dans l'état primaire. — Sans doute, la réviviscence n'est pas due à la persistance d'un phénomène psychologique atténué progressivement au point d'échapper un moment au regard de la conscience. Elle est due, au contraire, à un effort de l'âme qui cherche à se refaire ce qu'elle a déjà été, à reproduire, c'est-à-dire *à créer à nouveau* les phénomènes autrefois éprouvés. Mais ces deux séries de

faits sont de même nature ; et s'il peut sembler paradoxal de dire que le souvenir d'un son est une moindre
sensation de son ; il ne l'est pas de dire que le souvenir du son, pour être complet, doit contenir une sensation de son semblable à la sensation passée, ainsi
que les phénomènes physiologiques qui lui servent de
base. C'est une résurrection totale de l'état passé,
quoique en sens inverse, c'est-à-dire que l'élément
intellectuel qui fut le dernier dans l'acte de perception
lors de l'état vif, est le premier dans la genèse du
souvenir, où il réveille à son tour les éléments émotifs,
ainsi que les faits nerveux, qui l'ont d'abord introduit
dans la conscience. Selon la remarque de M. Ribot,
c'est « une *réversion* » par laquelle le passé redevient
présent ; ainsi, tout souvenir peut se ramener à un
cas de *sympathie* réalisée grâce à une *assimilation* du
moi présent au moi passé.

Mais alors, les états secondaires restaurés devraient
faire renaître en nous les émotions, les désirs et même
les mouvements nerveux et musculaires, qui ont
accompagné les états primaires ? — L'expérience
prouve qu'il en est ainsi dans la mesure où l'intensité
du souvenir se rapproche de l'état vif, auquel il se
réfère. Dans « *La Psychologie des sentiments* », lorsqu'il
expose les résultats de son enquête sur la *mémoire
affective*, M. Ribot apporte de nombreux faits, qui
confirment cette réviviscence de l'*émotion* dans le
souvenir (1). Les désirs ou les répugnances antérieures

---

(1) *Citons une de ces observations*, p. 155. *Obs.* VI. Une femme (28 ans).
« Il y a trois ans je faisais dans un établissement des environs de P..., des
visites à l'un des miens qui s'y trouvait en traitement. Ces visites, très fré-
quentes, débutaient toujours par une longue attente dans un salon donnant
sur un jardin. Si je veux repasser par toutes les impressions de cette attente,
qui m'était extrêmement pénible, je n'ai qu'à m'asseoir dans un fauteuil,
comme j'étais assise, à fermer les yeux et à me mettre dans la même disposition d'esprit où j'étais, ce qui m'est facile. Il ne se passe pas une demi-
minute entre l'évocation et la reconstitution nette, absolue de la scène.
C'est d'abord le tapis que je *sens* sous mes pieds, puis, que je *vois* avec son
semis de roses rouges et havane, puis la table devant moi avec les livres, qui

reparaissent avec elle (1) ; et l'attitude corporelle montre que les images remémorées ne le cédent point aux autres en puissance motrice des organes (2). — De là cette fatigue des centres perceptifs dans le travail de remémoration. Ils y concourent donc pour leur part. Mais comment le peuvent-ils faire sinon en agissant suivant la loi de leur constitution ? Quand le nerf auditif est en tension, il agit de la seule façon à lui possible, c'est-à-dire que les fibres de Corti s'ébranlent et que le résultat de ce mouvement est de provoquer une sensation de son à l'exclusion de toute autre chose. Donc, on ne peut pas se souvenir d'un son sans l'avoir à quelque degré dans l'oreille, on ne peut même se servir du verbe intérieur sans dérouler une série ininterrompue d'images sonores nécessaires à la langue dans laquelle on réfléchit. On s'entend penser et exprimer ses souvenirs. Dans certains cas même, les images remémorées sont si fortes qu'elles provoquent la parole : on se surprend à monologuer tout haut.

Que l'on attribue ce phénomène à la mémoire ou, comme certains le préfèrent, à l'imagination sa voisine

---

sont dessus, leur cartonnage et leur couleur ; puis, les fenêtres, avec les branches d'arbre derrière, dont *j'entends* le frémissement contre les vitres ; puis enfin, l'atmosphère particulière de la pièce, son odeur à laquelle je ne me tromperais pas ; puis tous les événements de l'attente, je les ressens comme autrefois se compliquant d'une appréhension intense de l'arrivée du médecin, appréhension qui se termine par un violent battement de cœur : le battement de cœur, il m'est impossible de l'éviter. Quand je suis entrée dans cette voie, il *faut* que j'aille jusqu'au bout en repassant par la série complète des états par lesquels j'ai passé. Je voudrais en éliminer que je ne le pourrais pas, j'en suis sûre ; comme, dans un rêve, on essaie d'éviter une chute désagréable qu'on prévoit, sans jamais y parvenir ».

(1) *Ibid.*, p. 147 : « ..pour la représentation du dégoût. Je ne trouve que trois réponses négatives avec cette remarque « j'ai un bon estomac ». L'un de ces cas est d'autant plus singulier que le sujet a eu le mal de mer. Sous sa forme vive, la représentation est décrite « comme un commencement de nausée ». Pour d'autres c'est « un mal au cœur, avec mouvement de retrait lié à l'idée d'huile de foie de morue ou de viande gâtée ». Parmi ceux qui ont éprouvé le mal de mer, je n'en rencontre aucun qui ne se le représente avec facilité (vertige, sensation de balancement qui les invite à ne pas persister dans leur réviviscence) ».

(2) Par exemple le souvenir d'un mets agréable fait venir l'eau à la bouche, le souvenir d'un objet répugnant fait détourner la tête comme pour l'éviter, etc...

et souvent son alliée dans la reconstitution d'un souvenir complet et vivant, peu importe. Il reste toujours que la représentation restaurée ne pourrait engendrer le mouvement de nos organes si elle ne le contenait au moins en germe, sous forme d'image sonore. Si le souvenir de la note « la », au lieu de renfermer une sensation de son ne nous rappelait qu'un certain chiffre de vibrations de l'air à la seconde, pourrions-nous, avec un peu d'attention, reconnaître cette note, la distinguer et surtout la reproduire ? Nous ne le pensons pas. Nous croyons plutôt qu'en vertu de l'image sonore *incluse dans ce souvenir nous entendons mentalement* les vibrations des fibres de Corti qui ont concouru à l'impression organique lors de l'état primaire. L'attention se fixant sur ce phénomène l'accentue suivant les lois de l'automatisme spontané. Puis, grâce à la coordination de nos centres nerveux jaillit un mouvement centrifuge qui ébranle les cordes vocales (1). Il y a là, suivant l'expression des physiologistes, un cas de réflexes sympathiques. Donc, puisque l'effet produit par l'image est identique à l'effet produit par la perception du « la » d'un diapason, lequel nous met à même de reproduire ce son par « réflexes sympathiques », ces deux phénomènes sont de même nature ; et si le second contient une sensation et un mouvement, il en est de même du premier.

La source de l'illusion contraire est que le coefficient de rapidité d'évocation est différent pour les divers éléments qui composeront le souvenir. Les représentations visuelles, auditives ou intellectuelles se réveillent vite et comme au commandement, tandis que les représentations affectives ne se reforment qu'avec lenteur. Il faut quelque temps pour que la

---

(1) Cf. F. Le Dantec, *Le mécanisme de l'imitation, Revue philos.*, oct. 1899.

vie sensible se mette au point de la vie connaissante,
et l'influence de cette dernière ne gagne que par un
progrès d'assimilation intérieure. Ceci nous permet de
conclure que la réviviscence d'un souvenir est un
*fait d'assimilation* dirigée par l'attention.

2. *Association des idées.* — Par ailleurs, le souvenir
n'apparaît pas dans notre vie psychologique comme le
fruit d'une génération spontanée. Il est toujours
suggéré par un phénomène qui a quelque chose de
commun avec lui et sa réviviscence semble due à une
*association par ressemblance.* « J'ai eu dans mon service, dit M. Luys, une malade jeune encore qui, pendant longtemps, avait été attachée à la Salpétrière
comme fille de lingerie, pour plier les linges et rouler
les bandes. Dans les dernières années de sa vie, cette
femme étant devenue complètement aveugle et para-
lytique présentait les phénomènes suivants : étant
dans le décubitus dorsal, venait-on à mettre entre ses
doigts une bande non roulée, un bout de corde même,
immédiatement ce contact éveillait en elle d'anciens
souvenirs : elle se mettait à opérer des mouvements
de roulement avec ses mains, automatiquement, sans
savoir ce qu'elle faisait, comme si c'eût été un appareil
d'engrenage mécanique » (1). — On connaît aussi
l'histoire du militaire qui, dans certaines crises som-
nambuliques survenues à la suite d'une blessure à la
tête, se mettait en position comme s'il allait assister
à une scène de combat, quand on lui plaçait une canne
dans les mains. Evidemment, des habitudes subsistent
à l'état latent et, dès qu'une perception se présente,
elle agit par ses analogies avec les autres perceptions,

---

(1) Cf. Luys, *Le cerveau et ses fonctions,* cité par Fr. Paulhan, *L'activité
mentale et les éléments de l'esprit,* p. 152 (Paris, 1889).

elle se synthétise avec les traces laissées par l'habitude : ce qui dans une canne ressemble à un fusil, ce qui dans une corde ressemble à une bande de linge, suffit pour compléter le système psychique et mettre en activité la tendance. C'est une application de la loi de fusion de M. Binet, combinée avec la loi d'association systématique » (1). Les divers états de conscience *influent* donc les uns sur les autres, grâce à leurs points de ressemblance, c'est-à-dire *à leurs assimilations déjà réalisées*, et le réveil des anciens systèmes d'actes internes est régi par la loi de *similarité*, encore appelée loi d'association par partie de concept.

Ensuite, ce concept élémentaire ramené à l'état vif, — s'il est en harmonie avec nos dispositions actuelles, se développera dans la conscience, où il s'enrichira toujours suivant la même loi d'assimilation. M. Paulhan a bien décrit ce phénomène sous le nom d'association systématique : « *Tout fait psychique tend à s'associer et à faire naître les faits psychiques qui peuvent s'harmoniser avec lui, qui peuvent concourir avec lui vers une fin commune ou des fins harmoniques, qui, avec lui, peuvent former un système* » (2). Ainsi, pour reprendre notre exemple, la conception initiale, que Corneille se fait de Rodrigue, ira fureter et crocheter tous les magasins et « gardoirs » d'images, d'idées, de sentiments, etc..., pour essayer de trouver quelque oripeau, quelque vêtement à sa taille, ou encore quelque ornement qui puisse la faire valoir. Des comparaisons surgiront sous l'influence du contraste, de la contiguïté, de la similarité ; et l'esprit en marche vers la formation de son idéal se nourrira de toutes les notions nouvelles, se les assimilera, les utilisera au profit de sa conception favorite, que, sous la pression d'un

(1) Cf. Fr. PAULHAN, *ibid.*
(2) *Ibid.*, p. 88.

amour, il a entrepris de préciser, d'achever, d'embellir.

A un tel succès cependant, il y a une condition *sine qua non*, c'est que cette conception trouvera dans le milieu psychologique où elle est introduite, des sympathies, des prédispositions à l'accueillir et à la favoriser jusqu'à la faire centre d'une systématisation nouvelle. Sans cela, elle sera repoussée de par la loi d'*inhibition* : « *Tout phénomène psychique tend à empêcher de se produire, à empêcher de se développer ou à faire disparaître les phénomènes psychiques qui ne peuvent s'unir à lui pour une fin commune* » (1). Et, si l'on y regarde de près, on s'apercevra que la cause de cet antagonisme réside dans une impossibilité d'évolution commune, dans un manque d'aptitude aux assimilations réciproques. Il y a là une contre-épreuve qui montre encore une fois que le progrès dans le monde intérieur se fait par voie d'*assimilation conquérante*.

Nous avons déjà dit tout ce qu'un progrès de ce genre doit à l'intervention de l'attention (2), mais celle-ci ne peut être indéfiniment tendue. Comme l'a démontré expérimentalement M. Binet, elle est soumise à la *loi du rythme* et se relâche nécessairement après un moment d'effort (3).

---

(1) *Ibid.*, p. 221.

(2) Cf. Newman, *Le développement du dogme chrétien*, trad. H. Bremond, 7ᵉ édit., p. 123-131 (Paris, 1908).

(3) *Introduction à la psychologie expérimentale*, p. 43 (Paris, 1894) : « On a fait dans l'ordre de la sensibilité tactile des recherches très précises sur le processus de l'attention et l'on a constaté que celle-ci passe par des phases successives de *concentration* et de *relâchement* et présente, selon l'expression consacrée, des oscillations. L'expérience est disposée de la manière suivante : entre deux points rapprochés de la peau, on fait passer un courant d'induction très faible, si faible que le sujet ne peut le percevoir qu'à condition de concentrer fortement son attention. On observe alors que le sujet ne peut pas maintenir son attention fixe pendant un long espace de temps. L'attention oscille et tantôt on perçoit le courant électrique, tantôt on ne le perçoit pas et tout se passe pour la conscience, comme s'il était intermittent ».

Dans cette loi du rythme, Fr. Paulhan (*L'activité mentale et les éléments de l'esprit*, p. 369 et suiv.) voit la source des associations par contraste. Il cite de nombreux faits de successions de phénomènes de conscience opposés soit dans l'état normal soit dans l'état morbide. Il les attribue à l'existence d'*émotions complémentaires* ; nous préférerions voir en eux le fait d'un relâchement de la volonté qui, épuisée par une tension extrême, cesse parfois d'exercer son empire sur les instincts inférieurs.

C'est à ce moment que surgissent les *associations par contraste.* Les éléments, considérés par rapport à la synthèse qui se dissout, se roulent sur eux-mêmes et se présentent sous des aspects nouveaux. Après une conception du Rodrigue domptant son amour, l'esprit peut abandonner ce premier point de vue et se reporter aux données du problème. Cela arrive soit à cause de la fatigue, que l'on éprouve à s'imaginer une situation extrêmement tendue, soit encore sous l'excitation d'une circonstance extérieure réveillant certains souvenirs par ressemblance : A..., dans une situation analogue, *sacrifia son honneur à son amour.* Une comparaison s'impose et provoque de nouvelles réflexions. De là un recommencement d'analyse qui aboutira à la formation d'une synthèse enrichie, ou même d'une synthèse toute autre, si le système précédent est impuissant à se reconstituer.

Celle-ci cependant demeure solidaire de l'organisation psychique à laquelle elle succède, car le passage de l'une à l'autre suppose l'existence d'un élément commun ; si bien que l'association par contraste pourrait être ramenée à une « suggestion par partie de concept » et par conséquent à un cas *d'assimilation conquérante.* En effet, « la vue d'un enfant qui buvait de l'eau dans le creux de sa main, fit trouver à Diogène, dit-on, que son écuelle était un luxe. Il est bien sûr que le contraste a fait son effet et que son idée de luxe a été complétée ainsi par une association par contraste » (1). — Analysons le fait. Diogène est ennemi du luxe. Le luxe est une chose dont on peut se passer : telle est la conviction qui réside en l'esprit de Diogène et oriente toutes ses synthèses intellectuelles. Il sait

_______________

(1) Cf. Fr. PAULHAN, *L'activité mentale et les éléments de l'esprit,* p. 328 (Paris, 1889).

d'autre part que son écuelle est un instrument pour boire. Soudain il aperçoit l'enfant à la fontaine : une nouvelle coordination d'états psychiques se produit, mais par le moyen de deux séries d'assimilations successives. La main est un instrument pour boire, un instrument pour boire est une écuelle : voilà une première suggestion de concepts due à la ressemblance. Elle est suivie aussitôt d'une deuxième série d'assimilations, dirigée par une préoccupation constante : la main est une écuelle ; en ce cas, mon écuelle de terre est un objet inutile, c'est un luxe.

Entre tous ces concepts éveillés successivement, il n'y a de contraste qu'en apparence, et pour qui ne veut considérer que les éléments extrêmes de la série sans prendre garde à la chaîne de ressemblances qui les unit. Au contraire, si l'on repasse par les détours de l'analyse, qui se fait nécessairement dans l'esprit de Diogène avant qu'il énonce cette synthèse ultime : mon écuelle est un luxe, — on y trouve des moyens termes, c'est-à-dire des éléments identiques ou semblables, qui permettent à l'esprit d'osciller d'un système à un système opposé. M. Paulhan lui-même, malgré la faveur dont jouit auprès de lui l'association par contraste, en convient : « C'est par l'intermédiaire de ces éléments communs que les systèmes opposés paraissent s'éveiller » (1).

Il en est de même dans les cas de *contiguïté*. Habituellement on distingue deux formes de l'association ou composition de l'esprit : la contiguïté et la similarité. Or, dans les faits de suggestion, que nous examinons, il semble que la distinction ne soit pas possible. — En effet, nous avons vu qu'un souvenir n'est jamais une génération spontanée ni un commencement

______

(1) *Ibid.*, p. 391.

absolu, mais que son réveil est toujours dû à un phénomène d'*assimilation*. Que si parfois sa suggestion revêt
la forme d'une association par contiguïté, c'est que les
éléments communs, les intermédiaires sont tombés
dans les bas-fonds de la conscience, où l'analyse peut
les retrouver. La chose est assez facile, pourvu que
l'on connaisse le milieu dans lequel vit le sujet des
phénomènes examinés, ses idées habituelles et les
circonstances qui influent sur leur association.

Voici une expérimentation à titre d'exemple : un
jour, je prie tous mes élèves de prendre une feuille de
papier blanc et d'y inscrire le plus rapidement possible
les vingt premiers mots qui leur viendraient à l'esprit.
Ils s'étonnent, mais je leurs promets de tirer de cet
exercice un enseignement, et ils écrivent sans savoir
dans quel but. J'obtiens partout des « chaînes d'idées »
s'appelant les unes les autres par un *élément commun*
plus ou moins visible. Je n'en citerai qu'un exemple,
chacun pouvant recommencer l'expérience. La première liste me donne : papier, blanc, ciel, Dieu, ange,
homme, animal, cheval, chou, brun, rouge, maison,
collectivisme, paradis, gloire, heureux, éternité, enfer,
envie, vie.— En plusieurs endroits, la similarité des
idées semble en défaut. J'interroge le sujet et ses
réponses confirment mes soupçons : de « blanc » à
« ciel » n'a pas été écrit le mot « bleu » amené par la
ressemblance des consonnes, ressemblance verbale
puissante en cet esprit, puisque sur vingt mots elle
amène trois autres suggestions : « cheval, chou »,
« enfer, envie », « envie, vie ». Mais comment a-t-il
passé de « maison » à « collectivisme » et à « paradis » ?
Les intermédiaires se présentent d'eux-mêmes à l'imagination d'un jeune homme habitant une ville indus-
trielle, surtout en période électorale : « maison »,
maison du peuple, intérêts populaires, « collectivisme »,

qui nous rendra le paradis terrestre, « paradis ». Donc, grâce à ces intermédiaires inexprimés, on est fondé à considérer les suggestions de souvenirs comme des *phénomènes d'assimilation*.

Seulement on pourrait, en faveur de la contiguïté, ajouter, que dans l'intérieur des groupes anciens d'états de conscience qui se reforment graduellement, le lien était de pure contiguïté. Il faut en convenir, à moins que de proche en proche on ne veuille réduire tous les phénomènes psychiques à un seul. Soit le groupe d'états de conscience, qui chez moi représente Socrate : « homme, philosophe, athénien, soldat à Potidée, moraliste » et que réveille la notion « moraliste » ; où trouverai-je ressemblance entre les divers éléments qui composent ce système complexe : le concept de Socrate. Le lien qui les a réunis et les rappelle réciproquement peut-il être autre chose que la contiguïté dans laquelle ils sont jadis apparus ? — Pourtant la difficulté s'évanouit si l'on songe que précisément « le groupe d'états de conscience, qui chez moi représente Socrate » est le résultat d'une synthèse psychique, qu'il est un système. Or, un système est un assemblage d'éléments reliés les uns aux autres et *tous reliés à un centre*. En ce point d'unité, en ce centre de systématisation se trouve l'*élément commun* qui permet de passer d'une notion à une autre notion. Les concepts élémentaires « soldat de Potidée », « moraliste », « homme », etc..., expriment les propriétés d'un même être, qu'elles déterminent chacune pour leur part dans mon esprit. Le concept complexe « Socrate », qui les synthétise, peut dès lors les évoquer tous, grâce à l'association par « parties de concept ». De même, lorsque l'attention, se fixant sur l'un d'entre eux, tentera d'en faire le centre d'une nouvelle association systématique, ce dernier, pour-

suivant son assimilation conquérante, pourra réveiller
tous les autres *en passant par le point d'unité, l'élément
commun* : l'idée de la bataille de Potidée évoquera
l'idée de philosophe et de moraliste par l'intermédiaire
de l'idée « Socrate ».

Mais pourquoi cet éveil est-il *nécessairement* un cas
de similarité ? Parce que la formation du système
lui-même n'a été qu'un fait d'assimilation. En effet,
dans le moi se produit à chaque instant une floraison
multiple de phénomènes : sentiments, idées, volitions.
Or, pour constituer un tout capable d'être rappelé à la
mémoire, il a fallu que ces éléments fussent harmo-
nisés, adaptés, unifiés — sinon c'eût été le désordre
du rêve et l'oubli qui en est la conséquence. — D'autre
part, si, au moment où il a reparu, l'élément remémoré
n'avait pas été en harmonie avec les états, qui domi-
naient alors dans la conscience, non seulement il
n'aurait pu entrer avec eux dans une association
systématique, mais encore il n'aurait pu se reconstituer, parce qu'en ceux-ci il aurait rencontré de
puissants réducteurs antagonistes. Ainsi en est-il des
mille souvenirs, qui ne réussissent pas à s'insérer dans
la série actuelle de nos pensées, tout comme des émotions douloureuses qui, chez Pascal par exemple, ne
trouvaient plus de place dans la conscience, lorsque
l'esprit était en systématisation serrée dans la recherche
d'une solution scientifique. Il n'y a donc d'influence
efficace pour un phénomène, quel qu'il soit, que dans
la mesure où il trouve dans l'âme des consonances et
des prédispositions complices ; faute de quoi, même
s'il s'ébauche, il glisse inaperçu et ne sort pas de
l'inconscience. — Enfin, l'analyse même des conditions de la contiguïté montre qu'au fond elle se réduit
à une assimilation réalisée entre des phénomènes
contigus. Pour acquérir le pouvoir de se suggérer

mutuellement, ceux-ci, en effet, doivent apparaître à l'état primaire dans le *même* temps et entrer dans une *même* association systématique, ce qui, nous l'avons dit plus haut, suppose déjà une certaine assimilation réciproque. Tel est le cas des perceptions acquises. Elle naissent d'une association par contiguïté basée sur un élément commun : le travail des différentes facultés sensibles provoqué par une *même* cause et en un temps *identique.* Or, cette identité de temps semble être souvent le seul point de contiguïté réelle, puisque nos systèmes internes paraissent se former en séries continues. Et comme il n'y a pas de solution de continuité dans la vie psychologique, à proprement parler ils ne commencent ni ne finissent. Ils sont le prolongement les uns des autres (1), si bien que leur point de contiguïté est en fait un point d'identité ou d'assimilation.

A la loi de similarité semblent donc se ramener toutes les lois de la réviviscence, et les suggestions d'états internes peuvent être considérées *comme* le *résultat d'assimilations progressives* (2).

3. *Perception.* — Cette étude du souvenir jette quelque lumière sur le problème de la perception.

Lorsque sous les influences, que nous venons de décrire, se ravive, un état passé, ce n'est pas un objet tout fait que l'âme retire d'un « gardoir », c'est un phénomène qu'elle reproduit à nouveau. Sans doute, l'habitude rend cet acte plus facile, mais elle n'en change pas la nature. Aussi peut-on dire que la première systématisation psychologique ou perception s'exécute suivant les mêmes lois que sa reproduction.

---

(1) Cf. H. BERGSON, *L'Evolution créatrice*, p. 3 (Paris, 1907).
(2) On pourrait encore renforcer ces arguments par l'étude des chances de rappel des états passés : ces chances sont proportionnelles au degré de similarité et au nombre des ressemblances connues.

Seulement, la suggestion est l'œuvre cette fois d'une influence extérieure.

Celle-ci n'aura chance d'être efficace, que si elle rencontre chez nous des sympathies, dont elle suscite l'éveil et qui, partant, s'intéressent à elle. Grâce à leur complicité, l'impression venue du dehors attire le regard de l'esprit. Qu'elle réussisse alors à captiver son attention, elle devient provocatrice d'une réaction connaissante.

Or, en quoi consiste cette dernière ? — En un effort de l'âme entière pour se faire une représentation conforme à l'objet, dont la présence pique sa curiosité. Afin d'y parvenir, l'intelligence s'adapte de son mieux aux données issues de l'intervention étrangère.

Elle en fait même le *centre* d'une systématisation psychologique, à laquelle elle convoque toutes nos facultés. Il est vrai qu'introduites dans des milieux différents, ces données sont la source de réactions, d'images et d'interprétations diverses. Cependant, on aperçoit toujours en ces dernières un caractère commun dû à l'identité de l'excitation, qui est devenue le pivot autour duquel travaille l'esprit. Par exemple, le frôlement d'une barbe de plume sur l'oreille de mon voisin A... éveille en lui l'image d'une mouche et d'un geste instinctif il essaie de la chasser ; — B..., au contraire, se retourne avec terreur, croyant reconnaître la marche d'une araignée, ce qu'il redoute extrêmement ; — tandis que C... songe aussitôt à m'accuser de lui mettre un cornet de papier dans l'oreille. Sous ce chatouillement, chacun réagit selon son énergie mentale, ses souvenirs, ses défiances. Les effets de la réaction connaissante sont donc différents à leur point d'arrivée, mais tous sont identiques à leur point de départ.

Pourquoi ? Parce que le premier élément de la perception proprement dite est une *assimilation ébau-*

*chée* dans nos facultés sensibles sous l'action d'un agent, le même dans les trois cas examinés, — tandis que des inférences viennent s'y adjoindre au risque de fausser la représentation définitive, que l'esprit spontanément cherche à se donner. Contre elles il doit donc se tenir en garde et lutter sans cesse afin de parfaire une représentation rarement exacte dès le début. Il lui faut pour cela se reporter à plusieurs reprises vers l'objet de la perception et corriger ses images d'après ce modèle. Or, cet ajustement du sujet à l'objet ne s'obtient que par un progrès d'assimilation.

Ce progrès scande la marche que suivent en leur construction toutes nos représentations mentales. Lorsque les sens présentent à l'intelligence un objet nouveau, elle y remarque d'abord des éléments déjà connus, qu'elle retrouve. Ce sont eux qui amorcent son activité. Leur image, en effet, se reforme immédiatement par un phénomène d'assimilation habituelle, c'est le premier temps ; *mais nous venons de le dire*, cette image amène avec elle le danger d'inférences qui, comme un écran, pourraient masquer les caractères spécifiques de l'objet. L'esprit cependant possède dans la perception même les moyens de se garantir contre cette cause d'erreur. Il y découvre en effet des éléments particuliers qui donnent à la représentation actuelle sa signification distinctive, c'est le deuxième temps : l'ajustement du sujet à l'objet. — Ainsi, la première fois que je vis un éléphant, se forma en mon intelligence une représentation mentale composée d'éléments autrefois perçus réveillés par ressemblance, mais groupés d'une façon nouvelle. J'y reconnus aussitôt un animal, — puis énorme, ayant la peau rugueuse, noirâtre, ridée, — enfin, pour compléter tout cela, s'ajouta le caractère nouveau et principalement intéressant pour moi à cette époque « avec une trompe ».

— Ma représentation se précisa de la sorte, allant du connu à l'inconnu, et du genre le plus vague (animal), à la différence la plus spécifique (la trompe). — Désormais, pour expliquer à ceux qui ne l'ont pas vu, ce qu'est un éléphant, j'énonçai dans le même ordre les propriétés que j'avais découvertes chez cet animal.

En fait, nous ne procédons jamais autrement, lorsque nous voulons représenter aux autres ce qu'ils n'ont pas eu sous les yeux. Nous commençons par énumérer les caractères *analogues* à ceux qu'ils ont déjà perçus, afin de mettre en branle leur imagination. On dira par exemple : la terre tourne d'un double mouvement comme une toupie, puis on ajoutera : seulement, elle est dans l'espace. Ensuite, on continuera de grouper autour de cette notion, afin de la préciser, des éléments connus par ailleurs, de manière à diminuer sans cesse la part de l'élément individuel et inexprimable, qui rend toujours inexacte l'image de ce que l'on n'a pas expérimenté soi-même (1). On amène ainsi l'âme à s'assimiler de mieux en mieux à l'objet décrit et à réaliser dans la mesure du possible cette présence idéale de l'objet dans le sujet, qu'Aristote regardait comme la condition nécessaire de toute connaissance (2).

Cette conclusion peut se renforcer encore par l'étude du secours que l'attention apporte à nos puissances de

---

(1) C'est de là que viennent les étonnements que l'on éprouve presque toujours en voyage, lorsqu'on se trouve en face d'objets dont on avait lu cependant une description objectivement exacte ; de là aussi vient l'impossibilité de se représenter parfaitement un état d'âme que l'on n'a jamais expérimenté. Il faut avoir souffert comme autrui pour sympathiser avec sa souffrance. « *Haud ignara mali miseris succurrere disco* ».

(2) Il est à remarquer que cette analyse, — qui ramène l'acquisition de la connaissance à un fait d'assimilation — vaut pour un idéaliste de l'école de Kant, aussi bien que pour un réaliste de l'école d'Aristote : seulement d'un côté c'est l'âme qui contraint la *matière donnée* à s'adapter à ses lois ; de l'autre, c'est l'âme qui se fait semblable aux choses qu'elle veut connaître. — Il n'entre pas évidemment dans notre cadre de discuter la valeur respective des deux théories. Cela a été fait d'une manière magistrale par M. H. DEHOVE, dans son *Essai critique sur le réalisme thomiste, comparé à l'idéalisme kantien* (Lille, 1902).

perception. En effet, si nous considérons l'image comme le troisième terme de l'activité connaissante opérant dans le monde sensible, nous retiendrons que l'*impression organique* en harmonie ou en opposition avec les tendances physiologiques provoque un phénomène agréable ou pénible : la *sensation*. La sensation à son tour est l'introductrice de l'image, car elle contient des éléments représentatifs : elle est un signe. Mais ces éléments sont enveloppés dans des phénomènes de sensibilité, qui attirent l'attention sur une assimilation ébauchée et sollicitent le travail de l'esprit en vue de la perfectionner. Cependant cette tentative est vaine, quand l'âme est indifférente ou distraite : il n'y a pas alors de réaction connaissante. Au contraire, il en va tout autrement quand l'âme s'intéresse à la donnée qui lui est offerte. Elle en ressent les moindres impulsions et y répond avec une virtuosité extrême. Ses sens semblent acquérir une délicatesse nouvelle pour mieux saisir les détails de l'influence étrangère, tandis que l'imagination déploie ses souples richesses afin de la mieux représenter.

D'où vient dans ce cas l'exaltation de l'activité intellectuelle ? — De l'intervention de l'attention (1). Or, celle-ci, nous l'avons vu à propos de l'activité sensible, opère entre *deux assimilations*. Son œuvre consiste ici à réfléchir l'activité intellectuelle vers le but que lui indique l'amour sous forme de curiosité. Cet amour, en effet, l'a tout d'abord mise en mouvement :

---

(1) Le développement que nos facultés de connaître doivent au secours de l'attention est incontestable : c'est elle qui permet à l'oreille du guetteur de saisir les moindres bruits ; c'est elle qui, animée par la haine ou par un amour inquiet, donne à certains individus passionnés une clairvoyance extraordinaire. Cela ressort mieux encore dans les cas anormaux, tels que le cas de suggestion hypnotique. Il est hors de doute que l'hypnose soit due à une concentration extrême d'attention sur un point. C'est pourquoi le sujet devient d'une susceptibilité extrême à l'égard des objets qui intéressent la suggestion présente tandis qu'il est insensible à l'action des autres. Donc l'intensité du travail des facultés de connaître se mesure à l'énergie de l'attention qui permet ou empêche l'assimilation de l'âme aux objets présentés.

car, si l'âme s'intéresse à un objet, c'est quelle s'y complaît, parce qu'elle entrevoit en lui une correspondance à ses aspirations plus ou moins conscientes. Cependant, l'amour est toujours besogneux chez l'homme. Aussi, toujours avide d'expansion harmonieuse, l'homme veut augmenter son bonheur et, dans ce but, augmenter encore son adaptation, sa ressemblance, son assimilation avec l'objet aimé afin de le mieux connaître.

En cet effort, on voit une fois de plus que l'acquisition de la connaissance se ramène à un *fait d'assimilation*, puisque l'appoint précieux que lui donne l'attention, consiste à augmenter notre capacité d'assimilation.

La chose est incontestable dans le monde de l'image ; elle ne l'est pas moins dans le monde de l'idée.

4. *Vie rationnelle.* — *Idées.* — Sans doute, l'idée est l'œuvre de notre raison qui, dans une intuition caractéristique, entrevoit « comme communes à plusieurs » des notions présentées à titre individuel et particulier dans les perceptions et les souvenirs ; — mais cette œuvre est provoquée, soutenue et guidée par les images. Celles-ci, en effet, dans un perpétuel effort d'ajustement se fusionnent, s'organisent suivant la loi de ressemblance, et par là mettent en lumière leurs éléments identiques : les similitudes s'affirment, les diversités s'effacent. De la sorte se prépare une matière très favorable à l'abstraction et à la généralisation. Ce travail préliminaire est surtout visible dans la formation des idées scientifiques, mais elle est générale et on peut la retrouver même dans la genèse des notions premières (1).

---

(1) Soit, par exemple, l'idée de *Cause.* — Les sens, la mémoire, l'imagination de l'enfant sont en jeu bien avant ses facultés rationnelles ; ces dernières

Puis donc que les phénomènes intellectuels sont, de par leur nature, passifs en leur premier temps, l'idée, pas plus que l'image, n'est une génération spontanée, un commencement absolu, une sorte de feu-follet, qui jaillirait en notre monde intérieur sans provocation préalable. Elle est toujours le résultat d'une réaction de l'esprit s'efforçant de se rendre compte des faits, qui ont réussi à piquer son incoercible curiosité par une ébauche ou une promesse d'assimilation, en laquelle il trouve quelque complaisance, comme nous l'avons dit plus haut (1).

Avant la naissance de l'idée, suivant l'expression d'Aristote, l'âme est *en puissance* semblable à tout le connaissable. Sous l'action des données expérimentales élaborées par l'intellect agent, elle va devenir semblable *en acte* à l'objet connu. Ce n'est pas que celui-ci pénètre en elle et l'envahisse ; non. C'est elle, au contraire qui, dans une réaction connaissante, répond par son initiative et son énergie intime, à l'influence exercée sur elle. Elle s'adapte, s'assimile à l'objet afin de le mieux concevoir et de s'en faire une représentation exacte — toujours du point de vue de la raison qui est le général, l'universel et le nécessaire. — L'idée est alors formée, et le progrès qu'elle marque est le fruit d'une *assimilation* du connaissant au connu.

---

semblent sommeiller en attendant une occasion favorable pour s'exercer. Maintes fois aussi la conscience lui montre des mouvements, dont il a l'initiative : impulsions, désirs, souhaits, efforts plus ou moins heureux. Chacune de ces expériences contenait en fait une relation entre un antécédent et un conséquent. Cette relation d'influence toujours la même au milieu de la diversité des phénomènes successifs, se mettait automatiquement en lumière comme l'élément commun dans l'image composite.

Peu à peu se formait donc le cas privilégié capable d'amorcer l'activité de la raison. Le jour où celle-ci s'éveilla au spectacle d'une influence causale, — *d'un effort interne,* je suppose — son attention fut attirée de préférence sur les *termes* mêmes de cette relation aperçue dans un si grand nombre d'expériences. — En vertu de ses énergies constitutives, la raison la saisit alors dans une intuition unique « comme commune » aux divers faits dont elle a été le témoin. De cette conception naîtra *l'idée de cause.* — Par un progrès nouveau, elle découvrira ensuite qu'entre l'antécédent et le conséquent, il y a une *connexion nécessaire,* qu'elle traduira sous une forme universelle: Tout ce qui commence d'être ne peut ne pas être un effet.

(1) P. 68.

*Jugements.* — Une fois acquises, les idées ne demeurent pas isolées. Comme tous les phénomènes internes, elles cherchent à étendre leur règne en absorbant les autres, en les dominant ou, faute de mieux, en s'alliant avec elles. Sans doute, l'association les groupe aussitôt, mais cela ne suffit pas à l'esprit, qui se sent la force d'intervenir dans ces combinaisons. Il ne peut résister à son besoin d'unifier toujours davantage ses connaissances et de diminuer sa charge en ramenant diverses notions les unes aux autres dans de riches synthèses mentales.

De là les comparaisons incessantes qui caractérisent son travail. Deux notions sont-elles en présence ou se succèdent-elles ? — Loin d'assister inerte aux associations spontanées de leurs éléments, l'esprit les surveille avec intérêt, afin d'en profiter pour fortifier ses systèmes d'idées anciens, pour en faire surgir de nouveaux ou encore pour trouver le moyen de fusionner des notions divergentes. Il se peut, en effet, que l'opposition entre ces dernières ne soit qu'apparente ; car pour qu'elles se soient suggérées, il faut qu'elles possèdent un élément commun, que l'analyse retrouvera. Je lis par exemple : « Le soldat Socrate ne le céda en valeur à aucun de ses contemporains ». Soldat, Socrate, ce rapprochement m'étonne à première vue. Je sais que Socrate fut un philosophe, se promenant paisiblement sur les bords de l'Ilissus, mais je ne vois rien dans le concept de philosophe qui puisse suggérer le concept de soldat, « homme courant les hasards de la guerre ». Comment l'écrivain, dont j'ai l'ouvrage sous les yeux, a-t-il pu accoler ces deux notions ? — Mais j'évoque mes souvenirs, j'analyse dans le détail tout ce que contient le concept Socrate, et j'y découvre enfin que Socrate combattit à Potidée et à Délium. A ce moment, les éléments communs m'apparaissent ; ma synthèse mentale se fait : « Socrate fut un soldat ». C'est un jugement rendu possible grâce à une identité partielle des deux termes : ces termes, en effet, sont des concepts qui se suggèrent l'un l'autre, parce qu'un élément commun leur sert de *centre d'assimilation*.

*Raisonnements*. — Cet élément commun, par sa nature même, provoque le travail de l'esprit en vue d'une synthèse plus ample encore. Celle-ci sera réalisée dans le syllogisme où le « moyen terme », cause mentale de *l'assimilation* des extrêmes, joue le rôle de pivot dans cette réduction à l'unité. On le voit par la manière même dont on découvre le moyen terme nécessaire : elle consiste en une analyse qui met en lumière un élément commun aux deux extrêmes. Soit le problème : « Socrate est-il grec ? » — L'analyse me révèle que Socrate fut un philosophe, athénien, maître de Platon, etc..., et, d'autre part, que le concept « grec » contient et suggère les concepts « lacédémonien, athénien, thébain, etc... ». Dès que dans ces deux séries, qu'il compare, l'esprit a entrevu un élément identique, il peut, par son intermédiaire, tenter la réduction des extrêmes : Socrate est athénien. Or, tout athénien est grec. Donc, Socrate est grec... Et le problème est résolu par une assimilation de ces deux termes (1).

Il ressort de là que l'esprit ne peut travailler et développer, en les unifiant de plus en plus, ses systèmes d'idées, que par la découverte de ressemblances : *une loi d'assimilation* semble présider à l'œuvre de la

---

(1) Cette assimilation est la condition de tout travail intellectuel et toutes les fois qu'elle fait défaut, le raisonnement est impossible. La preuve en est que toutes les règles du syllogisme, c'est-à-dire, les règles de l'élaboration intellectuelle peuvent se ramener à cette unique et première loi des anciens : « Tout syllogisme doit avoir trois termes, sans plus ; — afin que puisse s'appliquer le principe : deux quantités égales à une même troisième sont égales entre elles. — Il serait intéressant de montrer que dans tout sophisme l'analyse découvre l'existence de quatre termes réels, de là les erreurs d'assimilation.

raison tout autant qu'à l'œuvre de la mémoire et de l'imagination.

Elle exprime, en effet, le seul mode possible de son progrès, puisque démontrer quelque chose, c'est-à-dire acquérir une vérité nouvelle, c'est en fait identifier l'inconnu au connu. On me dit à brûle-pourpoint : « La somme des trois angles d'un triangle est-elle égale à deux droits ? » — Je n'en sais rien, et tout d'abord j'incline à répondre « non », parce que je ne vois pas d'assimilation possible entre les deux termes de la question. Mais par une analyse progressive, on me met sous les yeux la série des identités. qui réduisent la somme des trois angles d'un triangle à la somme de tous les angles formés en un point du même côté d'une droite,. etc... La démonstration est faite. — On ne procède pas autrement dans les sciences du concret puisqu'on a pu y appeler la découverte « la divination d'une uniformité » (1). Enoncer une loi physique, c'est affirmer qu'une relation déterminée est commune à toute une classe de phénomènes (2). Or, la valeur de cette loi dépend de l'exactitude avec laquelle ont été observés dans les cas particuliers les *points de ressemblance* qui en ont suggéré l'hypothèse. Celle-ci traduit certes une conclusion de l'esprit, elle est une synthèse mentale, mais qui a été préparée par une analyse ou dissociation d'éléments capable de faire saisir les ressemblances profondes cachées sous les divergences apparentes, — de faire voir par exemple

---

(1) Les exemples abondent, citons celui de Oken : « Oken se promenait un jour (1806) dans une une forêt du Harz, lorsqu'il trouva sur le sol le crâne blanchi d'une biche, la ressemblance de la base du crâne avec la colonne vertébrale lui sauta aux yeux. Oken a dépeint lui-même ce moment dans un langage expressif : « Ramassé, retourné, regardé, ce fut fini! L'idée traversa mon cerveau comme un éclair : c'est une vertèbre ! Et depuis ce temps-là le crâne est une vertèbre ». — Cf. *Rev. scient.*, 20 novembre 1876, cité par E. RABIER, *Psychologie*, p. 228 (Paris, 1888).

(2) Cela ressort de la formule même de la loi v. gr. : Tout corps plongé dans un liquide subit une poussée de bas en haut égale au poids de liquide qu'il déplace...

que le même principe régit des phénomènes divers, comme la chute d'une pierre et l'ascension d'un ballon.

*Analyse.* — Mais d'où vient cette fécondité de l'analyse ? — D'où vient la différence entre l'intelligence du vulgaire, qui ne saisit que les relations superficielles, et celle du savant qui arrache à la nature quelqu'un de ses secrets ? Elle vient de ce que le savant possède une aptitude particulière à comprendre les phénomènes, à s'immiscer en quelque sorte dans leur mouvement, à s'y assimiler afin de s'en représenter vivement les moindres détails. A ce don naturel, il doit joindre le travail, la recherche continue, ce que Newton appelait la « pensée patiente », c'est-à-dire, une extraordinaire concentration de l'esprit, qui, suivant la loi de l'attention, augmente la susceptibilité des facultés de l'âme à vibrer sous les provocations de l'expérience. Ce n'est certes pas un esprit ordinaire qui eut saisi la relation de la tige avec la fleur ; mais Gœthe, par une étude détaillée, avait rendu possible cette association de similarité surprenante au premier abord. — Voilà pourquoi l'on peut placer le mérite du savant non pas tant dans la découverte qui jaillit de son esprit que dans l'énergie du travail de dissociation qui la prépare.

Chose curieuse, ce travail lui-même s'accomplit suivant une *loi d'assimilation*. Dissocier, en effet, consiste à séparer un élément de l'ensemble dont il faisait partie. Comment séparer cet élément et le faire survivre dans l'esprit après l'évanouissement des autres, si on ne le fait pas entrer dans un système nouveau ou s'il ne devient pas lui-même le point de départ d'une nouvelle synthèse interne ? En réalité, c'est ce qui se produit. De même qu'un atome, au dire

des physiciens, n'est jamais abandonné à lui-même
et que l'analyse chimique ne réussit à l'extraire d'une
molécule qu'en provoquant la formation d'une molécule nouvelle, où il pourra mieux déployer ses affinités
(loi du travail maximum) ; — ainsi l'élément psychologique ne peut vivre isolé et l'analyse ne peut le
séparer de son milieu actuel qu'en l'absorbant dans
une synthèse nouvelle qui, pour s'achever, brise la
synthèse antérieure. « Toute analyse, écrit M. Bergson,
est une représentation, prise de points de vue successifs,
d'où l'on note autant de contacts entre l'objet nouveau
qu'on étudie et d'autres qu'on croit déjà connaître » (1).

Or, l'analyse est ordinairement guidée par des préférences dues à un intérêt pratique, scientifique ou
esthétique. C'est pourquoi, tel élément du système
offert s'harmonisant mieux avec les tendances de mon
esprit ou avec mes associations antécédentes rompt
la synthèse mentale actuelle. Ensuite, grâce aux similitudes complices qu'il trouve en mon état interne et
qu'il s'adjoint, il devient prépondérant en une systématisation nouvelle.

*Progrès par assimilation.* — Nous sommes donc
entraînés, même quand nous poursuivons un mouvement d'analyse, dans une série de synthèses toujours
mouvantes en vue d'une unification recherchée ; et
celle-ci se réalise par voie d'*assimilation conquérante.*

Nous en voyons la contre-épreuve dans la difficulté
que nous éprouvons à chasser un préjugé : une notion
qui cherche à s'introduire chez nous est repoussée si
elle ne s'adapte pas à nos idées favorites. Celles-ci
servant de règles et de juges ne nous laissent com-

_________________

(1) Cf. H. Bergson, *Introduction à la métaphysique, Rev. de Mét. et de Mor.,*
janvier 1903.

prendre des choses que ce qui est en harmonie avec elles.

Par ces sortes d' « oracles internes », tout notre passé intellectuel pèse sur notre présent. L'idée, que nous entendons énoncer aujourd'hui, ne pénètre en nous que revêtue de nos connaissances antérieures et peut-être déformée par nos habitudes de penser.

Cette contrainte d'assimilation cause le phéno-mène de « réfraction mentale » qui nous fait trouver triste ou gai le même son de cloche selon nos disposi-tions du moment. Elle fait le malheur de l'esprit de système : neuf dixièmes d'inférences, comme disait Stuart Mill, venant fausser la vue de l'observateur. Elle est surtout la source des erreurs en morale, où les vérités sont des « vérités à reflets » qu'on ne peut bien apercevoir qu'à condition de les regarder sous un jour favorable, comme les tableaux des maîtres. Et dans l'ordre de la connaissance comme dans l'ordre de l'action, elle rend les corrections presque impossibles pour les raisons exposées plus haut ; à moins qu'aux heures de doute et d'anarchie intérieure, la bonne volonté n'intervienne par un acte de confiance en une autre intelligence, qui sera assez souple pour pénétrer jusqu'à notre âme, se mettre en sa place, s'y assimiler afin de comprendre presque aussi bien que nous nos difficultés et nos angoisses. Alors, subissant l'influence d'une mentalité et d'un acquis différents du nôtre, nous pourrons être amenés à des assimilations dans une direction différente et à des conclusions nouvelles. Ce n'est qu'après cette évolution, dure et difficile souvent, que nous pourrons juger de la fausseté de notre conception antérieure et découvrir où était la source de notre illusion.

Généralement, nous la trouverons dans l'influence incontestable qu'exercent sur notre évolution intellec-

tuelle les attraits, que nous subissons et les résolutions
que nous formons. Les uns, en effet, accaparent l'attention spontanée, les autres s'efforcent de disposer de
l'attention volontaire. Or, nous savons avec quel
succès, en favorisant certaines assimilations, ce double
pouvoir intervient dans notre vie connaissante.
L'attention apparaît d'ailleurs comme le moyen le
plus visible d'influence réciproque entre nos facultés.
Car, si elle facilite l'action des tendances sensibles et
de la volonté sur l'intelligence, par un juste retour elle
permet à cette dernière d'intervenir dans notre vie
sensible et volontaire : d'une part l'intelligence amorce
et guide le désir, de l'autre elle prépare et rend possible
l'acte libre.

Comment, dans cet enchevêtrement d'influences,
la volonté insère son action, c'est ce qu'il nous reste
à examiner.

# CHAPITRE IV

## COMMENT S'EXERCENT LES INFLUENCES RÉCIPROQUES DANS LA VIE VOLONTAIRE

Sommaire. — Activité libre. — 1. Choix d'un idéal auquel on veut se rendre semblable. — 2. Valeur morale : intention. — 3. Dans la vie volontaire comme dans la vie sensible et dans la vie intellectuelle le mouvement s'opère entre deux assimilations.

A la lumière de la raison, plusieurs fins se présentent à nous et sollicitent notre activité. Il appartient à la volonté de choisir. Suivant quelle loi le fera-t-elle et réussira-t-elle à faire respecter son choix ?

*Activité libre.* — Sans doute, elle a pour objet propre le Bien, et elle ne peut pas ne pas le rechercher. Mais les biens sont divers : plaisir, intérêt, devoir. Ils attirent l'âme humaine, parce qu'ils répondent à l'une ou à l'autre de ses inclinations fondamentales, et à leur façon lui promettent le bonheur. Seulement, nos inclinations sont par nature égoïstes. Chacune d'elles, c'est un fait, aspire à prendre l'hégémonie de la vie psychologique et à confisquer à son profit toute l'activité disponible. En conséquence, surgissent d'inévitables conflits et l'on éprouve l'impérieux besoin d'une discipline qui rétablisse l'équilibre dans le monde intérieur.

1. *Choix d'un idéal.* — A la volonté libre échoit la

charge de maintenir l'ordre entre les tendances et de
diriger leur évolution ; à elle aussi est réservé le privilège de choisir la fin de la vie humaine, le but où elle
entreprend de la conduire ; à elle enfin il appartient
de déterminer à la lumière de la raison le type de
perfection actuellement possible, auquel elle s'efforcera
de conformer l'homme tout entier, l'idéal auquel elle
travaillera à le rendre semblable.

Pour accomplir son œuvre, il lui faudra vaincre des
inclinations divergentes, parfois violentes, exclusives,
jalouses comme le deviennent les passions. Or, les
passions que sont-elles, sinon des poussées irréfléchies
vers une *assimilation*, qui élèverait notre état actuel
au niveau d'un état imaginaire, où nous croyons
trouver le bonheur. Si la raison nous a fait entrevoir
l'illusion de ces démarches instinctives, nous aurons à
cœur d'en détourner nos énergies, mais nous ne le
pourrons qu'à condition de les orienter vers une autre
assimilation, salutaire celle-ci. Bossuet le faisait entendre lorsqu'il comparait l'inclination à un cours d'eau,
que la passion transforme en torrent capable de franchir tous les barrages et donc « qu'on n'arrête pas en
droit fil ». On ne supprime pas l'élan de l'âme, on peut
seulement en changer la direction, c'est-à-dire remplacer un amour par un autre amour.

2. *Valeur morale.* — Cette substitution voulue est
souvent douloureuse. Elle exige un rare déploiement
d'énergie. Elle est la forme supérieure de l'action
humaine, dont elle met en lumière la responsabilité
et le mérite.

Aux prises avec les sollicitations des divers groupes
de motifs et de mobiles, qui tentent de ravir son consentement, et pour cela esquissent en son âme une
assimilation pleine de promesses et de charmes, —

l'homme a conscience de pouvoir choisir lui-même la direction de son activité. Mais ce choix immole certaines tendances au profit de l'élue, à laquelle il entend se vouer afin de la réaliser dans sa vie.

Cette œuvre commence avec l'intention. Avec elle, en effet, l'homme se donne déjà à la vertu, objet de sa résolution, et par cette *assimilation anticipée*, il fait sienne l'excellence de la fin qu'il s'est imposée. A cette excellence, il participera chaque jour davantage, jusqu'à ce que par une *assimilation complète*, il la fasse vivante en lui et en quelque sorte l'incarne dans ses actions.

3. *Mouvement entre deux assimilations.* — La volonté opère donc entre deux assimilations comme en un mouvement circulaire qu'après Aristote, Saint Thomas a lumineusement exposé : « La réalité, qui nous charme, impose d'abord à notre volonté une certaine assimilation *(coaptationem,* adaptation mutuelle), qui constitue la complaisance en l'objet aimable et provoque un mouvement vers lui. Car « le mouvement affectif s'accomplit en cercle » (comme il est dit dans le *de Anima*, liv. III, texte 55). En effet, l'objet aimable meut notre volonté. Pour cela, il se réalise en quelque sorte dans l'intention, qui nous le fait poursuivre. Ensuite, la volonté cherche à atteindre réellement l'objet aimable de manière à ce que son mouvement finisse là où il a commencé » (1). Né d'une ressemblance

---

(1) Cf. *Sum. theol.* Ia IIae, q. XXVI, art. 2, in c., édit. de Parme, t. II, p. 99 : « Sic etiam ipsum appetibile, dat appetitui primo quidem quamdam *coaptationem* ad ipsum, quae est quaedam complacentia appetibilis, ex qua sequitur motus ad appetibile. Nam « appetitivus motus circulo agitur » ut dicitur in 3 *De Anima* (text. 55). Appetibile enim movet appetitum faciens se quodammodo in ejus intentionem et appetitus tendit in appetibile realiter consequendum, ut sit ibi finis motus, ubi fuit principium ».

Saint Thomas applique cette fine analyse psychologique à *l'amour* en général : il en trouve le principe dans l'*appetitus* soit *concupiscibilis*, soit *rationalis*. Ce dernier n'est autre chose que la volonté.

Nous remarquerons donc que les observations ici utilisées valent aussi pour l'étude de l'activité sensible et de son mouvement circulaire.

initiale, qui a engendré l'amour, le mouvement de la
volonté aboutit à la possession de son objet dans une
union avec lui par une ressemblance de plus en plus
parfaite. Ce succès apporte à l'homme la suprême
satisfaction d'être devenu ce qu'il a voulu.

Cependant, la perfection particulière ainsi acquise
ne le laisse pas dans un repos stérile. Elle continue sa
conquête et, comme tous les autres phénomènes psychologiques, elle est à son tour un centre nouveau
d'influence, qui attire à lui et s'assimile toutes les ressources intérieures capables de lui prêter un concours
efficace. C'est de cette façon qu'une vertu, grâce à un
amour de volonté constamment en éveil, réussit parfois
à envahir notre être et à l'assainir jusque dans ses
profondeurs. Peu à peu elle se fait dominante. Elle
intéresse à son développement toutes nos facultés :
elle les gagne à son action. On dirait qu'elle absorbe
pour les transformer toutes nos énergies. Son influence
se manifeste désormais dans toutes nos œuvres ; elle se
reflète dans toutes les entreprises de notre vie morale ;
elle transpare même dans nos attitudes corporelles.
Si elle est vraiment aimée, elle progresse donc sans
grande résistance, car toutes nos aspirations élevées
se font ses complices et viennent se ranger à sa merci.

Mais cette unification intérieure n'est que le prélude
d'une autre action, qui oriente l'ensemble de l'âme
vers l'idéal où tend cette vertu préférée. S'en rapprocher chaque jour davantage et atteindre, sous cet
aspect, le *Bien*, cause finale qui la meut nécessairement
comme objet d'amour, voilà le terme vers lequel —
sous peine, si elle hésite, de faillir à sa mission morale —
doit emporter la volonté. La raison lui a montré le
principe et la fin de ce devoir, dont l'expression est
tout entière contenue dans la belle formule de Platon
« *ressembler à Dieu autant qu'il est possible* ; *assi-*

*milation qui est source de justice, de sainteté, ainsi que de sagesse* » (1). Cette formule, le christianisme l'a reprise en montrant à l'homme dans la personne du Christ l'idéal concret et vivant, sur lequel il doit se modeler. Il reste donc à la volonté d'accepter librement d'entreprendre cette œuvre et, dans la mesure permise à la faiblesse humaine, de s'élever dans un effort de suprême union jusqu'à Dieu *par voie d'assimilation.*

*
* *

A la suite de toutes ces observations, nous croyons pouvoir dire désormais que dans la vie volontaire, comme dans la vie sensible et dans la vie connaissante, les influences réciproques, que l'analyse psychologique nous permet d'étudier, s'accomplissent *par assimilation progressive.*

---

(1) Cf. *Théétète*, édit. Firmin-Didot, n° 176, b.

# CHAPITRE V

## CONTRE-ÉPREUVE EXPÉRIMENTALE

Sommaire. — Interprétation spontanée des phénomènes extérieurs :
leurs influences réciproques aboutissent à des assimilations :
*a)* dans le monde inorganique, — *b)* dans le monde physiologique, — *c)* dans le monde psychologique.
Conclusion. — Loi empirique : toute influence s'exerce par
voie d'assimilation

Cette manière de concevoir l'influence semble si
naturelle qu'elle s'impose à nous, puisque spontanément, en dehors de toute étude, nous interprétons à
sa lumière toutes les actions réciproques.

*Interprétation spontanée.* — Il est certain, les cri-
tiques de Hume l'ont bien montré, que nous ne pouvons saisir dans le jeu des phénomènes extérieurs
qu'une succession d'antécédents et de conséquents.
En ce domaine, la cause aussi bien que la substance
échappe à notre aperception directe. Elles sont l'une et
l'autre ce que les philosophes de l'Ecole appelaient
des « sensibles par accident » (1), c'est-à-dire qu'en
vertu d'une inférence nous concluons des phénomènes

---

(1) A noter pour éviter les oppositions et les condamnations injustes que
le point de vue des philosophes de l'Ecole d'ordinaire n'est pas le même que
celui des philosophes modernes. Ceux-ci, dans leurs recherches psychologiques, essaient le plus souvent de décrire les phénomènes lors de leur première apparition chez l'enfant ; — ceux-là font plutôt la psychologie de
l'homme adulte.
Faute d'avoir remarqué ce point capital, on s'imagine parfois voir entre
les uns et les autres des oppositions réelles, alors qu'elles sont purement
apparentes.

perçus à l'existence derrière eux de causes et de substances *analogues* à notre moi, la seule substance dont
nous puissions contempler par le dedans l'influence
causale. Puis, continuant le mouvement d'interprétation, nous appliquons au concret extérieur les modes
d'actions que, sans nous en douter parfois, nous avons
déjà entrevus dans notre monde intérieur (1).

Or, si spontanément, avant même d'avoir donné à
ces constatations une forme abstraite et générale,
nous revêtons l'extérieur de nos richesses internes,
comme l'enfant prête une âme à tous ses jouets ; —
et si, contrair nent à ce qui arrive pour l'enfant,
l'expérience — loin de restreindre et de corriger cette
projection spontanée — l'accentue et la contrôle ; —
si donc vraiment nous concevons, bon gré mal gré, les
influences à l'extérieur sur le modèle des autres actions
réciproques, dont nous sommes les témoins immédiats,
— ne s'ensuit-il pas que nous pouvons étudier la
conception vulgaire et scientifique à titre de portrait et
d'image, tout de même qu'un homme examine sa
physionomie dans un miroir ? — En ce cas, les observations des savants et les interprétations des philosophes, se plaçant à un point de vue tout objectif et
réaliste, deviennent pour nous des sources de renseignements : c'est la traduction de leur manière de
concevoir et de penser l'influence.

De fait, les actions réciproques des corps, telles que
les représentent la Physique et la Chimie, apparaissent
semblables aux dissociations et aux combinaisons des
systèmes psychiques, à ce point qu'ils leur ont souvent

---

(1) En appliquant aux faits extérieurs ces vues encore confuses, nous les
précisons. Pour la première fois nous en prenons une conscience nette.
Voilà pourquoi plusieurs veulent voir en cette perception extérieure la
source unique de ces notions et interprètent en ce sens la formule « l'esprit
commence par le concret ». Ils oublient cependant que l'intuition saisit elle
aussi dans notre intérieur des phénomènes concrets.

servi d'images : ils fournissent de métaphores le langage des philosophes. L'on parle donc de cristallisations d'images autour d'une élue, de même qu'autour d'un calcul jeté dans un liquide en sursaturation cristallisent les sels ; — on recherche les « lois de la combinaison » des états psychiques, de leur fusion, de leur analyse, de leur synthèse. Les appétitions, tendances ou virtualités, sont comparées par Leïbniz à l'action de l'attraction terrestre sur un poids suspendu ou à la force de distension d'un gaz comprimé. Quand en face d'un système psychique se présente un phénomène qui exerce sur les éléments composants une sympathie plus grande que les autres, le système est ébranlé. Il se décompose, le lien de ses éléments se relâche. Le phénomène intrus les attire : il se fait le centre d'un système nouveau excluant et plus souvent absorbant certains éléments antérieurs. Le plus fort entraîne le plus faible dans son mouvement ; il se l'assimile. Ainsi va la loi des combinaisons chimiques ; les corps, — dont l'affinité pour certains éléments est plus puissante que l'affinité mutuelle maintenant en présence les composants d'une substance dont ils s'approchent, — brisent l'équilibre antérieur et provoquent à leur avantage une combinaison nouvelle (1).

De même, — puisque l'on a reproché à la métaphysique de l'École de ne reposer que sur des observations superficielles et vulgaires, — ne serait-ce pas de l'interprétation spontanée, dont nous parlons, qu'est sortie sa théorie de la causalité : toute action d'un être sur un autre a pour but de lui faire revêtir une

---

(1) Cette tendance à l'échange des métaphores a été jusqu'à l'abus. Les comparaisons empruntées à la vie ont envahi le domaine des sciences physiques et chimiques au point que plusieurs se sont laissés tromper par ces métaphores. — Cf. DASTRE, *Revue des Deux Mondes*, 15 oct. 1902, *La vie de la matière*. — GRÉGOIRE, *Le mouvement antimécaniciste*, p. 9 (Bruxelles, 1905).

forme nouvelle ; mais cette forme n'est pas introduite
dans le sujet, elle est suscitée des puissances de
la matière où elle sommeillait *(actio tota est in passo ;
similitudo fit per communicationem formae ; forma
educitur e potentia materiae ; omne agens agit simile
sibi)* (1). C'est une simple expression de l'influence par
assimilation dans laquelle nous pouvons voir, à tout
le moins, une contre-épreuve que l'observation externe
apporte à l'enquête phénoménologique menée dans le
monde intérieur.

Elle nous montre, en effet, que les représentations et
les conceptions, qui ont pour origine la perception
extérieure, s'organisent chez nous suivant un processus
d'assimilation ; — que la science dans l'interprétation
des phénomènes semble y faire nécessairement appel,
— que ce processus a paru incontestable aux philosophes anciens quand ils traitaient de l'influence
qu'exerce le non-moi sur nos états psychologiques ou
quand, d'un point de vue supérieur, ils recherchaient le
mode d'action essentiel et commun à tous les phénomènes psychiques. — Par là, nous sommes induits à
penser que, érigée en loi phénoménale, l'hypothèse du
progrès par voie d'assimilation conquérante a une
valeur réelle, — ne fut-ce que comme *méthode d'explication* des influences réciproques.

Nous sommes même entraînés plus loin — jusqu'à
une conclusion objective — si nous remarquons que
cette loi, exigée par les faits internes, prend tournure
d'*hypothèse contraignante* dans l'interprétation des
influences extérieures. Or, il y a dans l'expérience quelque chose qui la suggère toujours, cette hypothèse,
et d'une manière exclusive : c'est la constatation d'une

---

(1) Nous avons fait ressortir ailleurs l'importance de cette solution, qui
permet l'action réciproque tout en sauvegardant l'immanence essentielle
des substances. Cf. *Les Deux Aspects de l'immanence*, ch. II.

similitude qui surgit dans le conséquent sous l'action de l'antécédent. — Nous allons essayer de le montrer par une enquête rapide à travers les faits d'influence dont nous sommes les témoins dans le monde des corps bruts, dans le monde des vivants, dans le monde des âmes.

A) *Dans le monde inorganique.* — Ce n'est pas sans raison et à l'aveugle que nous appliquons aux choses le principe de causalité et que nous attribuons à certains antécédents une influence réelle sur leurs conséquents. Certes, l'action des uns sur les autres demeure en elle-même obscure ; elle échappe à notre analyse. Nous ne percevons pas le mystère de ce *devenir*, nous n'y percevons pas la causation en elle-même. Il n'en est pas moins vrai que nous pouvons saisir des signes révélateurs de cette causation.

D'où nous vient primitivement la notion de cause ? — De l'expérience interne. Seule, celle-ci nous met sous les yeux des exemples concrets d'influence réelle ; seule elle nous permet d'assister à la genèse d'un effet. Mais lorsque, par suite du dédoublement nécessaire à l'observation interne, nous considérons *comme de l'extérieur* ce qui se déroule sous le regard de notre conscience psychologique, nous remarquons toujours les trois étapes suivantes : 1º Nous percevons une *série d'antécédents et de conséquents* ; 2º dans laquelle se produit soudain un *changement* : le conséquent est modifié ; et 3º cette modification le fait en quelque point *semblable* à l'antécédent. Cette assimilation est tellement visible et d'ailleurs tellement dans la logique des faits, qu'elle a suggéré, comme nous l'avons dit plus haut, les principaux axiomes traduisant les lois de l'influence causale : un être agit selon sa nature..., il ne donne que ce qu'il a..., c'est pourquoi toute cause produit quelque chose de semblable à elle-même.

Ainsi, pour reprendre une analyse célèbre : j'imprime à mon bras un mouvement déterminé. Si je m'observe, de quoi suis-je le témoin ? — 1° Aux deux extrémités de ce phénomène complexe, je reconnais d'une part l'image d'un mouvement et de l'autre une série de modifications musculaires ; 2° entre ces deux points extrêmes et avant l'apparition du second phénomène je perçois un changement dans la série incessante de mes phénomènes musculaires ; 3° ce changement amène progressivement mes phénomènes musculaires à un mouvement semblable au mouvement imaginé.

Multiplions à notre gré les analyses de ce genre. Toujours, comme dans le cas particulièrement net du pouvoir-moteur de l'image, nous referons les mêmes observations avant, pendant et après l'influence causale. La série des faits ainsi mis en lumière semble donc caractéristique de toute causation : là où nous la retrouverons, nous nous croirons en droit d'affirmer l'existence d'une action causale. Or, malgré les prétentions de Hume et des agnostiques, nous pouvons la retrouver dans le monde soumis à notre observation externe. Nous ne sommes pas réduits à contempler hors de nous d'énigmatiques successions de phénomènes. Lorsqu'une bille heurte une autre bille, nous voyons un changement se produire en cette dernière : elle se meut, et elle ne se meut pas d'une façon quelconque, mais d'un mouvement en quelque point semblable au mouvement de la première. Je conclus qu'il y a là action causale. En effet, puisque un être ne peut communiquer au sujet, sur lequel il agit, que les qualités qu'il possède lui-même, l'action est — de par sa nature — *génératrice d'une ressemblance*. Dès lors, la perfection de cette ressemblance mesure l'efficacité de l'influence exercée : dès lors aussi l'apparition de cette ressemblance devient le signe naturel d'un fait de causation. Il s'ensuit que dans le monde inorganique *l'influence s'affirme par voie d'assimilation* (1).

B) *Dans le monde physiologique.* — Cette interprétation des faits d'influence s'impose avec plus de rigueur encore dans le monde des vivants. La vie, en effet, revêt l'aspect d'une lutte de l'âme contre les éléments inorganiques. Pour se nourrir et se développer, le vivant doit absorber des matériaux étrangers, les faire entrer dans le système de son activité, en un mot les *assimiler*. D'autre part, il est plongé dans un milieu avec lequel il entretient des relations incessantes ; il doit donc s'harmoniser avec les forces qui l'entourent afin de n'être pas broyées par elles. Cette adaptation est un mode d'assimilation nécessaire, non seulement à la sauvegarde, mais encore à l'expansion de l'énergie physiologique. Pour mieux recevoir une impression utile et y répondre efficacement, les organes s'accommodent à l'excitation, qui leur arrive. L'œil devient plus clairvoyant, l'oreille plus fine : les nerfs se façonnent à la vibration reçue, ils s'assimilent à son mouvement.

Par l'exercice se développe l'aptitude à saisir plus vite une impression organique plus faible. Telle est l'œuvre de l'éducation des sens. Elle facilite nos rapports avec le non-moi en affinant l'instrument de nos relations avec lui. Et puisque les influences extérieures, constitutives du milieu matériel, sont les mêmes pour tous les habitants d'une région, l'on conçoit que certaines races acquièrent des qualités spéciales dues à l'activité intense de tel ou tel organe.

---

(1) Nous avons repris ici avec quelques modifications de détail les considérations que nous avons déjà exposées dans *Les deux Aspects de l'immanence*, p. 98 et 99.

On comprend qu'il y ait dans chaque pays un tempérament prédominant qui se définit comme tempérament national et exerce, en combinant son influence avec les influences psychologiques, un contre-coup assez constant sur les caractères pour permettre d'entreprendre la psychologie des foules : familles, races, peuples. — Tous les individus qui composent ces groupements auront entre eux un grand nombre de ressemblances, surtout de ces ressemblances superficielles qui provoquent spontanément les sympathies et les adaptations mutuelles. Il est relativement facile d'établir une association amicale entre des personnes originaires d'une même contrée, tandis que la plus grande charité du monde ne suffit pas à assurer longtemps la concorde entre des individus de provenances diverses (1). Il est des antipathies qui semblent invincibles et par elles l'action réciproque est annulée. Il est également des sympathies spontanées, qui naissent parfois de circonstances purement physiologiques et, par une sorte de répercussion, provoquent une harmonie d'états sensibles. On trouve des phénomènes de ce genre chez les animaux. Chez les hommes, ils conduisent souvent à l'éveil de sentiments communs mettant à l'unisson toutes les âmes. Mais nous entrons ici dans le monde psychologique, où se manifestent mieux que partout ailleurs les faits d'influence par voie d'*assimilation conquérante*.

c) *Dans le monde psychologique.* — Dès que l'homme, en effet, s'aperçoit qu'il peut exercer une influence sur ses semblables, il ressent l'irrésistible besoin d'agir sur eux. Or, vouloir agir sur les autres, c'est en réalité

---

(1) Cf. G. Le Bon, *Psychologie des foules*, p. 144 et 145 (Paris, 1899).

pour nous souhaiter de leur faire partager nos idées, nos sentiments, nos résolutions.

Le langage est d'ordinaire l'instrument de cette influence sociale. Mais le langage naturel, aussi bien que le langage artificiel, n'est qu'un ensemble de signes et le signe ne porte pas en lui-même l'état psychologique ; il ne peut que le suggérer. C'est pour cela que nous ne comprenons pas les expressions d'idées qui nous sont totalement étrangères. Quant aux autres, nous les comprenons à notre manière — avec une perfection d'autant plus grande que nous avons éprouvé d'une façon plus précise l'état d'âme qu'elles traduisent. Les notions indigènes seules sont parfaitement saisies.

Instruire un homme, ce n'est donc pas verser de l'extérieur des idées toutes faites dans son intelligence ; c'est, par un usage plus ou moins conscient de la méthode « maïeutique », provoquer l'éveil de ses énergies connaissantes et en diriger l'évolution ; « celui qui enseigne, écrit saint Thomas, n'apporte au disciple qu'un secours extérieur, comme le médecin qui guérit ; et de même que la nature intime est la cause principale de la guérison, ainsi la lumière intérieure de l'intellect est la cause principale de la science » (1). Instruire c'est donc, respectant l'essentielle immanence de la vie connaissante, amener l'élève à assimiler sa pensée à celle de son maître

Cette assimilation des intelligences peut être préparée et soutenue par l'assimilation des volontés, c'est-à-dire par l'amour qui détermine le maître à se rendre semblable à son disciple, à se rapetisser à sa

---

(1) *Sum. theol.*, I p., q. CXVII, a. 1 ad 1um, édit. de Parme, t. I, p. 447 : « Homo docens solum modo exterius ministerium adhibet, sicut medicus sanans ; sed sicut natura interior est principalis causa sanationis, ita et interius lumen intellectus est principalis causa scientiae ».

taille, à se mettre en sa place, afin de devenir en quelque sorte son personnage. A ce prix, il réussira à s'imaginer ses difficultés et ses répugnances et à découvrir quelle méthode sera efficace sur tel élève en particulier. Mais, pour réaliser cette adaptation féconde, il faut posséder un art difficile, le tact. Le tact peut se définir, en effet, l'art de toucher les âmes sans les froisser. Il suppose une grande finesse d'intelligence unie à une grande délicatesse de cœur et une grande générosité de volonté. Lui seul nous permet d'entrer en sympathie complète avec ceux qui nous entourent, et de nous faire vraiment tout à tous. C'était le secret de Socrate, qui n'avait, à l'entendre, qu'une petite science « la science d'aimer ». — D'autant que cet amour, source de pleine condescendance, éveille en retour l'affection du disciple. Celui-ci, dès lors, se livre avec confiance à ce maître, auquel il souhaite de ressembler : il aime la science comme son maître l'aime ; il la recherche comme lui ; il arrive bientôt à le suivre facilement dans ses démarches intellectuelles parce qu'il en pénètre de mieux en mieux les pensées et les sentiments (1).

Les mêmes correspondances d'âmes semblent requises pour bien apprécier une œuvre d'art. C'est ce qui faisait écrire à Cl.Ch. Charaux : « Il y a deux peintres pour chaque tableau, l'artiste qui le produit et l'homme de goût qui l'admire, il les faut tous les deux pour que l'œuvre soit parfaite ou du moins

____

(1) Cette nécessité de se mettre en rapport avec l'âme de l'élève, de se « rabvaller à son train », comme disait Montaigne, est un fait dont font l'expérience tous ceux qui enseignent. Lisez aux élèves une page intéressante d'histoire ou surtout de philosophie, beaucoup bailleront d'ennui parce qu'une foule de belles choses que contient votre livre ne sont pas adaptées aux auditeurs et laissent leur esprit inactif. Mais dites-leur les mêmes choses vous-mêmes, variant vos comparaisons et vos images suivant l'âge et le tempérament de ceux qui écoutent, prenez des exemples qu'ils ont sous les yeux : aussitôt ils s'intéressent, comprennent, jouissent, et travaillent et retiennent. — Cette nécessité d'adaptation explique l'incontestable supériorité que l'enseignement vivant a sur les meilleurs livres.

terminée » (1). Pour comprendre la concentration de
pensées et de sentiments, que l'artiste a fixée sur sa
toile, il faut que notre âme soit à l'unisson de la sienne,
il faut que nous achevions son œuvre « avec notre âme
devenue pour un instant tellement semblable à la
sienne qu'elle en devine toutes les intentions, qu'elle
en pénètre tous les secrets » (2). Le tableau, en effet,
n'est qu'un signe qui s'adresse, comme la parole, à
notre intelligence, à notre imagination, à notre cœur,
pour y éveiller des états d'âme analogues à ceux de
l'artiste par un phénomène de sympathie.

Ce même phénomène explique en bien des cas
l'influence du milieu. Rappelons par exemple les faits
de contagion sensible. Dans les foules, les émotions
se répandent avec une rapidité extrême ; elles gagnent
de proche en proche, électrisent et emportent tout le
monde, c'est l'harmonie forcée. Sur le champ de
bataille une panique inexpliquée fait parfois lâcher
pied aux plus vaillants ou, en sens inverse l'audace des
braves galvanise les plus poltrons, qui se conduisent
en héros ; dans une assemblée charitable, les plus
avares deviennent généreux et souvent — comme
pour se venger d'eux-mêmes — jusqu'au sacrifice.

L'exemple entraîne et, il n'est pas nécessaire de le
dire, il est beaucoup plus puissant que la parole.
Pourquoi ? Parce qu'il nous apporte l'image vive des
actes à accomplir, — et l'on sait la force du pouvoir-
moteur des images. Elles exploitent notre esprit
d'imitation, notre tendance à faire comme les autres,
tendance, à laquelle nous obéissons d'autant plus,
que nous sommes moins en défiance contre l'influence
d'autrui. Les enfants n'y résistent pas et nous leur
ressemblons dans les trois quarts de notre vie.

______

(1) Cf. *Notes et Réflexions*, p. 157 (Paris, 1887).
(2) *Ibid.*, p. 158.

De ce besoin d'harmonie avec le milieu naissent les similitudes sociales. M. G. Tarde a bien mis ce fait en lumière dans son livre sur « *Les lois de l'imitation* » : « Toutes les similitudes *d'origine sociale*, qui se remarquent dans le monde social, dit-il, sont le fruit direct ou indirect de l'imitation sous toutes ses formes, imitation-coutume ou imitation-mode, imitation-sympathie ou imitation-obéissance, imitation-instinctive ou imitation-éducation, imitation naïve ou imitation réfléchie » (1). De cette manière, les hommes vont de plus en plus s'assimilant les uns aux autres et ce ne sont pas seulement les manières de se vêtir, de se nourrir, de parler qui deviennent semblables, mais par un échange perpétuel des idées, les aspirations, les volontés se rapprochent et se fusionnent.

Dans les foules, ces expansions et ces échanges d'influence se font d'une manière inconsciente le plus souvent et M. G. Tarde a pu ajouter avec raison que « *la société c'est l'imitation, et l'imitation c'est une espèce de somnambulisme* » (2). De là ces crises qui, à certains moments, troublent la vie des collectivités : poussées d'enthousiasme, qui paraissent spontanées parce qu'on ignore l'inconsciente fermentation qui les prépare dans l'âme populaire ; accès de fureur révolutionnaire, véritables épidémies morales. Elles entraînent des hommes, qui demain ne comprendront pas comment ils ont pu se livrer à de tels actes. C'est que, pour un instant, ils ont subi une sorte de métamorphose idéale ; ils ont été éblouis par une idée commune, à laquelle, semble-t-il, ils n'auraient pu se soustraire. Selon l'expression de M. A. Fouillée (3), cette « synergie »

_______________

(1) P. 16, (Paris, 1895).
(2) *Ibid.*, p. 95.
(3) Cf. *Revue des Deux Mondes*, 15 août 1902. *La Morale de la vie chez les animaux.*

est née d'une sympathie dans le cas présent imposée par le milieu ; et elle s'est manifestée en un phénomène d'entraînement et d'*assimilation* réciproques.

Polariser une telle aptitude à leur profit, en amenant les autres à entrer en sympathie, puis en synergie avec eux, est le but que poursuivent les professionnels des réunions publiques. Et ils savent l'importance de l'adaptation préalable qu'il est nécessaire d'imposer aux auditeurs, sans que ceux-ci s'en doutent. Aussi ont-ils grand soin de faire *préparer la salle* par des chants en harmonie avec le discours qu'ils vont prononcer. De la sorte leurs paroles ne tombent pas en des esprits indifférents, mais en des esprits prévenus et aptes à les comprendre. Plus elles sont sonores et creuses, plus elles ont de succès, parce que chacun les entend à sa manière et y retrouve une belle expression de ses propres idées (1). — Encore faut-il que le meneur découvre une formule ou une image frappante, qui traduira les aspirations de la foule, et dès les premiers mots lui gagnera toutes les sympathies. Cela suppose chez lui une grande souplesse psychologique pour se mettre en contact avec l'âme de l'auditoire, pour *s'assimiler à elle* afin de *l'assimiler à lui* et de la diriger à son gré : c'est le secret de sa puissance.

Conclusion. — En résumé, l'observation des phénomènes suggère une hypothèse au sujet de la loi, qui régit leurs actions réciproques : à nous en tenir aux apparences tout progrès d'influence relève d'une *assimilation*.

Cette hypothèse requise par les faits est appuyée

---

(1) Sur le mécanisme psychologique de ces influences sociales par affirmation, répétition, contagion ; sur la tyrannie de la *réclame* intense… moyens d'influence dont l'action se ramène au fond à un effort d'assimilation conquérante, on lira avec intérêt G. Le Bon, *Psychologie des foules,* ch. III, p. 105-127 (Paris, 1899).

par le raisonnement expérimental. Les nombreux
exemples que nous avons exposés montrent en effet
que là où l'assimilation se réalise, l'influence est efficace ; que là où elle est impossible, l'influence est
nulle ; que cette dernière enfin se mesure au degré
d'assimilation obtenue. Aux réponses des méthodes
d'*accord*, de *différence* et de *variation concomitante*,
la discussion qui va suivre ajoutera celle de la méthode
de *résidu*. Mais d'ores et déjà la coïncidence constante
que nous avons observée nous autorise, pensons-nous,
à user de l'induction pour énoncer une loi empirique :
*toute influence s'exerce par voie d'assimilation*, et le
degré d'influence actuelle ou possible entre des êtres
donnés est déterminé par leur degré d'aptitude
actuelle ou possible à une assimilation réciproque.

Cette loi n'est que la traduction du fait. Il nous
reste maintenant à déterminer la *nature* de ce fait,
à chercher *à quoi est due* l'assimilation conquérante,
*comment* elle se réalise, et à passer ainsi, dans la mesure
où nous le pourrons, du domaine de la réalité superficielle à celui de la réalité profonde.

# LIVRE SECOND

# EXPLICATION

---

## CHAPITRE PREMIER

## LES DIVERSES HYPOTHÈSES

Sommaire. — 1. Leur accord au sujet du fait de l'assimilation ; — leur divergence au sujet de son explication. — 2. Pourquoi on ne peut étendre purement et simplement au monde extérieur les conclusions tirées de l'observation interne. — 3. Le phénoménisme. — 4. Les hypothèses proposées.

Les multiples théories proposées pour expliquer le fait des influences apportent une précieuse confirmation historique aux résultats de l'enquête que nous venons d'achever. Diverses et opposées entre elles, *elles s'accordent à regarder l'assimilation comme le signe caractéristique de l'influence efficace.* Tous leurs efforts convergent en ce point : comment rendre raison de cette production de ressemblance ?

1. *Accord et divergence.* — On le constate à la manière dont elles essaient de résoudre le problème. L'empirisme parle d'une *compénétration* de substances ; l'idéalisme leibnizien invoque une *harmonie préétablie,* qui ferait de chaque monade un miroir de l'univers ; le monisme en appelle à une *identité foncière* de tous

7

les êtres, que rapprochent les actions et réactions, dont nous sommes les témoins. A tous, en un mot, l'influence apparaît comme génératrice d'assimilation.

Les divergences commencent avec l'explication de ce fait.

2. *Correction imposée à l'objectivation des données internes.* — La solution qui s'offre d'elle-même à nous consisterait à étendre au monde extérieur, ce que nous avons constaté dans notre monde intérieur, où l'influence se fait en quelque sorte par l'intussusception d'une énergie commune, que les phénomènes se ravissent tour à tour. Mais cette traduction spontanée, cette objectivation des données de l'expérience interne subit nécessairement dans son application à l'extérieur une correction capitale, d'où naît aussitôt et même dans le domaine de l'apparence toute la difficulté du problème : il nous semble bien que les uns par rapport aux autres nous ne sommes pas dans la même situation que les phénomènes psychologiques entre eux ; que nous ne sommes pas une série de phénomènes en relation avec d'autres phénomènes, que nous existons en nous-mêmes et indépendamment de nos voisins. « L'individuation est réelle... Voilà, avoue Schopenhauer, un jugement en faveur duquel protestent mes os et ma chair » (1). Nous sommes invinciblement amenés à considérer notre vie psychologique, comme une activité immanente opérant en un système clos, dans lequel les autres ne pénètrent pas à leur gré (2). Nous pensons en un mot qu'en nous et hors de nous, il y a plus que des « lignes d'événements » (3).

---

(1) Cf. *Le fondement de la Morale*, trad. A. Burdeau, p. 189 (Paris, 1900).
(2) Nous avons exposé cette constatation dans le *Livre premier*, principalement dans le *Chapitre premier*.
(3) Cf. H. TAINE, *De l'Intelligence*, t. I, préf., p. 8 (9e édit., Paris, 1900).

3. *Phénoménisme.* — Cette conviction, que nous retrouvons chez tous nos semblables, n'est pas sans fondement. Elle repose sur d'évidentes constatations expérimentales. L'introspection, quoi qu'en prétendent les phénoménistes, nous livre autre chose que le spectacle d'événements successifs et séparés les uns des autres (1), elle nous fait encore admettre l'unité constitutive du principe qui les produit. Ils portent tous, en effet, la marque de leur commune origine, c'est pourquoi nous les attribuons à un sujet identique : *je* pense, *je* sens, *je* veux.

Il y a donc un centre d'action, une *source permanente* d'où jaillissent nos divers phénomènes psychologiques à la manière d'effets sous l'intervention d'une cause. Et comme ces effets sont réels, cette cause est réelle : c'est le moi. Le moi n'est donc pas une pure série d'apparences mouvantes. Il était avant le phénomène actuel, il persiste après son évanouissement ; il est distinct des manifestations qu'engendre son activité. C'est lui qui, sous le nom d'*idée directrice*, oriente et organise l'expansion de ses énergies. Principe d'unité, il est nécessairement *un* lui-même. De plus, certains de ses actes exigent que son unité aille jusqu'à la *simplicité* : ainsi les synthèses rationnelles, ainsi la délibération qui précède l'acte libre lui-même.

---

(1) Le phénoménisme est né d'un abus de l'analyse, comme l'a fait remarquer M. H. BERGSON (*Revue de Métaphysique et de Morale*, janvier 1903 : *Introduction à la Métaphysique*). La connaissance du moi débute, en effet, par une vue synthétique, par une intuition, qui nous révèle l'âme dans la confusion complexe de sa vie. C'est pour éclaircir cette première notion que l'analyse intervient. Elle considère son objet comme de l'extérieur et cherche à noter les manifestations successives de son énergie. Seulement, elle fixe en des symboles immobiles et distincts, ce qui par nature est essentiellement mobile et continu : la représentation qu'elle donne de la réalité est donc analogue à celle qu'obtient une série de vues cinématographiques traduisant une action ininterrompue. Cette traduction est nécessaire pour le langage et commode pour la spéculation philosophique ; mais à force de l'utiliser on se laisse aller à croire qu'elle est parfaite et exprime toute la réalité. Et parce qu'on ne veut plus le considérer que de l'extérieur, le moi semble être absorbé dans la série des phénomènes qui le manifestent. C'est une erreur due à l'emploi d'une méthode exclusive, n'atteignant qu'un aspect de la réalité.

Pour que s'accomplissent ces opérations, il faut que les divers événements psychologiques, dont elles se composent, soient réunis dans une même intuition du sujet, qui les compare. Or, la chose serait impossible si le moi en son fond n'était pas une unité absolue. « Toute perception... écrit C. Piat, enferme une synthèse de deux ou plusieurs termes donnés. Mais supposez que la pensée se compose de parties, dont l'une perçoit le premier de ces termes, l'autre le second, l'autre le troisième, s'il en existe un ; supposez, comme on le veut, que chaque représentation ait en elle-même comme un point brillant, qui est sa conscience : chacune de ces consciences ne pourra voir que pour son compte. L'une ne connaîtra que l'élément A, l'autre que l'élément B, etc... ; il n'y aura jamais ni association ni déduction ; il ne se fera jamais une synthèse quelconque » (1).

Cette nécessaire unité du moi se prolonge dans le temps : les phénomènes changent sans cesse, mais quelque chose demeure identique sous leur continuelle mobilité. Cette identité du moi nous est garantie par le fait du souvenir.

Ce n'est donc pas sans raison que chacun de nous se considère comme un centre d'activité *immanente*, centre *un* et *permanent* sous un flot de phénomènes, centre jouissant d'une existence *indépendante*, puisqu'il demeure toujours le même dans les milieux les plus divers, où sa vie le transporte : en un mot, chacun de nous est une substance (2). Mais si je suis une

---

(1) *La personne humaine*, p. 41 (Paris, 1897).

(2) Nous n'insisterons pas ici sur cette critique du phénoménisme, car il nous suffit, pour le moment, de poser qu'*en apparence au moins*, les influences s'exercent entre des substances distinctes, nous prouverons au chapitre IV que cette apparence n'est pas trompeuse. Nous nous permettrons aussi de renvoyer le lecteur à notre ouvrage *Les deux aspects de l'immanence*, ch. VI, où nous pensons avoir suffisamment démontré contre Taine et Schopenhauer, que l'âme est une substance et une substance individuée.

substance, mes semblables sont d'autres substances et je suis amené à considérer comme des substances tous les êtres, sources de phénomènes déterminés, s'ils apparaissent persistants et identiques à eux-mêmes dans tous les milieux où ils se transportent. Désormais, ce n'est plus entre des phénomènes divers à la surface mais jaillissant d'un fond unique, que se pose le problème ; c'est entre *des substances* en apparence au moins *séparées et opposées*. La difficulté des influences réciproques semble en être singulièrement accrue. Comment, dans ces conditions, expliquer le fait de l'assimilation ?

*Hypothèses proposées*. — Ainsi que nous l'avons dit au début de ce chapitre, plusieurs solutions ont été proposées : *compénétration, harmonie préétablie, identité foncière sous une distinction de surface*. Elles appartiennent respectivement à l'empirisme, à l'idéalisme. au monisme. Les examiner sera pour nous un excellent moyen de serrer de plus près le problème et d'en délimiter nettement les contours.

# CHAPITRE II

## L'HYPOTHÈSE D'UNE COMPÉNÉTRATION
## DES SUBSTANCES

Sommaire. — La source. — 1. En droit comme en fait, aucun élément de la substance-agent ne passe dans le sujet de son action. — 2. La substance-sujet d'ailleurs repousse toute invasion de ce genre : *a)* son immanence essentielle prouvée dans la vie sensible (plaisir, instinct, sympathie) ; *b)* dans la vie intellectuelle (formation de l'image, de l'idée) ; *c)* dans la vie morale (autonomie et hétéronomie). — Impénétrabilité du sujet. — 3. Confirmation par l'interprétation spontanée des relations entre substances dans le monde extérieur physique, physiologique, psychologique.

*Origine.* — Cette première hypothèse, qui expliquerait les faits d'influence par la diffusion conquérante de l'agent, semble naître du spectacle même des apparences. Vue de l'extérieur en effet, l'action d'une substance sur une autre se manifeste en la genèse d'une ressemblance. La bille heurtée par une autre bille semble continuer le mouvement de celle-ci, au point de faire imaginer que l'énergie de l'une a passé dans l'autre, la première perdant en apparence la quantité de mouvement que la seconde a gagnée. On croirait qu'il y a eu transmission d'un état, d'une qualité ; et c'est ce qu'érige en doctrine le mécanisme.

Le vivant de son côté absorbe et transforme les substances, dont il se nourrit. — L'activité psychologique elle-même s'alimente d'impressions, impulsions, excitations étrangères : la raison s'enrichit de notions dues à l'expérience ; le cœur se laisse pénétrer

par les influences qui lui plaisent et sous la séduction
de l'amour rêve de don sans réserve, d'union intime,
d'identification totale avec son idéal. — Cela fait
songer à la possibilité d'un envahissement mutuel,
soit immédiat, soit au moyen de substituts, analogues
aux εἴδωλα de Démocrite. — Et le langage traduit en
la renforçant cette interprétation spontanée, puisque
l'on parle de communication de mouvement, de transmission de la vie, d'infusion d'idées, de sentiments,
de convictions. — Enfin, comme l'agent en travaillant
se fatigue et s'épuise, il est naturel de penser qu'il
donne aux autres quelque chose de lui-même et qu'il
pénètre d'autant dans le sujet de son action.

D'après cette théorie, l'assimilation serait donc due
à une *compénétration* des substances agissant les unes
sur les autres ; et l'influence, comme l'indique l'éty-
mologie traduisant l'apparence *(in fluxus)* s'accom-
plirait par une sorte d'émanation et d'écoulement.

Mais un peu de réflexion montre que cette hypothèse
est inadmissible.

1. *En droit comme en fait aucun élément de la substance-agent ne passe dans le sujet de son action.* —
*En droit.* En effet, l'élément que l'on supposerait en
voyage d'un sujet à l'autre serait un *élément accidentel*
ou un *élément essentiel* de la substance-agent (1).

Dans le premier cas, toute transitivité est inconcevable, car imaginer que l'accident se promène hors
de la substance est contradictoire (2). De par sa

---

(1) On pourrait encore dire peut-être que l'élément émané de la substance-
agent est une parcelle de substance, comme lorsque, par exemple, je trace
une ligne blanche sur un tableau à l'aide d'un morceau de craie. Nous ferons
observer qu'il y a dans ce fait un cas de juxtaposition, de superposition
de substances et non un cas d'influence. Lire la critique de la *transitivité*,
dans le livre de M. G. FONSEGRIVE, *La Causalité efficiente*, p. 121 (Paris, 1893).

(2) Cf. SAINT THOMAS, *Comment. in IV libros sentent.*, in IV lib, dist. XII,
q. I, art. 1er, édit. de Parme, t. VII, p. 654 : « Inconveniens est quod accidens
transeat de subjecto in subjectum ».

nature, en effet, l'accident ne peut subsister sans un support, un sujet d'inhérence : un mouvement, par exemple, n'existe pas en dehors d'un être qui est mû, une pensée sans un esprit qui la pense. Or, dans le passage, si court soit-il, entre le moteur et le mobile, entre le maître et ses auditeurs, entre la substance-agent et la substance-agie, au moment du saut de l'une à l'autre, l'accident se trouverait privé de tout sujet d'inhérence et s'anéantirait.

Dans le second cas, c'est-à-dire, si la condition nécessaire d'une influence entre deux substances était le transfert d'un élément essentiel, l'influence réciproque serait encore plus inconcevable, car elle ne se pourrait faire sans détruire les substances en relation. Les éléments essentiels sont en effet constitutifs de l'être : en soustraire un à la substance-agent serait changer son essence et donc la détruire ; en ajouter un à la substance-agie aboutirait au même résultat (1). Sans doute, à en juger par la surface, cette action réciproque, vive au point d'être fatale aux êtres qui la produisent, se rencontrerait au sein des combinaisons chimiques, d'où naît une substance nouvelle (2), mais c'est l'illusion de l'apparence, et cette illusion ne trouve même pas de place dans les autres cas d'influence : ni l'action de nos semblables ne nous change substantiellement, ni notre puissance

----

(1) Nous nous tenons ici au point de vue le plus général de la notion de substance. Il est évident que cette transitivité impensable, s'il s'agit de relations entre des substances composées, l'est davantage encore s'il s'agit de relations entre des êtres simples, tels que les âmes humaines.

(2) Il n'y a pas là d'ailleurs passage, don, communication d'un élément essentiel. La substance composée, en tant que composée, c'est-à-dire en tant que groupe de corps simples, est seule intimement atteinte dans le changement substantiel. Les combinaisons, en effet, ne sont point des compénétrations de substance, mais des juxtapositions de parties infinitésimales en une synthèse déterminée, ce qui faisait dire à Ampère, qu'une molécule d'acide sulfurique est semblable à un petit système planétaire, dans lequel trois atomes d'oxygène se meuvent d'une manière rythmique autour d'un atome de soufre. Et ces corpuscules restent bien foncièrement distincts, puisque l'analyse chimique les retrouve.

sur eux ne peut comme la Circée antique les transformer jusque dans leur essence.

Il n'y a donc pas d'éléments susceptibles d'être
transportés d'une substance à l'autre.

*En fait.* Mais y en eut-il, que cela n'avancerait guère
la solution, car *en fait* aucun élément ne se détache de
la substance-agent pour pénétrer dans la substance-
agie.

Malgré qu'il semble en aller autrement, l'être qui
agit ne se dissipe pas dans son action ; en se donnant,
il ne se diminue pas ; en produisant son effet, il ne
s'épuise pas dans son fonds. Lorsque je communique
une idée à autrui, j'exerce sur lui une action réelle,
je l'amène à mettre son âme en harmonie avec la
mienne, mais s'ensuit-il que ma vie intellectuelle
diminue d'intensité dans la mesure où elle étend son
influence ? Est-ce que ma conviction diminue dans
la mesure où s'accroît celle de mon interlocuteur ?
Nullement. — Sans doute, sous l'effort immanent de
mon esprit qui cherche une expression pour traduire
mes idées, celles-ci se précisent et mon activité intérieure s'exalte... Mais, qu'au dehors l'effet que je
cherche soit obtenu ou non, que je sois compris ou
non, cela ne fortifie ou n'affaiblit en rien mon énergie
pensante. Mon âme, de ce point de vue, apparaît
comme un moteur immobile suivant l'adage de l'Ecole
« *quod agit, semper idem est* » ; elle ne s'épuise pas en
ses actions extérieures, car rien ne s'échappe d'elle
pour les produire.

Cette non-transitivité de la cause par rapport à son
effet est générale. Est-ce que le vivant, qui communique
la vie à divers éléments de matière organique voit
s'amoindrir par le fait même son énergie vitale ?
Est-ce que la flamme, en se communiquant, abandonne
quelque chose de sa chaleur et de son éclat ? Est-ce que

le corps, qui en meut un autre, perd quelqu'une de ses propriétés essentielles ou quelque partie de son énergie constitutive ? — L'âme, — et la conscience en témoigne, — n'est point devenue ignorante pour avoir communiqué sa science ; le vivant, — la physiologie l'atteste, — n'a rien perdu de sa vie pour avoir engendré un autre vivant ; la bille de billard, au dire de la mécanique, conserve avant et après le choc ses qualités d'élasticité et la même quantité d'énergie sous forme actuelle et sous forme potentielle. Les êtres ne sont donc pas diminués pour avoir agi.

Cependant, ils semblent s'être dépensés et s'ils sont restés substantiellement les mêmes, quelque chose est changé dans leur *manière d'être*, de sorte qu'on se demande encore, si vraiment rien n'est sorti d'eux par leur action... C'est une illusion causée par un manque d'analyse, car, — sans parler des modifications dues à l'évolution immanente de leurs énergies, — le *changement d'état*, que l'on constate, vient de la *réaction* de la substance-agie sur la substance-agent. Dans une relation entre substances matérielles, en effet, l'action est toujours *double* (1) ; et la substance

---

(1) Cette considération a été bien mise en lumière par le cardinal Mercier, dans sa *Métaphysique Générale*, p. 462 (Louvain, 1905) : « L'action de la créature présuppose une cause matérielle ; elle y opère un changement accidentel ou substantiel, un « mouvement ».

» Or, le mouvement se passe dans le *mobile* ; étant l'acte d'un sujet en puissance, il s'accomplit en ce sujet : *actio est in passo*.

» Mais si l'action n'affecte pas l'agent, si le mouvement ne touche pas le moteur, comment expliquer qu'une force se dépense en agissant ? D'où vient que les sources d'énergie diminuent et finalement s'épuisent ?

» Effectivement, l'adage scolastique est paradoxal. L'idée courante est que l'action *vient* de la cause et ne peut, en conséquence, la laisser telle qu'elle est ; l'expérience semble accréditer cette interprétation.

» *Cependant, observe Aristote*, si vous dites que l'action est dans la cause, il faut dire que le mouvement est dans le moteur. Or, manifestement, le mouvement est dans le mobile. Le moteur n'est pas en mouvement, le mobile l'est. Ce n'est donc pas l'agent, mais le patient qui est affecté par l'action.

L'expérience ne contredit pas cette rigoureuse analyse, mais la complète : ce qui diminue et finalement épuise une source d'énergie, ce n'est pas l'action, mais la *réaction*.

» En fait, les forces corporelles sont régies par la loi de l'action et de la réaction ; chaque fois qu'un corps A agit sur B, le corps B, en retour, agit sur A, et l'action de A donne la mesure de la réaction de B sur A ; en fait, donc, tout agent devient patient, et toute cause active devient le sujet

qui agit sous un aspect, pâtit sous un autre aspect.
Si autrui subit l'influence de mes états d'âme et tend
à s'assimiler à moi, par contre-coup je subis l'influence
des siens et tends à m'assimiler à lui ; si le moteur
heurte un corps au repos et l'entraîne à mettre ses
énergies en acte dans un mouvement semblable au
sien, celui-ci, en revanche, l'arrête et, dans la mesure
de sa réaction, lui fait ramener ses énergies à l'état
potentiel dans un repos semblable au sien, etc... Mais
cette double action ne suppose ni transitivité d'éléments, ni compénétration (1) : l'immanence substantielle des corps, des âmes et des vies reste sauve et la
somme des énergies intérieures des corps reste constante. Les substances sont impénétrables et, si, à n'en
pas douter, l'action assimilatrice de l'agent est réelle,
elle ne s'explique point par l'envahissement du sujet.

2. *D'ailleurs, la substance-agie, sous quelque aspect
qu'on la considère, repousse toute invasion de ce genre.* —
Exposée sans cesse à des influences extérieures, notre
âme (c'est la substance que nous connaissons le mieux
et qui nous intéresse le plus) ne laisse point entamer
l'immanence essentielle de sa vie. Certes, elle tire
profit de l'intervention étrangère, mais son progrès

---

d'une seconde action. Devenant *sujet passif* de l'action produite par B
sur lui, l'agent A *subit* une diminution d'énergie.

» Supposé qu'il n'en fût pas ainsi ; que l'action de A sur B ne fut point
suivie d'une réaction équivalente de B sur A, *l'agent A ne perdrait rien de
son énergie première* ».

Nous ferons seulement remarquer que la diminution d'énergie ici attribuée
à la réaction du sujet, n'est point une destruction ou un amoindrissement
de la substance-agent. C'est un retour à l'état potentiel des forces vives
qui, sous la réaction d'un sujet en repos tendent à revêtir un état semblable
au sien, suivant la loi de l'influence, et à rentrer, comme disaient les scolastiques, « in potentia materiae ».

(1) Cf. CARD. MERCIER, *ibid.*, p. 468 : « Lorsque nous voulons nous
élever à une conception métaphysique, nous nous raccrochons à une image
et nous nous persuadons volontiers que la netteté de la première répond à
la facilité avec laquelle nous nous figurons la seconde. Il faut se défier de
cette illusion. Puisque l'action, même corporelle, ne modifie pas l'agent,
la causalité efficiente ne peut consister dans un influx physique, qui passerait
de la cause dans l'effet. »

n'est point le résultat d'une compénétration ; il est l'œuvre de sa réaction sensible, connaissante ou volontaire.

A) *Immanence de la vie sensible*. — Les phénomènes de sensibilité, en effet, sont subjectifs et variables, et à la même excitation les réponses sont des plus diverses : le mets qui me réjouit donne la nausée à mon voisin ; la plaisanterie, qui déride l'homme heureux, semble souvent d'une cruelle ironie à l'homme accablé de chagrin. Sensations et sentiments ne sont donc pas comme un dépôt introduit en nous par une action extérieure. Ce sont des épiphénomènes qui accompagnent l'évolution des énergies intimes du sujet ; et suivant que cette évolution favorise ou contrarie les tendances de ce dernier, ils sont agréables ou pénibles.

Il est vrai qu'après quelques expériences, le sujet semble de mieux en mieux ressentir les excitations extérieures et y correspondre ; mais cet accroissement d'harmonie est le fait de l'activité du sujet lui-même, qui, en vue du plaisir deviné ou déjà éprouvé, se prépare à réagir, comme il faut, pour le retrouver. Il y a là un cas d'assimilation progressive, non de compénétration. La preuve en est que si, par un effet de l'habitude, certaines opérations deviennent agréables, certaines autres peuvent être toujours désagréables : cela arrive quand le vivant ne prend pas l'initiative de s'adapter ou n'a pas la capacité de s'assimiler à l'impression reçue. Or, cela dépend de ses ressources internes. L'extérieur agit comme un médecin qui ne donne pas la santé, mais excite les forces vitales à rétablir l'équilibre physiologique. Il ouvre des voies à l'activité : celle-ci les suit ou non suivant ses puissances. — Ainsi les inclinations dérivées ne sont pas

une pure efficience de l'extérieur. Elles ne sont pas
l'unique effet du milieu dans lequel un être a vécu.
Autrement, tous ceux qui sont soumis aux mêmes
influences, devraient, envahis par elles, posséder des
aptitudes uniformes. Il r'en va pas de la sorte. Chacun
répond aux sollicitations du milieu suivant son énergie
particulière et dans tous les cas, l'initiative de cette
réponse reste au vivant lui-même.

Cette immanence de la vie sensible apparaît plus
nettement encore dans l'éveil de l'instinct. L'instinct
est pour ainsi dire une puissance préordonnée à telle
action d'une manière exclusive. Née sans doute avec
le vivant, elle attend une provocation pour entrer en
jeu. La vue des armes mêlées aux bibelots d'Ulysse
suffit, à ce qu'on raconte, à susciter en l'âme d'Achille
une explosion d'ardeur guerrière ; un gibier, qui se
présente par hasard, éveille soudain et pour toujours
l'instinct du chien de chasse. Serait-ce cette très
simple et très peu puissante perception, qui aurait
déposé tant de forces et si caractérisées dans ces organismes ? Non, la disproportion entre l'effet et la cause
ferait rejeter l'hypothèse. Les organismes, l'expérience
le montre, sont des réservoirs d'énergie déjà spécifiée,
ordonnée à la protection et au développement de
l'être tout entier. Par la sensation, qui l'accompagne,
l'impression se présente à eux en solliciteuse demandant à la vie de diriger son activité vers le but qu'elle
propose. Sa prière sera exaucée, dans la mesure où
elle concordera avec les aspirations intimes de ceux à
qui elle s'adresse. Ces différences de succès démon-
trent que l'influence extérieure ne peut entamer la
spontanéité constitutive de la vie sensible.

Cependant, les faits de sympathie ne nous présen-
tent-ils pas des cas de fusion, d'envahissement mutuel
des âmes en une joie commune ou une commune

souffrance ? — Non, ici comme ailleurs, l'inviolabilité
du sujet est sauve. Dans un phénomène de sympathie,
en effet, ma douleur ne s'extériorise pas pour entrer
dans l'âme de mon ami et la sienne ne s'introduit pas
en moi. Je souffre non sa douleur, mais une douleur
analogue à la sienne résultant de la représentation,
que je me fais de son chagrin. Voilà pourquoi cette
*répercussion sensible sera plus ou moins vive* selon
mes aptitudes psychologiques. Elle pourra également
varier de nature suivant mes goûts et mes prédispositions : je sympathise avec la douleur de mon ami, qui
a échoué dans un examen ; mais ce n'est peut-être pas
pour les mêmes raisons et de la même manière que
nous souffrons. Lui, gémit de la peine qu'en ressen-
tiront ses parents ; moi, de sa propre douleur et,
tempérament plus positif, du retard que cet échec
apporte à ses études. Enfin, plus mon âme sera, par
l'ensemble de ses aspirations, semblable à la sienne,
mieux je comprendrai sa douleur et me mettrai à sa
place. J'y réussirai davantage si quelque jour j'ai été
exposé aux mêmes souffrances, sans que je sache
jamais si ces mêmes causes produisent chez lui et
chez moi des effets identiques avec la même intensité.
Il n'y a donc pas transfert et comme infusion d'états
de conscience, mais seulement effort vers une assimilation des âmes. Les images et les idées en sont le
moyen nécessaire ; et plus elles seront semblables,
plus on aura de chances de voir naître des émotions
analogues, sans encore rien préd: e d'une manière
absolue.

Il n'y a donc point là de compénétration. Il n'y en
a pas davantage dans le domaine de la *vie connaissante.*

B) *Immanence de la vie intellectuelle.* — Les corps ne
nous envoient pas des εἴδωλα, qui, à la façon imaginée

par Démocrite, s'introduisent en nous et atteignent notre âme, mais au dire de la science expérimentale de simples ondulations lumineuses, par exemple, viennent ébranler le nerf optique. Cette impression est loin d'être la connaissance. Car, en dépit des affirmations sensualistes, l'esprit n'est pas inerte comme un tableau noir, sur lequel l'expérience dessine son objet ; c'est une activité qui entre en jeu sous une excitation, puis élabore par son énergie propre une représentation ou image. La part du sujet dans la production de ce phénomène ressort du fait, que la même impression organique provoque l'apparition d'images aux nuances très diverses. Les lignes confuses d'un mur effrité éveillaient en l'esprit de Léonard de Vinci la représentation d'un fourmillement de bataille..., parce que sa spontanéité connaissante avait été orientée en ce sens par des exercices antérieurs. L'habitude devient ainsi la cause de nombreuses perceptions acquises que dans sa réaction l'esprit combine toujours avec les suggestions venues de l'extérieur (1). L'artiste et le campagnard en face du même paysage ne jouissent pas du même spectacle. La puissance et la délicatesse des facultés de l'un ainsi que la richesse de son imagerie mentale lui font découvrir certains traits qui échappent à l'autre. Parfois, ces traits se précisent et se colorent d'eux-mêmes, et malgré qu'en puisse avoir le peintre, le minimum d'idéal nécessaire à la beauté de l'œuvre d'art s'insinue jusque dans la reproduction réaliste et devient l'élément de son succès. L'artiste voit donc d'un autre œil que le vulgaire, qu'est-ce à dire ? Sinon qu'une même sollicitation organique reçoit chez l'un et chez l'autre une

---

(1) C'est ainsi qu'est modifiée l'image que se fait de son chapeau, un homme à qui on vient de couper les cheveux : il se le représente énorme.

réponse de richesse variable. Or, cela ne serait pas, si l'être connaissant était une simple réceptivité sans énergie propre, un sujet en son fond compénétrable à ce qui l'entoure.

Peut-être est-ce la constatation de cette impénétrabilité du sujet conscient, qui a suggéré à Aristote la théorie de l'action et de la passion. Grâce à l'union du sensible et du sentant dans un acte commun se fait l'assimilation connaissante. Mais, pour réaliser cette dernière, l'objet ne pénètre dans le sujet que d'une manière idéale. Il y laisse sa forme sans sa matière, comme l'anneau appliqué sur la cire y laisse sa représentation *(figura)* (1). Seulement, le sujet n'est pas une cire inerte mais un vivant, et c'est par une réaction qu'il façonne lui-même ses images ou représentations.

Celles-ci formées sous l'excitation, l'influence continue et le contrôle de l'objet présent nous révèlent quelque chose de l'extérieur ; elles sont cependant si bien notre œuvre, que nous concevons leur cause sur le modèle de la force qui nous constitue nous-mêmes. Par un anthropomorphisme, que l'expérience et la réflexion corrigeront ensuite, nous attribuons spontanément à toutes les substances nos manières de sentir, de penser et d'agir. Si nous n'y prenons garde, il nous arrivera de briser l'objet, qui nous blesse, et ce, pour nous venger, comme l'enfant frappe la chaise à laquelle il s'est heurté. C'est cette tendance qui, jadis, a peuplé la nature de dieux et de déesses, puis a multiplié incon-

---

(1) Remarquons en passant que ce mot « forme » dans le langage de l'École, ne désigne ici qu'une *forme intentionnelle,* c'est-à-dire n'existant que dans l'esprit. *Esse intentionale* est opposé à *esse reale.*

Notons encore que dans la comparaison aristotélicienne, « l'anneau appliqué sur la cire y laisse sa forme sans sa matière », il faut entendre le mot « forme » au sens analogique, car si le contact de l'anneau donne à la cire un être accidentel nouveau (forme accidentelle), la matière, ici la cire, ne le reçoit que par l'intermédiaire de la représentation ou figure gravée sur l'anneau (figura).

sidérément les causes finales, fait parler sans rire de l'horreur que le vide inspire à la matière et a créé enfin tant de belles métaphores à l'usage des poètes.

Nous prêtons instinctivement notre âme aux êtres qui nous entourent et ce mouvement de sympathie n'est si puissant et si universel que parce qu'il est la conséquence rigoureuse de notre mode essentiel de concevoir les choses, *sans pouvoir sortir de nous-mêmes et sans être substantiellement pénétrés par elles.* Il en résulte pour nous une grande difficulté d'atteindre à la connaissance adéquate de l'univers. La science marche vers ce but pas à pas et au prix d'un effort persévérant par l'élimination progressive des causes d'illusions, d'inférences et d'erreurs.

La nécessité de cet effort montre l'insuffisance de la théorie empirique pour expliquer nos idées générales expérimentales. Il serait inutile, en effet, si elles naissaient d'une compénétration de l'extérieur sous forme d'impressions passivement reçues ; si elles étaient un simple dépôt d'influences étrangères, si, selon l'expression de Spencer, les relations externes absolues des choses créaient les relations internes absolues des idées. Nous savons, au contraire, de quelle « pensée patiente » le savant paie ses découvertes ; mais, par cela même, nous savons aussi qu'elles sont le fruit de son initiative intellectuelle, puisque seul, parmi tant d'autres qui ont été les témoins des mêmes phénomènes, il en a dégagé et mis en lumière l'uniformité réelle sous leurs diversités apparentes. Et, par la suite, lorsque à son exemple nous voulons nous donner des choses une vue scientifique, nous le faisons par un acte tellement nôtre, qu'il porte la marque de nos tendances et préférences personnelles.

De là les extensions différentes de notions généles, que plusieurs expriment par les mêmes mots.

Elles ne sont pas nées sous la pression des mêmes images, dans des milieux psychologiques également riches, et il leur reste toujours une nuance d'origine. Il faut, en effet, à toute idée une image qui lui serve de point d'appui, mais pour la même idée cette image varie d'un homme à l'autre. Quand je parle d'un polygone, mon imagination me représente un triangle ; si je prie mes voisins de dessiner sur une feuille de papier ce polygone, qu'ils ont défini comme moi une « figure à plusieurs côtés », l'un trace un hexagone, l'autre un octogone. L'idée de force physique me fait songer aussitôt à un athlète de foire jonglant avec des poids ; je demande à un ami un exemple de force musculaire, il me propose (et je reconnais en cela l'influence du milieu dans lequel il a vécu), il me propose le cas du taureau qui, dans une corrida, soulève sur ses cornes un cheval et son cavalier.

L'influence de cette image persiste dans le développement que nous donnons à nos idées, irisant pour ainsi dire la notion générale et en gênant la claire vue. De cette manière diverse de se représenter les choses et de ce reflet des images sur les concepts naissent les discussions interminables et irréductibles. Des métaphores, traduisant des nuances personnelles, se glissent entre nos auditeurs et nous : et elles nous empêchent de leur faire connaître notre pensée totale. Ils refont à travers des « réfractions mentales » qui les trompent, les concepts que veulent énoncer nos expressions.

A notre tour, nous interprétons à notre manière le langage de ceux qui nous parlent ou des auteurs que nous étudions. Les idées, qui trouvent en nous des consonances, les sentiments, qui trouvent en nous des complicités, nous intéressent au détriment du reste, à tel point que nous sommes exposés à ne relire dans les ouvrages d'autrui que nos idées ou, ce qui est plus grave, à n'y retrouver que ce que nous y mettons nous-mêmes. Pascal ne disait-il pas : « Ce n'est pas dans Montaigne, mais dans moi, que je trouve tout ce que j'y vois » (1). Il y a donc en chacun de nous une spontanéité connaissante, dont l'activité risque de troubler la vue, que nous avons du non-moi. C'est un inconvénient, mais cela prouve au moins que dans nos relations avec le monde extérieur, nous ne sommes pas envahis, qu'il y a en nous un centre *impénétrable* et que toutes les productions de notre esprit sont autochtones (2).

Cette conclusion est d'autant plus légitime, qu'elle est *exigée par les faits*. Il n'est point d'idée, en effet, qui, par un de ses aspects, ne soit générale ou universelle et nécessaire. Or, ces caractères ne peuvent s'expliquer par les données d'influences étrangères : ni l'hypothèse de la « sensation transformée », ni celle « de l'association habituellement perçue » n'y suffisent. Quoi qu'elles prétendent, l'expérience ne nous livre que du particulier, et il n'est point de prodige d'alchimie mentale, qui permette à une accumulation de faits particuliers de déposer en nous des notions vraiment universelles. Dans ses affirmations, le sujet dépasse donc tout ce que lui fournirait le don extérieur. Notre idée de cause, par exemple, est plus impérative que la succession constante entrevue dans l'expérience : elle renferme l'idée d'action et d'influence nécessitante.

D'autre part, l'esprit forme ses idées d'un seul coup ;

---

(1) Cf. *Pensées*, édit. J. Didiot, p. 262 (Lille, 1896).

(2) Cf. Saint Thomas, *Sum. theol.*, I. p., q. CXVII, art. 1, ad 1um, édit. de Parme, t. I, p. 447. — Nous avons déjà cité (chap. II), ce texte où saint Thomas montre que le maître qui enseigne, n'introduit pas ses idées dans l'intelligence de son disciple, mais, respectant l'essentielle immanence de ce dernier, provoque simplement et guide son activité intellectuelle, comme le médecin par son intervention excite les énergies vitales de son malade, lesquelles sont la cause vraiment efficiente de son retour à la santé.

il n'attend pas le dépôt progressif de l'observation.
Quand l'excitation, qui le sollicite, est suffisante,
il réagit ; il manifeste ainsi une énergie qui nous
distingue de l'animal. Celui-ci, en effet, est aussi bien
que l'homme le témoin des phénomènes naturels, ses
ancêtres les ont même contemplés avant les nôtres.
Si donc l'intelligence n'était qu'une simple réceptivité
passive, qui s'enrichit uniquement par l'apport de
l'expérience, les animaux, soumis comme les hommes
aux mêmes influences extérieures, devraient comme
eux posséder les notions universelles. En réalité, ils
ne les possèdent pas. Il reste donc que la vie rationnelle est l'œuvre d'un principe qui ne se trouve pas
chez les animaux. Certes, ce principe subit l'impulsion
de l'objet extérieur, mais dans sa réponse il manifeste
ses ressources intimes ; il élève à l'acte ses puissances
latentes, quand il dégage et formule ses notions universelles. En cela, sa réaction est supérieure à l'action,
ce qui est la caractéristique de l'activité vitale. Et,
comme toute vie, notre énergie connaissante, loin de
se laisser envahir, défend à sa manière l'impénétrabilité du sujet pensant et affirme son essentielle immanence.

c) *Immanence de la vie morale.* — Celle-ci n'est pas
moins évidente dans le domaine de la vie morale.
La volonté humaine n'est pas la créatrice des lois de
sa conduite. Elle est liée par une loi inéluctable, dont
nous ne sommes pas les auteurs, puisque nous n'avons
pas choisi à notre gré la fin à laquelle nous destine et
nous entraîne une constitution physique et physiologique, que nous ne nous sommes pas donnée à nous-
mêmes. Mais cette loi naturelle, où se trouve-t-elle
écrite, sinon ès-cœur des hommes ? — Avant les
influences extérieures et indépendamment d'elles, elle

est vivante en toute conscience humaine. Elle n'est donc point d'importation étrangère, cette loi pour laquelle nous sommes faits « *ad quam non docti sed facti ; non instituti sed imbuti sumus* » (1) ; elle est essentiellement *immanente* à la personne humaine, dont elle est d'ailleurs l'apanage moral. En conséquence, la personne humaine jouit d'une autonomie qui, pour n'être pas absolue, n'en est pas moins réelle. Rien ni personne ne la viole en effet, et toute prescription hétéronome qui nous atteint est non avenue si elle est en opposition avec la loi naturelle, dont les lois positives ne font que déterminer et préciser les exigences.

Ainsi, sous quelque aspect que l'on considère l'activité de l'âme, on constate que celle-ci résiste à toute invasion du dehors. L'influence réciproque est incontestable, mais elle *ne se fait point par compénétration*, voilà le résultat de l'observation psychologique.

3. *Confirmation par l'interprétation spontanée.* — Peut-être recevra-t-elle quelque confirmation dans un coup d'œil jeté sur le monde qui nous entoure. Le rechercher nous semble légitime. En effet, si, d'une part, nous nous sommes placés avant tout au point de vue humain du problème, nous savons, d'autre part, pour les raisons exposées au chapitre précédent, que nous interprétons spontanément les faits d'influence dont nous sommes les témoins, à l'image des faits d'influence auxquels nous participons.

---

(1) Cf. Cicéron, *Pro Milone.* — Nous trouvons des vues analogues chez saint Augustin (*de Trin.*, lib. VIII, c. 3, n° 4 ; édit. Migne, P. L., t. XLII, col. 949 : « De bono dicere nequeamus aliud alio melius, nisi esset nobis *impressa notio ipsius boni* secundum quod et probaremus aliquid et aliud alii praeponeremus ».
Et chez saint Thomas, *Sum. theol.*, I, p. q., LXXIX, art. 12, in c., édit. de Parme, t. I, p. 319 : « Oportet naturaliter nobis esse indita principia speculabilia, ita et *principia operabilium* » — principes qu'il a appelé ailleurs *raisons séminales* des vertus : « principia juris communis dicuntur seminalia virtutum ». *Ibid.*, Ia, IIae, q. LI, art. 1 in c., *ibid.*, t. II, p. 178.

Nous y avons constaté que nous concevons les influences externes sur le modèle des influences internes, c'est-à-dire, comme des cas d'assimilation. Nous avons constaté ensuite que nous avions raison d'en agir ainsi, puisque le signe d'une action efficace est l'apparition d'une similitude entre l'antécédent et le conséquent ; et cela nous a permis de traverser et de dépasser la critique de Hume. — Certes, ce philosophe n'a pas assez remarqué ce fait, qui révèle chez les êtres l'existence d'une puissance passive, d'une capacité de recevoir une impulsion et de s'y assimiler. Cette capacité est réelle, puisque les sciences la déterminent et la mesurent d'une façon mathématique.

Mais la substance matérielle, malgré son inertie fondamentale, n'est pas une simple réceptivité. Elle possède des aptitudes qui entrent en acte sous une excitation et manifestent ce que l'Ecole appelait des « puissances actives ». Celles-ci jaillissent du fond même de l'être ; et l'analyse la plus minutieuse ne peut découvrir par leur moyen la nature de la cause étrangère, qui a provoqué leur action. A ce second point de vue, Hume avait raison de dire : « Présentez au plus fort logicien qui soit sorti des mains de la nature, à l'homme qu'elle a doué de la plus haute capacité, un objet, qui lui soit entièrement nouveau ; laissez-lui scrupuleusement examiner ses qualités sensibles ; je le défie, après cet examen, de pouvoir indiquer une seule de ses causes... » (1) Un projectile m'arrive. Je puis en conclure une qualité de la cause efficiente, c'est une poussée dans l'espace, mais au sujet de la nature de cette cause : poudre ? ressort ? muscle d'un homme ? vent ? etc..., je ne puis rien affirmer immédiatement.

---

(1) Cf. *Essais philosophiques sur l'entendement humain*, t. I, *Troisième Essai*, p. 111, traduit de l'anglais (Londres, 1788).

Et vraiment, Aristote n'avait pas mal comparé cette action de la cause à l'impression que fait le cachet sur la cire : il y laisse sa forme ou figure (1), mais rien de sa matière ni de la main qui l'applique. En un mot, l'examen de l'effet nous révèle le mode d'efficience de la cause et rien de plus.

Or, ce mode d'efficience apparaît aux sens externes comme il a paru à la conscience : la cause impose une assimilation au sujet sur lequel elle agit. Mais cette assimilation résulte-t-elle d'une compénétration ?

Il ne le semble pas. Les corps, en effet, sont regardés comme des systèmes clos, subissant des influences et y répondant sans se laisser entamer sous peine de périr. Leur impénétrabilité est un axiome de la science et l'expérience en montre le bien fondé. Si on laisse retomber une boule d'ivoire, par exemple, sur une plaque de marbre : la boule s'aplâtit, s'arrête un instant, puis s'élève en vertu de sa propre élasticité, c'est-à-dire en vertu d'un principe d'activité qui réside en elle-même. Il y a donc dans les corps une source intime d'énergie. Celle-ci peut être mise en œuvre par l'action d'un corps étranger, mais en ce cas rien ne passe de l'agent dans l'agi. — Quoi qu'en dise le mécanisme, qui ne traduit que l'apparence superficielle, il n'y a pas de transitivité de mouvement. Le mouvement, en effet, est toujours le mouvement de quelque chose, c'est un *accident*, un mode d'être, qui ne se conçoit pas en dehors d'un être qui est mû. Or, nous l'avons vu (2), les accidents ne peuvent voyager d'une substance à l'autre, au passage ils s'évanouiraient faute d'un sujet d'inhérence. Lors donc qu'un corps heurté entre en mouvement, nous

---

(1) Cf. *Supra* pour le sens de ce mot, p. 112, n. 1.
(2) *Supra*, pp. 103 et suiv.

devons dire non pas que le moteur a donné de son mouvement au mobile, mais que le moteur a fait passer à l'acte l'énergie potentielle du mobile.

Celle-ci est la véritable cause du mouvement de ce dernier. En effet, si d'un coup sec, je mets en mouvement une bille de billard, cette bille, abandonnée à elle-même, en vertu de son inertie, continuerait indéfiniment son mouvement (à supposer qu'aucune résistance ne l'arrêtât). Or, quelle est la cause de ce mouvement indéfini ? Ce n'est plus le coup de la queue de billard dont le contact avec la bille a cessé depuis longtemps. Où est la cause des modifications continuelles du mobile ? « Ces phénomènes, répond M. D. Nys, demandent une cause stable, permanente, car ils peuvent se perpétuer à l'infini, si l'on supprime toute résistance. De plus, cette force doit résider dans le mobile lui-même, si l'on veut qu'elle soit présente à ses effets constamment renouvelés, c'est-à-dire aux parties fugitives du mouvement » (1). Mais si la cause efficiente du mouvement est immanente au mobile, si « la supposition d'une *qualité motrice inhérente au mobile* s'impose » (2), que produit donc l'intervention de l'agent extérieur ? Elle éveille les puissances latentes dans le mobile, les élève à un acte semblable au sien : dans le cas présent, la queue de billard contraint la bille à se mouvoir d'un mouvement semblable au sien ; — mais, on vient de le voir encore une fois, aucun élément du moteur ne passe dans le mobile.

Si, dans l'ordre de la mécanique, la science conclut à l'*impossibilité de la compénétration*, elle parle plus nettement encore au sujet des actions chimiques. Au milieu des influences diverses qui leur permettent

---

(1) Cf. D. Nys, *Cosmologie*, p. 145 (Louvain, 1903).
(2) *Ibid.*

d'utiliser tantôt l'une, tantôt l'autre de leurs affinités, les atomes demeurent indestructibles. Ils possèdent une sorte d'individualité, que rien n'envahit ; et après de longs voyages à travers les combinaisons les plus opposées, on les retrouve identiques à eux-mêmes.

On ne constate pas davantage de compénétration de substances dans le domaine de la vie physiologique. Si nous nous souvenons des expressions de Milne-Edwards (1), il appelle la vie « une force organisatrice de la matière pondérable » et il ajoute que « ses manifestations sont dépendantes du mode d'arrangement qu'elle y détermine ». Le principe vital informe donc les matériaux qu'il s'adjoint pour constituer ce composé toujours mouvant, qu'est l'animal ; mais dans cette synthèse, les diverses substances se compénètrent si peu en leur fond que le tourbillon de la vie les emporte successivement, sans que le vivant en soit essentiellement amoindri. — Celui-ci, d'autre part, dans ses rapports avec ses semblables, défend son individualité, car toute influence, qui l'absorberait, le détruirait par le fait même. — Enfin s'il s'accommode aux conditions du milieu, afin de n'en pas souffrir, il y a cependant une limite à son élasticité ; la franchir serait pour lui la mort. Le vivant donc est une *spontanéité dynamique définie* qui résiste à toute compénétration essentielle.

Bien que plus souple dans ses manifestations, la vie psychologique se comporte de la même manière. Quelque puissantes que soient en ce domaine les assimilations, les hommes ne s'y réduisent jamais à l'unité... que par métaphore : il y a une barrière que ne franchissent pas les influences sociales. Si, comme nous l'avons montré plus haut, l'action de nos semblables

---

(1) *Leçons de Physiologie*, t. XIV, p. 265 (Paris, 1880).

ne peut violer l'immanence substantielle de notre moi, nous ne pouvons pas non plus pénétrer de force chez eux pour y implanter toutes faites des idées, y dicter des consentements, y créer des amours.

Notre action n'a pas une telle puissance ; elle ne peut que provoquer la formation de leurs états de conscience. Aussi, devons-nous tenter de nous rapprocher d'eux, de nous faire autant que possible semblables à eux, afin de mieux comprendre leurs pensées, leurs aspirations, leurs volontés, et, par suite, *d'agir sur eux avec plus d'efficacité.*

Pour connaître leur état d'âme, nous sommes réduits à des conjectures, à la même enseigne que tous ceux qui ne peuvent observer une activité que par le dehors. Les déceptions nombreuses des politiques, qui prétendent pénétrer les secrets desseins d'autrui, afin de le conduire à leur gré, en sont la preuve. L'unique base de leurs hypothèses est un ensemble de gestes et de paroles — manifestations qu'en réalité chacun interprète suivant ses propres tendances, et que deux hommes voisins traduisent de façon diverse avec des impressions diverses. Ainsi, le même rôle n'est jamais tenu de la même manière par plusieurs acteurs et cependant, chacun d'eux pense être passé sous la peau de son personnage. Sans doute, ils éprouvent des sentiments, qui portent le même nom, mais chacun les éprouve suivant son caractère particulier. L'impossibilité d'une compénétration réelle entre les âmes est la cause de ces divergences et de ces impuissances.

Une impossibilité du même genre arrête *a fortiori* le mystique dans son élan vers Dieu, auquel il voudrait s'unir, jusqu'à s'abîmer en lui et y perdre toute sa personnalité. Entre le fini et l'infini, il ne peut y avoir d'identification substantielle : toute participation de la vie divine, si haute et si intime, si surnaturelle

qu'on la suppose, ne sera jamais qu'analogique, — et,
se réduira à une ressemblance, sublime peut-être, mais
en définitive à une imitation, selon la formule plato-
nienne répétée par le pseudo-Denys : la déification
n'est qu'assimilation et union à Dieu, autant qu'il est
possible (1).

_______

(1) *De la hiérarchie ecclés.*, ch. I, § 3, édit. Migne, P. G., t. III, col. 376.

# CHAPITRE III

## L'HYPOTHÈSE DE L'INFLUENCE IDÉALE



*Sources.* — La précédente critique ne laisse pas de compliquer le problème. Elle nous enserre dans une *antinomie* entre deux faits également certains : l'impénétrabilité des substances est démontrée d'une part, mais d'autre part l'expérience affirme la réalité de l'assimilation, qui est l'effet nécessaire et partant le signe naturel de l'influence réciproque. Or, si cette assimilation entre ce que nous avons appelé substance-agent et substance-agie ne résulte pas d'une compénétration, n'est-on pas conduit à nier toute influence réelle et à invoquer seulement une « influence idéale » (1) semblable quant à ses effets à une influence réelle.

C'est la position que Leibniz prit dans le débat, fameux au XVIIe siècle, sur la communication des substances. Il y arriva, comme nous venons de le faire, après une critique de l'apparence. « La voye de l'influence, écrit-il, est celle de la philosophie vulgaire :

---

(1) Cf. Leibniz, *Monadologie*, nº 51, édit. Em. Boutroux (Paris, 1881).

mais, comme on ne sçaurait concevoir des particules
matérielles, ni des espèces ou qualités immatérielles
qui puissent passer de l'une de ces substances dans
l'autre ; on est obligé d'abandonner ce sentiment » (1).
Leibniz, en effet, en vertu de sa méthode psychologique, a le sentiment très vif de l'immanence de la
Monade, dont le type est l'âme humaine. Il va même
jusqu'à l'excès en ne lui accordant « point de fenêtres
par lesquelles quelque chose y puisse entrer ou sortir » (2). Cependant, la Monade connaît l'univers, mais
uniquement parce qu'elle en est le miroir et dans la
mesure où elle en est le miroir. C'est confesser que
toute relation est œuvre d'assimilation. — A quoi
est due cette dernière ? Ce n'est pas à une intervention divine selon l'hypothèse occasionnaliste de Malebranche, ce n'est pas davantage à un développement
parallèle des attributs divins selon le système de
Spinoza, c'est à une *harmonie préétablie*, si bien qu'en
définitive, il n'y a pas d'influence réelle.

A ce titre, la théorie de Leibniz nous intéresse :
elle est l'expression historique la plus vigoureuse
de la deuxième hypothèse, que nous avons à examiner,
celle qui nie la possibilité de l'influence réelle.

1. *Ampleur et arguments.* — Leibniz a mis le plus
grand soin à exposer sa théorie et à la fortifier, parce
qu'elle est nécessaire à sa monadologie. S'il abandonne
le mécanisme cartésien, c'est qu'il ne voit en lui que
la philosophie de l'apparence, « l'antichambre de
la vérité » (3), car « la source de la mécanique est dans

---

(1) Cf. *Troisième éclaircissement du système nouveau de la Nature et de
la communication des substances*, édit. Erdmann, p. 135 (Berlin, 1840).

(2) Cf. *Monad.*, n° 7.

(3) Cf. *Trois lettres à M. Rémond de Montmort* ; *Lettre I*, édit. Erdm.,
p. 702.

la métaphysique » (1). Le mécanisme, en effet, n'est que l'expression de la solution vulgaire, il implique la « transmission de quelque espèce ou qualité » (2), l'émission ou la transplantation de quelque entité. Or, cela est impossible. La nature même des substances s'y oppose, puisqu'il faut « les concevoir à l'imitation de la notion que nous avons des Ames » (3). Elles apparaissent comme des activités originales douées d'appétit et de perception. Elles expliquent les forces et les unités véritables qui sont au fond de la matière. Elles sont simples par conséquent, et « il n'y a pas moyen aussi d'expliquer comment une Monade puisse être altérée ou changée dans son intérieur par quelque autre créature ; puisqu'on n'y saurait rien transposer, ni concevoir en elle aucun mouvement interne qui puisse être excité, dirigé, augmenté ou diminué là-dedans ; comme cela se peut dans les composés, où il y a des changements entre les parties. Les Monades n'ont point de fenêtres par lesquelles quelque chose y puisse entrer ou sortir. Les accidents ne sauraient se détacher ni se promener hors des substances, comme faisaient autrefois les espèces sensibles des Scolastiques. Ainsi, ni substance ni accident peut entrer de dehors dans une Monade » (4).

De ce que la compénétration est impossible, Leibniz conclut donc que la substance ou monade ne peut subir aucune influence réelle. Celle-ci, d'ailleurs, au dire du mécanisme cartésien lui-même, serait pertubatrice des lois de l'univers. Il y a dans le monde une même quantité de force qui doit se conserver ; or, une influence réelle ferait varier cette quantité.

---

(1) *Ibid.*
(2) Cf. *Eclaircissement du Nouveau Système...*, édit. Erdm., p. 132.
(3) Cf. *Système nouveau de la nature et de la communication des substances*, édit. Erdm., p. 125.
(4) Cf. *Monad.*, n° 7.

Descartes sans doute se tirait de cette difficulté, ruineuse pour son système, par un expédient. Il distinguait le *mouvement* et la *direction*, mais Leibniz prétend avoir découvert, que dans l'univers « il se conserve non seulement la même quantité de *force mouvante*, mais la même quantité *de direction* vers quel côté qu'on la prenne dans le monde » (1).

L'antinomie est donc plus pressante que jamais. Pour la résoudre, Leibniz n'a d'autre ressource que de supposer une *harmonie préétablie* : « il faut donc dire que Dieu a créé d'abord l'âme ou toute autre unité réelle, en sorte que tout lui naisse de son propre fonds, par une parfaite *spontanéité* à l'égard d'elle-même et pourtant avec une parfaite *conformité* aux choses du dehors » (2). — Cette conformité explique le *fait de l'assimilation* : elle nous donne l'illusion d'une influence réciproque prise sur le vif ; alors qu'en réalité, cela suppose seulement le parallélisme du développement immanent des monades.

Cependant Leibniz sent très bien que sa négation de toute action réelle des êtres les uns sur les autres, heurtera beaucoup d'esprits, aussi s'efforce-t-il de démontrer que son hypothèse est possible, qu'elle est avantageuse, qu'elle est nécessaire.

« Pourquoi, dit-il, Dieu ne pourrait-il pas donner d'abord à la substance une nature ou force interne qui lui pût produire par ordre (comme dans un *automate spirituel ou formel, mais libre* en celle qui a la raison en partage), tout ce qui lui arrivera, c'est-à-dire toutes les apparences ou expressions qu'elle aura, et cela sans le secours d'aucune créature ? » (3). La

---

(1) Cf. *Eclaircissements du Nouveau Système...*, édit. Erdm, p. 133.
(2) Cf. *Système nouveau de la nature et de la communication des substances*, édit. Erdm. p. 127.
(3) *Ibid.*

chose serait conforme à la nature de la substance,
qui, essentiellement active, « enveloppe essentiellement
un progrès ou un changement » (1). Enfin, l'âme
« étant représentative de l'univers », « la suite des
représentations, que l'âme se produit, répondra naturellement à la suite des changements de l'univers
même » (2), auquel elle aura été adaptée dès son
origine. Rien ne s'oppose donc à cette conception.

Par ailleurs, elle a l'avantage de donner « une merveilleuse idée de l'harmonie de l'univers et de la perfection des ouvrages de Dieu » (3). En même temps,
elle garantit notre immanence et notre liberté intime,
puisque par elle « dans la rigueur des expressions
métaphysiques, nous sommes dans une parfaite indépendance à l'égard de toutes les autres créatures.
Ce qui met encore dans un jour merveilleux l'immor-
talité de notre âme et la conservation toujours uni-
forme de notre individu, parfaitement bien réglée
par sa propre nature, à l'abri de tous les accidents
du dehors, quelque apparence qu'il y ait du contraire.
Jamais système n'a mis notre élévation dans une
plus grande évidence. Tout esprit étant comme un
monde à part, suffisant à lui-même, indépendant de
toute autre créature, enveloppant l'infini, exprimant
l'Univers, est aussi durable, aussi subsistant et aussi
absolu que l'Univers même des créatures. Ainsi, on
doit juger qu'il y doit toujours faire figure de la
manière la plus propre à contribuer à la perfection
de la société de tous les esprits, qui fait leur union
morale dans la cité de Dieu. On y trouve aussi une
nouvelle preuve de l'existence de Dieu, qui est d'une
clarté surprenante. Car ce parfait accord de tant de

---

(1) *Ibid.*, p. 128.
(2) *Ibid.*
(3) *Ibid.*

substances qui n'ont point de communication ensemble ne saurait venir que de la cause commune » (1).

Enfin, cette hypothèse n'est-elle point prouvée par la méthode d'élimination : « Figurez-vous deux horloges ou deux montres qui s'accordent parfaitement. Or, cela peut se faire de *trois façons*. La première consiste dans l'influence mutuelle d'une horloge sur l'autre ; la seconde dans le soin d'un homme qui y prend garde ; la troisième dans leur propre exactitude...

Mettez maintenant l'âme et le corps à la place de ces deux horloges. Leur accord ou sympathie arrivera aussi par une de ces trois façons. La *voye de l'influence* est celle de la philosophie vulgaire ; mais comme on ne sçauroit concevoir des particules matérielles, ni des espèces ou qualités immatérielles qui puissent passer de l'une de ces substances dans l'autre, on est obligé d'abandonner ce sentiment. La *voye de l'assistance* est celle du sistème des causes occasionnelles ; mais je tiens que c'est faire venir *Deum ex machina*, dans une chose naturelle et ordinaire, où selon la raison il ne doit intervenir que de la manière qu'il concourt à toutes les autres choses de la nature (2).

---

(1) *Ibid.*

(2) Pour Malebranche, « il n'y a qu'une vraie cause parce qu'il n'y a qu'un vrai Dieu ». — Appuyé sur le criterium cartésien de l'évidence, il n'admet comme vrai que ce qu'il voit clairement être tel. « Or, il n'y a que l'être infiniment parfait entre la volonté duquel et les effets, l'esprit aperçoive une liaison nécessaire ». *De la recherche de la Vérité*, l. VI, part. II, c. III, édit. de Genoude, p. 221 (Paris, 1837). Ailleurs, il affirmera, en conséquence, que « la force mouvante d'un corps n'est que l'efficace de la volonté de Dieu qui le conserve successivement en différents lieux ». *Entretiens sur la métaph.*, VII, *ibid.*, 2ᵉ vol, p. 45 et 46.

Ces textes nous induisent à penser, comme l'insinue Leibniz, que la théorie des « *causes occasionnelles* » est due à une exagération de la doctrine du concours divin, — exagération dans le sens de la prédétermination physique des thomistes. — Cependant, même dans cette théorie, d'après laquelle en définitive la créature agit nécessairement et infailliblement sous la motion divine, les causes secondes agissent *réellement* : leurs actions ne sont donc pas seulement des « occasions » de l'opération divine, qui, seule, serait efficace. — Quant à la coopération divine elle-même, elle est universelle ; et ce « concursus universalis » ne gêne en rien la *réalité* des influences réciproques dans le domaine des causes secondes, où Dieu « selon la raison (il) ne doit intervenir que de la manière qu'il concourt à toutes les autres choses de la nature » (Leibniz, *loc. cit.*). Ce point de vue est donc en dehors du problème que nous étudions.

Ainsi, il ne reste que mon hypothèse, c'est-à-dire que la *voye de l'harmonie préétablie* par un artifice divin prévenant, lequel dès le commencement a formé chacune de ces substances d'une manière si parfaite, et réglée avec tant d'exactitude, qu'en ne suivant que ses propres loix, qu'elle a reçues avec son être, elle s'accorde pourtant avec l'autre ; tout comme s'il y avait une influence mutuelle, ou comme si Dieu y mettait toujours la main au-delà de son concours général » (1).

A la suite d'une discussion aussi logiquement menée, Leibniz n'a-t-il pas raison de conclure : « Après cela je ne crois pas que j'aye besoin de rien prouver... » (2).

2. *Critique.* — Cependant nous ne partageons pas son admiration pour l'hypothèse de l'harmonie préétablie. Sans doute, Dieu aurait pu la réaliser, mais il ne s'ensuit pas que ce soit « la plus belle voie et la plus digne de lui » dans l'organisation de l'univers. Un ensemble de causes secondes capables d'agir les unes sur les autres à l'imitation de la Cause première ne manifesterait-il pas mieux la toute puissance divine ? (3) Au moins cette conception éviterait les graves inconvénients de la théorie leibnizienne.

Celle-ci, en effet, nous semble extrêmement *onéreuse.* Elle nous oblige d'abord à supposer une infinité d' « *automates spirituels* », dont le réglage devient nécessairement d'une difficulté extrême, puisque non seulement il faut les harmoniser entre

---

(1) Cf. *Troisième éclaircissement du système nouveau de la nature et de la communication des substances*, édit. Erdm, p. 134 et 135.

(2) *Ibid.*

(3) Ainsi, saint BONAVENTURE considère que le monde, par le jeu des causes secondes, se perfectionne sans cesse, comme une hymne qui s'embellit en l'honneur du Créateur. Cf. in II, *Sent.*, dist. XIII, art. I, q. II, ad 2um, édit. Collegii Sᵗ Bonaventurae (Quaracchi, 1882) ; t. II, p. 316 : « Mundum quasi carmen pulcherrimum quodam decursu temporum venustare ».

eux, mais il faut encore les harmoniser d'avance aux variations incessantes du monde, ainsi qu'aux créations d'âmes qu'opèrent à chaque instant les « fulgurations continuelles de la Divinité (1) ».

De plus, pour que l'ordre du monde soit respecté, il est absolument nécessaire que l'évolution de chaque système clos soit déterminée avec une précision mathématique. Le moindre écart, en effet, ruinerait la concordance de l' « action » et de la « passion » au sens leibnizien de ces mots. En ce cas, où trouver place pour la liberté ? « Tout est donc certain et déterminé par avance dans l'homme comme partout ailleurs et l'âme humaine est une espèce d'*automate spirituel* » (2). Il est vrai que l'*intelligence* fonctionnera encore en elle, que la *spontanéité* sera au principe de ses opérations, que la *contingence* caractérisera tous ses actes (3), mais ces explications ne permettent de conserver de la liberté que le nom. L'acte libre demeure logiquement possible, assure Leibniz, mais d'autre part il est réellement impossible dans un monde régi par l'harmonie préétablie. — Et pourtant la liberté existe. C'est un fait, que la conscience constate mon pouvoir d'agir ou de ne pas agir, de choisir telle voie plutôt que telle autre avant, pendant et même après toute opération réfléchie. Comme l'a bien fait ressortir M. Bergson (4), l'indétermination est une condition de l'acte libre ; or, malgré les subtiles explications de Leibniz, cette indétermination est inconcevable dans l'hypothèse de l'harmonie préétablie.

Enfin, ne semble-t-il pas étrange de supposer que

---

(1) *Monad*, n° 47.

(2) Cf. *Théodicée, Essais sur la bonté de Dieu, la liberté de l'homme*, etc., n° 52, édit. Erdm, p. 517.

(3) Cf. *Ibid*, n° 302, édit. Erdm, p. 593.

(4) Cf. H. BERGSON, *Essai sur les données immédiates de la conscience*, p. 155 et suiv. (Paris, 1906).

l'Auteur de l'univers se soit adonné au labeur immense,
que réclame cette hypothèse, pour vouer l'homme
à une illusion invincible au sujet de ses perceptions,
pour tromper par une vaine fantasmagorie ses sens
et sa conscience. Ne serait-ce pas introduire l'incohérence dans l'œuvre de Dieu ? — Donc, ce n'est pas
« la voie la plus digne de Lui ».

C'est pourquoi nous aurions peine à nous résigner
à cette hypothèse très lourde, même si la méthode
d'élimination ne nous laissait pas d'autre issue. Mais
nous ne sommes pas réduits à cette extrémité, car
l'énumération de Leibniz n'est pas complète.


3. *L'influence est réelle sans compénétration.* —
Notre choix n'est pas limité nécessairement entre
une *transitivité* d'éléments voyageant de substance
en substance et l'*immanence absolue* de la Monade.
Il existe un intermédiaire : c'est l'hypothèse de
l'*influence réelle sans compénétration de substances*.
Aristote l'a exposée notamment dans sa théorie de
la connaissance, où il constate que l'influence de
l'objet sur le sujet produit une assimilation, mais
uniquement par la présence idéale du connu dans
le connaissant. Saint Augustin l'invoque lorsqu'il
enseigne que les corps n'agissent pas sur d'autres
corps, en se dépouillant de leurs qualités pour les en
revêtir comme d'un habit, mais par une influence
qui n'est nullement invasion (*afficiendo... non commi-
grando*) (1). Albert le Grand s'exprime de même à

---

(1) Cf. *Contra Julianum Pelagianum*, lib. V, c. XIV, n° 51, édit. Migne,
P. L., t. XLIV, col. 812 : « Verum enim est.., ea quae in subjecto sunt,
sicut sunt qualitates, sine subjecto in quo sunt, esse non posse, sicut est
in subjecto corpore color, aut forma ; sed *afficiendo transeunt non commi-
grando* : quemadmodum Æthiopes, qui nigri sunt, nigros gignunt, non
tamen in filios parentes colorem suum *veluti tunicam transferunt* ; sed sui
corporis qualitate corpus, quod de illis propagatur, afficiunt ».

propos des phénomènes d'aimantation (1). Enfin, saint Thomas se trouvant aux prises avec la théorie d'Avicenne et d'Avicebron, — qui niaient la possibilité des influences réciproques et, bien avant Malebranche, invoquaient l'intervention divine pour expliquer les moindres modifications produites dans les corps, — réfute leurs arguments par des motifs, dont plusieurs pourraient être invoqués contre la conception leibnizienne (2). Par exemple, lorsqu'il rappelle que si les choses créées ne pouvaient agir les unes sur les autres, c'en serait fait de toutes les sciences naturelles (3). Si l'on va jusqu'à nier la réalité des actions réciproques, ajoute-t-il, c'est par réaction contre la théorie de ceux qui s'imaginent que les accidents passent de l'agent dans le patient, à la façon dont Démocrite concevait l'influence, c'est-à-dire par un écoulement d'atomes (4). Mais c'est une exagération qui n'a pas d'excuse, car : « Il est ridicule de dire qu'un corps n'agit pas parce que l'accident ne passe pas d'un sujet dans un autre sujet. On ne dit pas, en effet, que si un corps chaud réchauffe, c'est que la chaleur, qui est dans le corps chaud, passe *elle-même (idem numero)*, dans le corps chauffé, mais on dit que sous l'influence de la chaleur, qui est dans le corps chaud, une autre chaleur (*alius*

---

(1) Cf. *De apprehensione*, Pars I, n. 11, édit. Prost (Lyon. 1653), t. XXI, *De appreh.*, p. 3 : « Non dico a magnete virtutem emitti sed in tracto ferro generari : et virtus generata facit moveri ferrum ad magnetem tanquam ad locum suae formae, in quo complementum accipit illius virtutis, quae in ferro ipso generata est ».

(2) Cf. *Sum. c. Gentiles*, l. III, c. LXIX, édit. de Parme, t. V, p. 213, et *Sum. theol.*, I p., q. CXV, art. 1, c., *ibid.*, t. I, p. 439.

(3) Cf. *Sum. c. Gentiles*, l. c. : « Amplius... Si igitur res creatae non habent actiones ad producendum effectus, sequitur quod nunquam natura alicujus rei creatae poterit cognosci per effectum, et sic subtrahitur nobis *omnis cognitio scientiae naturalis*, in qua praecipue demonstrationes per effectum sumuntur ».

(4) Cf. *Sum. theol.*, I p., q. CXV, art. 1, ad 5um, *ibid.*, t. I, p. 439.

calor *numero*), qui auparavant était en puissance
dans le corps chauffé, y passe à l'acte » (1).

Nous reviendrons plus loin sur cette théorie pour
en étudier le détail et la valeur, il nous suffit ici de
la signaler pour montrer que l'élimination dont se
sert Leibniz n'est pas complète et que l'hypothèse
de l'harmonie préétablie n'est nullement une hypothèse nécessaire.

4. *La simplicité essentielle des âmes n'est pas un
obstacle.* — Désormais, la non-transitivité des accidents ne paraît donc plus un obstacle à l'influence
réelle. Pourtant, la difficulté ne demeure-t-elle point,
si l'on considère la simplicité essentielle des monades ?
Simples, elles n'ont point en elles de parties (2). Or,
toute influence réelle suppose, au moins dans son
sujet, un déplacement de parties. En vertu de ce
principe, remarquons-le, Leibniz semblerait admettre
entre les substances composées la possibilité d'une
action réciproque, d'où naîtrait la ressemblance ou
assimilation, que l'expérience constate entre l'agent
et l'agi (3). Cependant, puisque « les composés sym-
bolisent avec les simples », l'action des premiers en
définitive ne peut être plus réelle que celle des seconds.
Ils sont, en effet, des agrégats de substances simples,
c'est-à-dire sans parties, et, si la possibilité d'influence

---

(1) Cf. *Sum c. Gent.*, l. III, c. LXIX, *ibid.*, t. V, p. 213 : « Ridiculum
autem est dicere quod ideo corpus non agat, quia accidens non transit de
subjecto in subjectum. Non enim hoc modo dicitur corpus calidum calefacere,
quo idem numero calor qui est in calefaciente corpore transeat ad corpus
calefactum ; sed quia virtute caloris, qui est in corpore calefaciente, alius
calor numero fit actu in corpore calefacto, qui prius erat in eo in potentia ».

(2) Cf. *Monad*, n° 1.

(3) Cf. *Monad*, n° 7. — *Nouveaux essais sur l'entendement humain*, l. II,
chap. VIII, édit. Erdm, p. 231 : « Je dirois plutôt qu'il y a une manière de
*ressemblance* non pas entière et pour ainsi dire *in terminis*, mais *expressive*
ou une manière de rapport d'ordre, comme une Ellipse ou même une Para-
bole ou Hyperbole ressemblent en quelque façon au cercle, dont elles sont
la projection sur le plan, puisqu'il y a un certain rapport exact et naturel
entre ce qui est projetté et la projection, qui s'en fait, chaque point de l'un
répondant suivant une certaine relation à chaque point de l'autre »,

entre les éléments de l'agrégat est nulle pour chacun d'eux, leur union n'augmentera pas leur puissance par rapport à d'autres substances également simples.

Qu'à cela ne tienne, car Leibniz lui-même nous montre qu'une influence réelle ne suppose pas nécessairement un déplacement de parties. Il y a un progrès incessant dans sa monade, où le présent est plein du passé et « gros de l'avenir » (1), où « il y a un *détail de ce qui change* » sous la poussée d'un « principe interne » (2). « Nous expérimentons nous-même une multitude dans la substance simple, lorsque nous trouvons que la moindre pensée, dont nous nous apercevons, enveloppe une variété dans l'objet » (3). Là se rencontrent « les changements naturels des monades (qui) viennent d'un principe interne » (4). Donc, entre les éléments de cette multitude reconnue au sein d'une substance *simple*, — c'est-à-dire dans laquelle aucun déplacement de parties n'est possible, — il y a une *influence réelle*. A moins de dire, en effet, que la Monade ne fait rien, est sans activité, est une force qui n'agit pas, ce qui revient à lui dénier toute existence véritable, il faut admettre qu'elle produit la succession de ses attributs. Evidemment, nous n'ajouterons point, avec M. Fonsegrive : « la communication des attributs différents est aussi difficile à expliquer que celle des substances » (5), car les attributs ont tous leur principe en un même fonds commun ; — mais nous conclurons que, l'influence pouvant se réaliser sans déplacement de parties, la simplicité de la substance n'est pas un obstacle

---

(1) *Monad.*, n° 22.
(2) *Ibid.*, n°° 11, 12.
(3) *Ibid.*, n° 16.
(4) *Ibid.*, n° 11.
(5) Cf. *La Causalité efficiente*, p. 152 (Paris, 1893).

aux actions réciproques, et la simplicité de l'âme
ne l'isole pas par le fait même de l'univers qui l'entoure.

L'âme, au contraire, souffre parfois de l'étreinte
brutale de cet univers et lutte contre les résistances,
qu'il oppose à son développement. Cet effort même
et cette souffrance, qui seraient incompréhensibles
dans le cas d'un déroulement purement immanent,
et isolé, sont une preuve d'expérience, qui atteste la
réalité des actions et réactions entre des substances
diverses. A quoi l'on ne peut opposer que ces actions
violeraient le principe de la conservation de l'énergie.
Certes, de telles influences peuvent augmenter la
quantité d'activité dans le monde : de la force vive
sera transformée en travail mécanique, mais la somme
de l'énergie universelle demeurera constante. Le principe leibnizien de la conservation de la « même quantité de force mouvante » (1) n'est donc pas une barrière
infranchissable aux actions réciproques des substances.

5. *Conclusions*. — De ces considérations, il résulte
que l'hypothèse de l'harmonie préétablie *ne s'impose
pas* : elle n'est ni unique, ni nécessaire, puisque
l'impossibilité des influences réelles, qui la légitimerait,
n'est nullement démontrée.

A) *Réalité de l'influence*. — Leibniz lui-même doit
l'avouer. N'admet-il pas que les monades étant toutes
distinctes les unes des autres, sont limitées et finies ;
qu'elles n'existent point par elles-mêmes, mais par
la Monade suprême, qui les crée au moyen de « fulgurations » ? — N'admet-il pas que les monades qui
recèlent en leur fond tant de virtualités, ne sont
organisées de la sorte que par l'opération d'une subs-

---

(1) Cf. Em. BOUTROUX, *Leibniz*, p. 47 (Paris, 1881).

tance distincte d'elles, souverainement intelligente et puissante ? — Or, n'est-ce pas là admettre la possibilité et la réalité de l'influence d'une substance sur une autre ?

Quant à la négation de l'action réciproque des substances créées, elle est contraire à l'expérience. Si nous ne constations pas notre influence sur autrui, pourquoi nous donnerions-nous tant de peine pour lui faire partager nos idées, nos sentiments, nos résolutions ? A quoi bon les systèmes et les exposés des philosophes ? — Sans doute, nous reconnaissons que notre âme jouit d'une immanence réelle, qu'elle résiste aux envahissements de l'extérieur et défend victorieusement son individualité et sa personnalité ; sans doute, nous constatons que notre esprit est une énergie intime, jouissant dans son domaine d'une véritable autonomie... (1) ; — mais nous observons en même temps que notre immanence est relative, puisque nous subissons des impressions et des sollicitations, dont la source nous est étrangère. Notre raison, par exemple, ne pense pas ce qu'elle veut à propos de rien : elle est passive dans le premier moment de son opération, elle attend une suggestion qui éveille et oriente son activité. Bien plus, il arrive que cette détermination s'impose à nous malgré nous et nous donne l'impression qu'elle est causée par quelque chose qui n'est pas nous. Cette constatation fait naître en nous l'idée d'un non-moi, qui se révèle à nous par la résistance qu'il oppose à notre action et n'est connu de nous que dans la mesure où il agit sur nous. Ainsi, les substances étrangères nous font éprouver des sensations caractéristiques, que les sciences s'attachent à mettre en lumière, afin

---

(1) Cf. *supra*, livre second, ch. II, *L'hypothèse de la compénétration.*

d'en rechercher les causes. Nos sens et notre conscience reconnaissent avec une évidence inattaquable ces effets, dont nous ne trouvons pas en nous, comme eut dit Leibniz, la raison suffisante. Celle-ci est donc hors de nous ; elle agit sur nous. L'on peut discuter le mode de son influence, on n'est pas fondé à en nier le fait.

B) *Conséquences d'une telle négation.* — L'entreprendre, c'est s'acheminer fatalement vers le subjectivisme absolu et le monisme. En effet, si nos impressions, nos sensations, nos images, nos idées ne sont que des germinations purement intérieures, qui se produiraient même si d'aventure rien ne leur correspondait, — de quel droit Leibniz affirme-t-il l'existence de monades autres que la sienne ? De quel droit affirme-t-il l'existence du corps ? De quel droit affirme-t-il l'existence d'un monde créé par les fulgurations de la Divinité ? — Tout ce qui est hors de moi est inconnu et d'ailleurs inutile. Nous sommes amenés à dire avec Bayle « que l'âme du chien soit construite de telle sorte qu'au moment qu'il est frappé, il sentirait de la douleur quand même on ne frapperait pas, c'est ce que je ne saurais comprendre » (1). En ce cas, en effet, il faudrait accuser d'imprévoyance la Providence divine qui a fait le corps, chose inutile, et invoquer un *Deum ex machina* pour assurer l'harmonie des substances, ou bien il faudrait nier toute distinction entre elles.

Mais alors, selon la remarque de M. Boutroux, « sur le prolongement de la voie leibnizienne se trouve le système hégélien de l'identité radicale entre l'être et la pensée et de l'immanence de l'absolu au sein

---

(1) Cité par Em. BOUTROUX, *Leibniz*, p. 174, n. 2.

du relatif » (1). Et ce relatif lui-même, il n'y a pas de raison de le prendre en considération. Enfermée en elle-même, la monade ne connaît que son évolution interne. Le monde pour elle n'existe que dans ce déroulement subjectif ; son moi pose le non-moi, qui l'intéresse et cet excès d'idéalisme conduit au monisme.

Abandonnant donc la distinction des substances, que Leibniz avait exagérée jusqu'à l'immanence absolue, on ne reconnaît plus que l'existence d'une substance unique, le moi dont tout le reste n'est que modifications. Si nous croyons avoir constaté l'individuation des substances, on nous dit que ce n'est là qu'illusion : elles ne sont distinctes qu'en apparence, car en réalité tous les êtres jaillissent d'une source commune. Les faits d'assimilation que nous constatons dans leurs influences réciproques s'expliqueraient par cette identité radicale. Ainsi, les solutions que nous avons critiquées jusqu'ici (thèse de la compénétration et antithèse de l'immanence absolue) seraient enveloppées dans une synthèse supérieure, suivant laquelle l'action des substances entre elles serait conçue exactement sur le modèle de ce qui se passe dans notre âme.

Telle eût été la conclusion logique de Leibniz (2).

_______

(1) Cf. Em. BOUTROUX, *Leibniz*, p. 162, n. 3.

(2) Il est vrai que Leibniz, dans sa correspondance avec le *P. Des Bosses*, fait appel à un *vinculum substantiale*, sorte de forme du composé, mode indépendant (Ad Des Bosses, epist. XXX, Erdm, 740), des monades qu'il réunit. Ce principe intermédiaire, élément substantiel, qui distingue les composés d'avec les simples, réaliserait les phénomènes. « Non video quomodo concipi possit realisans phenomena esse extra substantiam. Nam istud realisans efficere debet, ut substantia composita contineat aliquid substantiale praeter monades, alioqui nulla dabitur substantia composita, id est, composita erunt mera phaenomena » ad Des Bosses, epist. XXIX, Erdm, 739).

Leibniz l'invoque afin de montrer comment sa théorie s'accommode avec le dogme de la transsubstantiation dans le problème de la persistance des accidents eucharistiques (cf. Dictionnaire de théologie catholique, de Vacant, au mot *Accidents eucharistiques*, col. 1447). Mais ce *vinculum substantiale* « ne saurait être autre chose que la liaison même des monades résultant de l'harmonie préétablie entre leur activité et leur passivité » (E. Boutroux, *La Monadologie*, p. 56 (Paris, 1881).

Leibniz, en effet, répugne à admettre l'existence d'accidents absolus :

L'étude de son système nous y conduit et c'est l'hypothèse qu'il nous reste maintenant à examiner.

---

« Ita non erit opus, accidentibus non modalibus, quae parum capio » (ad Des Bosses, epist. XIX, Erdm, 681), et (epist. XXI, Erdm, 686) : « Videntur autem haec (accidentalia realia) esse plane superflua... » — Il ajoute, d'ailleurs, dans sa lettre XXX⁰ (Erdm, 740) : « Substantia agit quantum potest nisi impediatur ; impeditur autem etiam substantia simplex sed naturaliter non nisi *intus a seipsa*. Et cum dicitur monas impediri, hoc intelligendum est de alterius repraesentatione in ipsa. Autor rerum eas *sibi invicem* accommodavit, altera pati dicitur, dum ejus consideratio alterius considerationi cedit ». — C'est donc toujours à l'harmonie préétablie qu'il revient, et en définitive, la seule influence qu'il admette, est une influence *idéale*.

Quoi qu'il en soit, d'ailleurs, de ce *vinculum substantiale*, nous pensons n'avoir pas à en faire état ici, car nous avons étudié la théorie de Leibniz uniquement parce qu'elle est le type représentatif *d'une des hypothèses possibles* dans le problème des *influences réciproques*.

# CHAPITRE IV

## L'HYPOTHÈSE DE L'IDENTITÉ FONCIÈRE



1. *Sources.* — Si, d'après notre méthode, nous procédons à partir du sujet agissant, que nous connaissons le mieux, c'est-à-dire le moi, ne sommes-nous pas entraînés, pour expliquer le fait de l'influence, à invoquer l'hypothèse de l'*identité radicale de tous les êtres* ? S'il est vrai, en effet, que les premiers progrès de notre connaissance *consciente et réfléchie* nous ramènent de la contemplation des faits extérieurs à l'observation des phénomènes psychologiques *(ab exterioribus ad interiora)*, il n'est pas moins vrai que le premier mouvement de notre interprétation *spontanée* est de peupler l'univers d'êtres semblables à nous. — Or, que nous montre l'expérience interne ? — Des influences entre des phénomènes multiples, qui se suscitent, s'opposent, s'unissent en des synthèses de plus en plus puissantes (1).

---

(1) Cf. *supra*, livre premier, ch. I.

En même temps nous constatons que ce progrès est dû au triomphe d'un état d'âme, qui absorbe nos diverses énergies, les domine, les utilise à son profit et impose à un sujet, toujours le même, un mode d'être nouveau. Il y a donc entre les faits psychologiques une sorte de compénétration qui suppose sous leur diversité apparente une identité foncière : elle est la condition de leurs assimilations réciproques. — Dès lors, — puisque nous sommes toujours tentés de concevoir les autres êtres et l'univers lui-même à l'imitation de ce que nous savons de nous-mêmes, — ne serait-il pas logique de supposer une semblable unité, une semblable identité entre toutes les substances, dont les actions mutuelles se traduisent par des assimilations analogues à celles que nous observons dans le monde intérieur ? ou bien, une fois de plus, le contrôle de l'expérience externe vient-il dépouiller nos conceptions de ce qu'elles ont d'anthropomorphique et partant d'inexact ?

Les données expérimentales, le témoignage de la conscience, les exigences des phénomènes constatés nous ont fait admettre, — jusqu'ici — cette dernière alternative : il y a des substances ; elles paraissent impénétrables ; leur influence réciproque est réelle (1). L'agent ne passe pas dans l'agi et cependant celui-ci reçoit quelque chose de celui-là. C'est toujours la même *antinomie*. Notre étude de la solution empirique et notre critique de l'idéalisme leibnizien n'ont fait que l'accuser davantage.

Peut-être la résoudrait-on, si on arrivait à reconnaître que la distinction et l'immanence des substances ne sont vraies que dans le monde de l'apparence ; si on découvrait que sous ces évidentes multi-

---

(1) Cf. *supra*, livre second, ch. I, II, III.

plicités de surface se dissimule une non moins réelle
unité de fond. A ce prix « le rapport de causalité
apparente entre les phénomènes » se ramènerait « à un
rapport d'identité dans l'absolu » (1).

A) *Rapport avec les autres hypothèses.* — Comme le
remarque M. A. Bergson, cette hypothèse ressusci-
terait la conception de Spinoza. Elle est d'ailleurs,
nous l'avons vu, dans le prolongement du système de
Leibniz. Enfin, elle semble être également le point
d'arrivée nécessaire de la théorie phénoméniste elle-
même. Affirmer en effet que les phénomènes sont seuls
réels et qu'ils existent indépendamment de cette vaine
« entité verbale », qui est le moi, aboutit à *substan-
tialiser* les phénomènes, à en faire des « êtres en soi »... ;
ce n'est pas la substance qui, en fait, est abolie, c'est
l'accident qui passe au rang de substance. Le seul
moyen d'échapper à ce résultat désastreux pour le
phénoménisme, c'est de supposer que toutes ces
réalités, saisies par l'expérience, ne sont que les
« événements » d'un sujet obscur, ténébreux, qui
échappe à nos investigations (2).

B) *Retour à la méthode psychologique.* — Par toutes
ces voies, on revient à la méthode psychologique à
laquelle on rendrait toute son ampleur. Notre âme
étant une manifestation, observable pour nous, de la
Substance, nous pourrions contempler en elle le mode
universel des influences réciproques. Puis, par une

_____

(1) Cf. H. BERGSON, *Essai sur les données immédiates de la conscience,*
p. 158 (Paris, 1906).

(2) M. H. BERGSON dans son *Introduction à la métaphysique (Revue de
Métaphysique et de Morale,* janvier 1903), a fait ressortir cette parenté du
phénoménisme et du monisme. « La distance est donc beaucoup moins
grande qu'on ne le suppose, entre un prétendu « empirisme », comme celui
de Taine et les spéculations les plus transcendantes de certains panthéistes
allemands », p. 16.

transposition en profondeur de ce que l'apparence phénoménale nous montre dans notre conscience, nous pourrions concevoir l'unité foncière de l'Etre universel et le rôle qu'elle joue dans les relations de ces unités provisoires, qu'on nomme « substances » — sur le *modèle du moi* et *du rôle que joue son unité* dans les influences réciproques des phénomènes psychologiques.

Cette transposition est-elle légitime ?

D'abord, elle ne serait jamais qu'hypothétique, puisqu'elle ne se pourrait faire qu'à condition de revêtir un sujet, — inaccessible à l'expérience, — de qualités et d'attributs découverts uniquement par l'observation.

Mais cela même est-il possible ? — Cela ne le deviendrait que si l'on démontrait en toute certitude que le moi n'est pas une substance *individuée*, c'est-à-dire indépendante en son fonds de tout sujet d'inhérence.

Cette entreprise est extrêmement arduc et dangereuse, car elle suppose qu'on pourrait convaincre d'illusion le témoignage de la conscience psychologique elle-même. Or, ce témoignage en faveur de la distinction des individus est formel : « Dans mon moi seul réside tout ce que j'ai d'être véritable, tout le reste est non-moi et me reste étranger. Voilà un jugement en faveur duquel protestent mes os et ma chair... » (1).

Contre ce jugement, s'inscrivent en faux tous les panthéismes et tous les monismes. En effet, l'âme n'est pour eux qu'une étincelle du Feu divin, de la divine Raison séminale, dans laquelle elle rentrera après la révolution d'une grande Année, comme parlent les Stoïciens ; — elle n'est qu'une émanation

_______

(1) Cf. A. SCHOPENHAUER, *Le fondement de la morale*, trad. Burdeau, p. 189 (Paris, 1900).

de l'Etre pour les Alexandrins ; — à la mort elle se résorbe dans l'Intellect unique, selon la doctrine des Arabes ; — mode de l'attribut divin de la Pensée, au dire de Spinoza, elle n'est point distincte de la Substance ; — manifestation de l'Absolu, ou de l'Idée, de l'Inconscient, de l'Idéal, de la Conscience, elle ne possède pas l'indépendance foncière, qu'exige la personnalité : c'est une thèse essentielle de la philosophie de l'identité sous toutes ses formes, depuis Fichte, Schelling, Hégel jusqu'à Hartmann, Vacherot et M. H. Bergson.

Dans cette opposition entre la conclusion nécessaire de la doctrine moniste et l'affirmation de la conscience réside une difficulté grave. Schopenhauer, dans son ouvrage sur *Le Fondement de la Morale*, a été amené à la considérer en face et il l'a fait d'une manière qui intéresse notre étude.

2. *Schopenhauer : exposé.* — Le fondement de toute morale, dit-il, est la « pitié seul principe... de toute *action pure d'égoïsme* » (1). L'homme bon est celui qui ne fait pas une différence marquée entre lui et les autres, c'est pourquoi il se sacrifie pour eux, et « quand il accomplit ses actes de générosité,. elle (la différence) semble supprimée » (2). En effet, « pour que mon action soit faite uniquement *en vue d'un autre*, il faut que *le bien de cet autre soit pour moi et directement un motif*, au même titre que *mon bien à moi* l'est d'ordinaire... Il faut que cet autre être devienne la *fin dernière* de mon acte... A cet effet, il est nécessaire que je compatisse à son mal à lui et comme tel ; que je sente son mal ainsi que je fais d'ordinaire le mien.

______

(1) *Ibid.*, p. 182 ou 183.
(2) *Ibid.*, p. 184.

Or, c'est supposer que, par un moyen quelconque, je suis *identifié* avec lui... entre cet autre et moi, donc, plus de différence absolue ».

« Certes, le fait est étonnant, mystérieux même. C'est là en vérité le grand mystère de la morale... » (1) — Et après avoir montré la nécessité de cette identification radicale, le philosophe s'efforce d'en démontrer la possibilité.

Il ne nie point que, dans le domaine empirique, notre moi apparaisse évidemment distinct des autres, mais au-delà de ce que peut atteindre l'expérience, dans le fond obscur de notre être les barrières entre le moi et le non-moi, pense-t-il, sont parfois supprimées. Voici comment il s'exprime : « Ici une question se pose : cette dernière façon de concevoir le rapport entre mon moi et celui d'autrui, qui est le principe de la conduite de l'homme bon est-elle erronée, vient-elle d'une illusion ? Ou bien l'erreur ne serait-elle pas plutôt dans l'idée contraire, dans celle qui sert de règle à l'égoïste et au méchant ?

« .La manière de voir qui est au fond celle de l'égoïste, est parfaitement juste dans le domaine *empirique*. Au point de vue de l'expérience, la différence entre une personne et celle d'autrui paraît être absolue. Nous sommes divers quant à l'espace : cette diversité me sépare d'autrui, et par suite aussi mon bien et mon mal de ceux d'autrui. — Mais d'abord, il faut le remarquer, la notion que nous avons de notre propre moi n'est pas de celles qui épuisent le sujet et l'éclairent jusque dans son dernier fond. Grâce à l'intuition que notre cerveau construit avec les données des sens, d'une manière par conséquent indirecte, nous connaissons notre propre corps : c'est un objet dans

---

(1) *Ibid.*, p. 117 et 118.

l'espace ; grâce au sens intime, nous connaissons la série continue de nos désirs, des actes de volonté, qui naissent en nous à l'occasion de motifs venus du dehors, et enfin les mouvements multiples tantôt forts, tantôt faibles de notre volonté elle-même, mouvements auxquels en fin de compte se ramènent tous les faits dont nous avons sentiment. Mais c'est tout : la connaissance ne saurait se connaître à son tour. Le substrat lui-même de toute cette apparence, l'*être en soi*, l'être intérieur, celui qui veut et qui connaît, nous est inaccessible : nous n'avons de vue que sur le dehors ; au-dedans ténèbres. Ainsi, la connaissance que nous avons de nous-mêmes n'est ni complète ni égale en profondeur à son sujet, mais plutôt elle est superficielle ; une partie, la plus grande, la plus essentielle de nous-mêmes, demeure pour nous une inconnue, un problème ; pour parler avec Kant : le moi ne se connaît qu'en qualité de phénomène, mais ce qu'il peut être en lui-même, il ne le connaît pas. — Or, en cette partie de nous qui tombe sous notre connaissance, assurément chacun diffère nettement des autres ; mais il ne s'ensuit pas encore qu'il en soit de même pour cette grande et essentielle partie, qui demeure pour nous voilée et inconnue. Pour celle-là, il est du moins *possible* qu'elle soit en nous tous comme un fond unique et identique » (1).

Cette distinction expliquerait l'illusion dont nous rend victimes l'expérience. Elle préparerait aussi une démonstration de l'*identité profonde*. Il suffirait pour cela de faire voir que le principe d'individuation des substances n'affecte pas leur essence. Schopenhauer l'entreprend avec beaucoup d'habileté : « Quel est le principe de toute multiplicité, de toute diversité

______

(1) *Ibid.*, p. 184 et 185.

numérique ? — L'espace et le temps, par eux seuls
elle est possible. Le multiple, en effet, ne peut être
conçu ou représenté que sous forme de coexistence
ou de succession. Maintenant les *individus* sont une
multiplicité de ce genre : considérant donc que l'espace
et le temps rendent la multiplicité possible, je les
appelle *principium individuationis* sans m'inquiéter
si c'est bien en ce sens que les scolastiques employaient
cette expression » (1).

Puis, prodiguant les éloges à la théorie de Kant sur
l'espace et le temps, Schopenhauer continue : « Dans
cette théorie donc l'espace et le temps sont les formes
de notre faculté intuitive ; elles lui appartiennent et,
en conséquence, n'appartiennent pas aux choses, aux
objets de cette faculté ; aussi elles ne sauraient désormais être un caractère des choses en soi ; elles ne se
rapportent qu'à l'*apparence*, les choses ne pouvant
apparaître qu'à ce prix dans un esprit pour qui la
connaissance du monde extérieur tient à des conditions psychologiques. Quant à la chose en soi, quant
à l'essence vraie du monde, le *temps* et l'*espace* lui sont
étrangers. Il faut en dire autant par suite de la multiplicité » (2). La multiplicité n'est que phénomène et le
phénomène n'existe que pour notre esprit. « Dans cette
théorie, toute multiplicité est pure apparence ; tous
les individus de ce monde coexistants et successifs,
si infini qu'en soit le nombre, ne sont pourtant qu'un
seul et même être qui, présent en chacun d'eux et
partout identique, seul vraiment existant, se manifeste en tous... » (3).

　3. *Critique.* — Le développement est beau, mais il

---

(1) *Ibid.*, p. 185.
(2) *Ibid.*, p. 186.
　　　*d.*

n'est que d'une hypothèse, et le premier motif, qui fait prendre en considération une hypothèse, c'est qu'elle soit postulée comme nécessaire par les faits. Or, les faits de sympathie que Schopenhauer invoque comme « faits cruciaux », révélateurs de l'unité fondamentale, peuvent s'expliquer sans admettre une identification profonde. Ils sont, en effet, de l'ordre connu, c'est-à-dire pour lui de l'ordre phénoménal. Ils ne réclament donc comme raison d'être qu'une identification phénoménale, que réaliserait sous forme de substitution des « moi » la similitude de tous les états d'âme des êtres en sympathie. — En vain, Schopenhauer attaque Cassina (1), et affirme que nous souffrons dans la personne du malheureux qui nous inspire compassion et non dans la nôtre (2). Lui-même est obligé d'avouer que par « la voie de la pure psychologie » (3), il est difficile d'expliquer ce fait. Il recourra donc à la métaphysique. Mais quelle valeur attribuer à ses hypothèses ? Puisque, selon lui, le monde du noumène, de l'essence, nous échappe et que nous n'avons pas de moyen de le poursuivre à travers les phénomènes, toute hypothèse à son sujet est par avance frappée de discrédit (4).

Si cependant, quelque vue métaphysique peut être proposée, c'est celle qui, loin de contredire aux données expérimentales, les continue de manière à en rendre compte. Schopenhauer s'y essaie, mais il n'y réussit qu'à condition de renier le plus solide argument de sa thèse. — Celle-ci, en effet, empruntait sa principale

----

(1) *Ibid.*, p. 121.

(2) Contre cette prétendue compénétration, cf. *supra*, liv. II, ch. II.

(3) Cf. A. SCHOPENHAUER, *ibid.*, p. 122.

(4) On pourrait, en effet, opposer à Schopenhauer le dilemme suivant : ou bien notre sujet ne se connaît pas du tout dans son fond, « le moi ne se connaît que comme phénomène » (p. 185), et alors toute hypothèse métaphysique est gratuite ; — ou bien notre sujet, par la conscience et par la raison, se connaît comme autre chose que comme phénomène, et alors toute hypothèse, opposée aux affirmations de la conscience et aux conclusions de la raison, est fausse.

force à la théorie, qui fait de *l'espace et du temps* le principe d'individuation. Or, disait-il, l'espace et le temps n'ont qu'une valeur phénoménale. Donc, l'individuation n'atteint pas l'essence des êtres. — Et voici qu'il proclame lui-même la *réalité profonde de l'individuation* : au-delà du « caractère empirique », il y a un autre caractère, qui le continue « qui sert de principe dernier au précédent, le *caractère intelligible*, c'est-à-dire *l'essence* même de la chose. En cela, l'homme ne fait pas exception dans la nature, lui aussi il a son caractère immuable, d'ailleurs propre à l'individu et qui n'est pas le même chez deux » (1).

C'est à ce moi extraspatial et extratemporel, que le philosophe allemand attribue la responsabilité personnelle : « Tel tu es, tels seront tes actes » (2). Il en est ainsi parce que : « dans le monde chaque chose agit selon ce qu'elle est, selon sa constitution ; dans cette constitution se trouvent contenues *en puissance* toutes ses manifestations, mais elles ne se produisent *en acte* qu'au moment où des causes extérieures les évoquent ; et c'est par là même que cette constitution se révèle » (3). Mais à qui se fait cette révélation ? A la conscience morale éclairée par la conscience psychologique. Or, « qu'est-ce en somme que la conscience ? C'est la connaissance que nous prenons de *notre moi lui-même* à force d'en considérer la conduite et qui devient de plus en plus profonde. Aussi, c'est à l'*esse* que la conscience s'en prend : l'*operari* n'est que l'occasion de ses reproches » (4). Par cette voie, le *moi* n'est donc pas aussi inaccessible qu'on a voulu le dire, et nous pourrons savoir quelque chose au sujet de son individuation.

---

(1) *Ibid.*, p. 83.
(2) *Ibid.*
(3) *Ibid.*, p. 82 et 83.
(4) *Ibid.*, p. 84.

En résumé, il y a bien quelque illogisme dans cette hypothèse d'un moi intemporel et extraspatial que l'on revêt de propriétés *découvertes uniquement par l'observation du moi phénoménal*. Il y a aussi des difficultés à concilier la pluralité essentielle des « caractères intelligibles » avec le principe de l'identité de tous les êtres. Enfin, il n'est pas aisé de dire pourquoi ce noumène donné comme inconnaissable en lui-même *révèle sa constitution* par ses actes. Mais il nous suffit de retenir ceci : la théorie de l'identité absolue, pour peu qu'on la développe, aboutit à ce triple aveu : 1º notre individuation, affirmée dans l'ordre phénoménal par la conscience psychologique, est exigée dans l'ordre nouménal par la conscience morale ; 2º cette individuation, loin d'être illusoire, affecte le fond même de notre nature, ce moi intelligible « *qui n'est pas le même chez deux* » ; 3º cette individuation essentielle est reconnaissable à travers les actes de notre nature, *operari sequitur esse*.

En fait, cela équivaut à abandonner la thèse de l'unité foncière de toutes les substances et à reconnaître que les personnes humaines sont réellement distinctes les unes des autres. Les contradictions, auxquelles se condamne Schopenhauer, en sont une démonstration indirecte et négative, mais nous avons par ailleurs des preuves rigoureuses et positives en faveur de notre individuation.

4. *Démonstration positive : l'individuation est réelle.* — A) *Identité permanente du moi.* — D'abord l'horizon de la conscience psychologique n'est point aussi borné en profondeur que d'aucuns le prétendent. Sans doute, son regard n'atteint immédiatement que des phénomènes. Mais, n'y aurait-il pas dans ces phénomènes quelque signe nous révélant qu'ils sont l'œuvre d'un

sujet un, permanent, identique ? — et ne serait-ce pas mutiler l'observation interne que de la réduire à considérer les éléments « en file » comme isolés les uns des autres ? L'intuition, en effet, perçoit leur solidarité ; elle nous les présente agissant les uns sur les autres, se disputant la direction d'une force qui les vivifie tous (1), ce qui pose au moins le problème de leur origine. Or, la conscience psychologique saisit en eux des indices de leur parenté commune. Puis, fondée sur cette constatation, que la comparaison et l'analyse rendent sans cesse plus nette, la raison reconnaît sous l'écoulement des phénomènes l'existence d'une source unique d'où ils jaillissent tous. Nous apercevons avec une évidence irrécusable que les perceptions, les sensations, les volitions sont les actes incessamment renouvelés de la même énergie percevant, sentant, voulant : ce « *je* », dont nous faisons le sujet de toutes nos assertions, représente pour nous un principe constant d'activité interne.

Pour nier cette conclusion, il faudrait dire que le phénomène ne peut absolument rien nous révéler de la substance qui le produit... parce qu'il n'y a aucun rapport entre l'un et l'autre. En ce cas, à quoi bon parler encore de la distinction entre « ce qui apparaît » et « ce qui est l'inconnaissable absolu », que l'on suppose gratuitement, mais dont on ne devrait pas même avoir l'idée. Il n'y a plus pour nous de différence entre l'apparence mouvante et le fond permanent, que nous décorons du nom de substance. Le phénomène étant toute la réalité existe en soi, il est substance, et toutes les manifestations phénoménales nous livrent les secrets de la substance. — Aussi, conclurions-nous

---

(1) Cf. *supra*, livre premier, ch. I. — Voir aussi WILLIAM JAMES, *Précis de Psychologie*, trad. Baudin et Bertier, p. 196 et suiv. (Paris, 1910).

volontiers avec M. Boirac : « S'il n'y a aucun rapport entre le phénomène et le noumène, on n'a plus le droit de les considérer comme une seule et même réalité ; il serait plus exact de dire que le phénomène est une chose et que le noumène en est une autre. Le noumène nous apparaissant absolument autre qu'il n'est, c'est comme s'il né nous apparaissait pas du tout. Que s'il y a au contraire un rapport, c'est au fond le noumène qui est présent dans le phénomène ; l'un est substantiellement identique à l'autre et la différence, qui les distingue, est une simple différence de points de vue, comme celle qui, dans le système de Spinoza, distingue la Substance de ses attributs et de ses modes. Il ne faut plus dire alors que nous ne connaissons pas le noumène : au contraire, nous ne connaissons jamais que lui, bien que sans doute nous ne le connaissions jamais tout entier » (1).

Certes, nous sommes loin de savoir le tout de notre « moi », mais nous en pouvons savoir quelque chose. Par l'examen des phénomènes qu'il engendre, nous découvrons d'abord son unité. De plus, cette unité, nous l'avons déjà fait remarquer (2), doit aller jusqu'à la simplicité et partant l'indivisibilité absolue, car telle est la condition nécessaire des synthèses rationnelles et morales, dont le moi est le théâtre. Enfin, cette unité doit se prolonger dans le temps : nos événements internes, manières d'être, déterminations, etc., apparaissent et s'évanouissent sans que le fond même de l'âme en soit atteint. Sous la mobilité des phénomènes, quelque chose reste permanent : s'il n'en était pas ainsi, tout souvenir serait impossible. En effet, si,

---

(1) Cf. E. BOIRAC, *L'idée du phénomène*, p. 35 (Paris, 1894). *Item*, cf. A. FOUILLÉE, *L'avenir de la Métaphysique fondée sur l'expérience*, p. 49 (Paris, 1891).

(2) Cf. *supra*, livre second, ch. I.

comme le prétend M. F. Le Dantec : « Nous sommes
une série de vies momentanées, successives, séparées
par des syncopes identiques à celles du cinémato-
graphe, mais beaucoup plus courtes... » (1). « Si nous
sommes à chaque instant, mais l'instant d'après nous
sommes un autre » (2) ; si les choses se passent « comme
si de chaque syncope nous renaissions dans un sosie
un peu différent » (3), à la rigueur on pourrait supposer
que la ressemblance des deux sosies successifs permettra chez le second une réviviscence de phénomènes
identiques aux phénomènes jadis éprouvés par le
premier, mais la *reconnaissance* d'un fait comme
*déjà vu* sera impossible. Or, ce phénomène de reconnaissance, qui est l'élément principal du souvenir, est
incontestable. La conscience qui en rend témoignage
n'est sujette à aucune cause d'erreur. Pourquoi ?
Parce que de tels faits sont immédiatement donnés :
ils se passent en une âme qui en est à la fois l'auteur,
le théâtre et le témoin ; la perception en son acte
indivisible les atteint sans aucun intermédiaire. Il n'y
a donc pas danger de se tromper. Force nous est donc
de conclure : sous les prises immédiates de la conscience tombe l'existence d'un principe d'action, que
les faits m'obligent à reconnaître *un, indivisible,
identique.*

On a bien essayé de repousser cette conclusion au
nom de la science, mais celle-ci n'a pas contredit les
affirmations de la conscience. C'est en vain que, pour
démontrer le fractionnement ou les évanouissements
successifs du moi, on a invoqué les altérations de la
sensibilité ou les maladies de la personnalité. Les
intéressantes observations d'Azam, de Dufay, de Mac-

---

(1) Cf. *Le Conflit*, p. 167 (Paris, 1901).
(2) *Ibid.*
(3) *Ibid.*

Nish, aussi bien que les expériences de Gurney, de Richet, de Pierre Janet nous ont montré comment un brusque changement d'états psychologiques accompagné d'une défaillance de la mémoire peut illusionner un sujet au point qu'il ne se reconnaisse plus ; mais elles nous ont montré en même temps sous la couche nouvelle de faits psychologiques la persistance du moi ancien. En effet, des souvenirs, des habitudes, des aptitudes antérieurement acquises demeurent ; or, cela suppose nécessairement l'identité du moi (1).

B) *Immanence et indépendance du moi.* — Cependant, pour battre en brèche la théorie de l'unité radicale de toutes les substances, il ne suffit pas de démontrer que le moi est un sujet indivisible et permanent, il faut encore faire ressortir son indépendance radicale. Or, dès qu'il s'examine, chacun de nous prend conscience d'être une activité immanente, dont le progrès se déroule comme en un système clos qui s'ouvre parfois pour s'enrichir en ses relations avec l'extérieur, mais se referme aussitôt pour défendre son autonomie (2). Jamais il ne se laisse envahir (3). A certaines heures, pour résister aux attaques du dehors, il serre avec vigueur sa synthèse interne, et c'est alors qu'il sent le plus vivement sa distinction d'avec le

---

(1) Dans tous les cas intéressants qui ont été étudiés, le malade conserve une vague conscience de son identité. Quelquefois, il le témoigne par sa manière de parler : sous l'impression du progrès de la névropathie cérébro-cardiaque, il déclare qu'il se transforme « je suis autre », ce qui suppose quelque comparaison avec son état antérieur (cf. H. TAINE, *Revue phil.*, 1876, t. I, p. 289 et suiv.) ; — ou encore en état de somnambulisme, il fait allusion à son état normal, « quand moi est bête », disait M^lle R. L., la malade du D^r Dufay (*Revue Scienti/.*, 1876, t. II, p. 69). Plus souvent, comme la célèbre Félida X, du D^r Azam, la malade en son état second fait usage de connaissances acquises dans l'état premier : elle lit, coud, travaille. Enfin, lorsque le malade doit réapprendre ses connaissances perdues, il le fait très vite comme si d'anciens souvenirs se réveillaient et avec « l'impression d'avoir su tout cela autrefois ». M. Ribot cite à ce sujet des exemples fort suggestifs. Cf. *Les maladies de la mémoire*, p. 67 et suiv. — (Paris, 1891).

(2) Cf. *supra*, livre premier, ch. I.

(3) Cf. *supra*, livre second, ch. II.

non-moi et affirme le mieux son indépendance. Dans une discussion, par exemple, chacun semble presser son idée afin de lui donner son maximum de force et d'opposition. Or, cela manifeste bien l'œuvre de sujets divers et d'intelligences distinctes, car, dit spirituellement M. Piat, « s'il n'y avait au monde qu'une pensée pour saisir l'éternelle vérité, ils (les hommes) verraient tous à la fois le même système d'idées, mais alors quel désespoir pour les philosophes ! ils seraient par là même tous du même avis » (1).

Cependant, n'assistons-nous pas souvent à des luttes analogues qui éclatent au sein de notre âme entre nos tendances diverses ? Et le fait de ces conflits intérieurs entre énergies d'un même être, ne ruine-t-il pas l'argument que nous avons tiré de l'opposition des âmes en faveur de leur individuation essentielle, profonde, radicale, distincte de tout fonds commun ? Nous ne le pensons pas, car la conscience ne confond pas ces deux séries de phénomènes. Des caractères très nets les distinguent en effet. — Dans sa résistance à l'invasion de l'extérieur, l'âme sent s'affirmer son unité. Son activité s'exalte dans la mesure où s'accroît l'effort de l'adversaire. Elle se grandit avec l'énergie de sa volonté qui domine les tentatives faites pour l'entamer ou l'abattre, et de ce chef elle éprouve une *jouissance* intime très vive. Au contraire, dans les moments de dissension et d'anarchie intérieures, elle *souffre* de l'émiettement de ses ressources, qui lui donne une impression de faiblesse, d'incertitude, d'impuissance croissante. Ensuite, elle constate que si l'activité de l'une des tendances en opposition augmente, l'activité des autres *diminue* d'autant. Or, cela prouve que ces diverses activités puisent au

---

(1) Cf. C. Piat, *La personne humaine*, p. 167 (Paris, 1897).

même trésor d'énergie et que celui-ci est limité.
Saint Thomas en avait fait la remarque : « Des forces
diverses, qui n'ont point racine en un même et unique
principe, dit-il, ne se gênent pas l'une l'autre lorsqu'elles agissent... mais nous voyons que les diverses
opérations de l'âme se gênent mutuellement : en
effet, quand l'une d'elles est intense, les autres se
relâchent. Il faut donc que ces opérations et les forces,
qui en sont les principes immédiats, soient attribuées
à un principe unique » (1). — Enfin, la différence
s'accuse encore par la manière dont se terminent les
conflits. Dans la lutte contre l'extérieur, l'âme conquiert la paix par une *séparation* plus marquée d'avec
ses adversaires, tandis que dans le monde intérieur
l'ordre et le calme résultent de l'*absorption* de toutes
les énergies dans une synthèse dominée par la tendance victorieuse (2).

A la lumière de ces faits, dont la conscience est le
témoin immédiat, toute confusion devient impossible.
Aussi, nous est-il permis d'affirmer que, dans la mesure
où elle se connaît, l'âme possède la certitude d'être
une unité vivante, distincte par nature du milieu qui
l'enserre, c'est-à-dire possède la certitude de jouir
d'une réelle individualité.

Cette conviction se fortifie davantage lorsque l'âme
acquiert la notion précise de ses propres limites, en
pratiquant la méthode d'immanence, telle que l'a
décrite M. M. Blondel (3). Cette méthode, en effet,
amène l'homme à reconnaître qu'il ne se suffit pas
à lui-même. Elle lui fait découvrir au fond de son âme

---

(1) Cf. *Sum. c. Gent.*, l. II, c. LVIII, édit. de Parme, t. V, p. 111.

(2) Nous avons décrit l'évolution de ces conflits intérieurs dans le livre premier, ch. I.

(3) Cf. *Lettre sur les exigences de la pensée contemporaine*, etc. (Saint-Dizier, 1896) ; *Histoire et Dogme* ; Lettres au journal l'*Univers* (12 mars 1907), et surtout la mise au point que constitue la *Lettre* publiée dans la *Revue du Clergé français*, 15 juillet 1913.

des « besoins incoercibles » qui postulent quelque chose qui le dépasse. Elle l'amène ainsi à avouer que « l'homme ne peut jamais légitimement ni réellement s'en tenir à l'humain » (1) ; qu'il y a en lui des exigences profondes qu'il ne peut satisfaire, s'il est abandonné à ses seules forces. Sa nature n'est pas dans un état d'équilibre, et pour répondre à ses inéluctables aspirations vers l'infini du Vrai, du Beau et du Bien, elle a besoin d'un secours étranger. Donc, « il est légitime de montrer que le progrès de notre volonté nous contraint à l'aveu de notre insuffisance, nous conduit au besoin senti d'un surcroît... » (2). — Mais, en constatant ainsi notre faiblesse et notre indigence, nous reconnaissons, par le fait même, que nous sommes bornés, finis, distincts de cet autre, de qui nous postulons un secours aussi bien que de tout le non-moi qui déborde les limites de notre immanence vivante.

Toutes ces expériences, toutes ces analyses, toutes ces constatations, nous pouvons les faire et les refaire dans les *milieux les plus changeants* et les plus divers, où nous transportent les hasards de l'existence. Toujours le résultat est le même : notre moi nous apparaît comme un sujet *un, indivisible, identique à lui-même, ayant conscience de ses énergies mais aussi de ses limites, distinct et essentiellement indépendant de tout ce qui l'entoure.*

c) *Le fait de la liberté.* — Ces conclusions sont incontestables dans le domaine qu'éclairent les investigations de la philosophie. Un doute pourtant, — bien illégitime puisqu'il ne reposerait sur rien et susciterait une hypothèse en contradiction avec les faits établis

---

(1) Cf. *Lettre sur les exigences...*, p. 78.
(2) *Ibid.*, p. 38.

ci-dessus, — un doute ne pourrait-il pas encore surgir ? — Au delà de la zone éclairée, dans ces arrière-fonds de l'être cachés par les ténèbres de l'inconscient, que se passe-t-il ? Notre moi ne plonge-t-il pas ses racines dans quelque substance universelle ? Il ne serait plus alors indépendant de tout sujet d'inhérence, il ne serait plus en vérité un être en soi, une substance réelle, totalement distincte de toutes les autres ?

Pour résoudre cette difficulté, l'observation seule serait impuissante, nous devons avoir recours au raisonnement et chercher si certains faits incontestables n'exigent pas comme condition nécessaire la distinction radicale du moi d'avec la nature universelle. Or, le fait moral de la *responsabilité*, aussi bien que le fait psychologique de la *liberté*, peuvent servir à notre dessein. En effet, le sujet dans lequel ils se passent, est le moi. Mais le moi, nous l'avons montré, est essentiellement simple, et à ce titre, il est tout entier dans son action lorsqu'elle est complète (1). Telle est, par exemple, l'action libre d'une âme qui, s'étant rendue maîtresse chez elle, a unifié dans une synthèse rigoureuse toutes ses énergies, afin de les orienter vers l'idéal qu'elle a élu. Si cette action réclame pour son auteur l'indépendance, nous pourrons dire qu'en un sujet simple et indivisible par nature cette indépendance sera totale (2).

---

(1) Nous voulons dire par là, qu'en vertu de sa simplicité, notre âme se manifeste tout entière dans chacun de ses actes. Elle s'y manifeste d'autant mieux qu'elle agit avec plus d'intensité. Comme nous l'avons rappelé au début du chapitre II, un acte ou état d'âme n'est jamais purement et uniquement idée, purement et uniquement sensation, purement et uniquement volition. Et lorsque nous disons, je sens, je pense, je veux, ce que nous désignons en définitive, c'est seulement la forme prédominante, le caractère dominateur, le centre de notre synthèse psychique actuelle. C'est le même moi, en son *unité essentielle*, tour à tour sentant, pensant, voulant.

(2) Nous avons déjà exposé cet argument dans *Les deux aspects de l'immanence*, p. 167 (Paris, 1908) : « Le moi est un, simple, indivisible en son essence ; il n'a pas de parties. Si donc, en quelqu'une de ses opérations, il est évidemment distinct du milieu dans lequel il vit, il l'est totalement

Prouvons la réalité de cette indépendance nécessaire. Être libre c'est agir suivant son choix ; c'est
acquiescer ou non à ses désirs, c'est à son gré céder ou
résister aux sollicitations auxquelles on est exposé.
Celles-ci sont dues à des phénomènes physiologiques ou
psychologiques plus ou moins conscients, tous également
ment fatals, qui constituent la vie animale et dominent
en nous jusqu'au jour où la volonté libre s'aperçoit de
son souverain pouvoir et se résout à s'en servir (1). A ce
moment, le moi interrompt le cours des événements
nécessités. Il s'oppose à la poussée fatale, qui continue
de se produire. Il se montre supérieur à elle et commence la conquête de ses puissances inférieures, dont
il entend diriger l'activité. Il manifeste donc son pouvoir de résister à toute influence, soit du dedans soit
du dehors. C'est par là qu'il affirme son indépendance
foncière : il n'est libre qu'à ce prix.

Des faits, dont la réalité ne peut être mise en doute,
exigent donc que le moi soit réellement individué
et distinct essentiellement d'un prétendu fonds commun à tous les êtres. Par conséquent, les âmes humai-

---

et radicalement. Aussi..., sa distinction d'avec ce qui l'entoure est nulle
ou totale ; or, nous venons de voir que sous un aspect au moins, elle apparaît *réelle et nécessaire,* elle l'est donc totalement et foncièrement.

S'il en est ainsi, ne faut-il pas bannir du « moi humain » les tendances
fatales de sentir, de penser et d'agir, qui pourtant semblent bien essentielles
à l'âme ? Non, car lorsque l'acte libre est complet, lorsque le moi-voulant
s'est rendu maître chez lui, il vivifie par une orientation libre et responsable toutes les aspirations, les instincts, les facultés de sa nature.

Il est vrai que cette perfection de la liberté ne s'acquiert pas en un jour
le moi-voulant plongé dans un milieu fatal, où il puise en quelque sorte
les aliments de sa vie, n'arrive que lentement à prendre conscience de soi
et de ses limites. Il se reconnaît dès l'abord distinct des influences auxquelles
il s'oppose, mais ce n'est que peu à peu qu'il trace les lignes de démarcation
du moi et du non-moi. A *certaines oppositions,* il ne peut *résister qu'en*
resserrant sa synthèse interne, en se séparant pour n'être pas envahi ; il
n'a sur elles d'action que par l'extérieur, ce sont des non-moi. Sur certaines
autres, au contraire, il sent qu'il a un moyen d'action intérieur, qu'il peut
les conquérir par le dedans, d'autant mieux que leur violence diminue à
mesure que la liberté s'affirme et se fortifie, jusqu'au moment où tous ces
rebelles, instincts ou désirs, se courbent sous la domination de la volonté.
Cette méthode de conquête montre une fois de plus que tout se passe en
un champ clos, en un être aux ressources *limitées* et *donc réellement distinct
d'un fonds universel,* dans lequel il puiserait, s'il lui était inhérent, des
richesses indéfinies... ».

(1) *Cf. supra,* livre premier, ch. I.

nes, qui, à la lumière de la conscience, se reconnaissent différentes les unes des autres, le sont véritablement et sans qu'on puisse supposer leur identité radicale dans les profondeurs de l'inconscient.

D) *Les contradictions.* — A cette dernière hypothèse d'ailleurs, nous opposerions une fin de non-recevoir à cause des contradictions qu'elle implique. Nous les avons montrées ci-dessus à propos de la théorie de Schopenhauer, nous ajoutons qu'aucun monisme n'y échappe, quelle que soit la forme qu'il revête. *Le monisme d'émanation*, en effet, pose au début des choses un principe unique, source *nécessaire* du monde actuel, dont on admet la contingence. Ce principe, de quelque nom qu'on l'honore : Etre, Substance, Idéal, Axiome éternel, etc..., est à l'origine *seul existant* avant le temps et l'espace. Il n'y a donc rien qui puisse imposer des bornes à son existence. L'Etre premier nécessaire est donc *illimité, infini.* D'autre part, puisqu'il est seul à l'origine, rien n'existe que par lui : de lui dérivent toutes les perfections réalisées et possibles, il les possède donc toutes éminemment ; et comme l'être et la perfection sont identiques, il est nécessairement et infiniment *parfait, il est Acte Pur.* Dès lors, il est *immuable,* car un être ne change que pour acquérir ou perdre quelque qualité : or, l'être parfait ne peut plus rien acquérir, il ne peut rien perdre non plus à moins de perdre son essentielle perfection, ce qui est impossible à l'Etre nécessaire. Ces conclusions s'enchaînent rigoureusement ; elles s'imposent à quiconque réfléchit sur les conditions d'existence du Principe premier. — Et voici que pour ne pas admettre une pluralité de substances distinctes, le monisme est réduit à identifier l'Etre nécessaire, infini, immuable, parfait, avec l'univers contingent, fini, changeant, imparfait. Mais c'est là une identification de contradictoires, que notre raison se refuse à concevoir.

Plus habile, mais non plus heureux, est le *monisme d'évolution*. Il retourne le système et au lieu de poser à l'origine de toutes choses un Etre nécessaire infini, parfait, etc..., il ne parle que d'une *poussière atomique* ou d'un *germe unique et premier*, dont le développement élabore la matière, organise les vivants, fait apparaître l'homme qui, pour le moment, est la forme éminente du Principe universel. — Mais cet élément premier, que l'on conçoit à l'image de la matière inorganique telle que nous la connaissons, est *inerte* comme elle. Il ne peut donc rien changer à son état de repos ou de mouvement. D'autre part, étant unique, il est *isolé dans le vide absolu* et rien n'existe qui puisse agir sur lui. Dans ces conditions, son évolution n'aurait pu commencer. — Si l'élément premier, au contraire, est *en mouvement*, il l'est de toute éternité ; il est en dehors de la durée, et on ne peut concevoir son évolution comme un phénomène progressif dans le temps et limité dans l'espace (1). Telle n'est pas cependant l'hypothèse moniste, puisque ses partisans cherchent à expliquer la mise en branle de l'élément premier (2). Ils supposent donc que la matière originelle était au

---

(1) Cf. D'Hulst, *Mélanges philosophiques*, p. 257 (Paris, 1892) : « Mais si l'hypothèse de Laplace appelle une fin des mondes, elle en suppose aussi le commencement.

Car enfin cette matière initiale, cette nébuleuse universelle, pourquoi s'est-elle différenciée, distribuée en systèmes ? Pourquoi a-t-elle évolué vers l'organisation cosmique ? Parce que l'état où elle se trouvait, la chaleur qui la faisait vibrer, le mouvement, dont elle était le sujet, exigeaient cette évolution.

Elle a donc *commencé à évoluer*.

Mais si elle n'a pas *commencé d'être*, que faisait-elle avant d'évoluer ?

Etait-elle froide et inerte comme on se représente les mondes éteints ? Mais alors qui l'a échauffée ? Qui lui a donné son mouvement ?

Impossible de recourir à d'autres soleils pour donner l'impulsion à cette masse. Nous nous sommes placés à l'origine absolue, antérieurement à tous les soleils...

(2) Ainsi, H. Spencer, par exemple, invoque « *l'instabilité de l'homogène* ».

repos, mais si elle est *inerte* et si elle existe *seule* à l'origine, nous dirons qu'elle est « un premier Immobile qui ne sera jamais ni moteur ni en mouvement » (1).

Le mouvement qui surgirait en lui serait un *commencement absolu* : un être abandonné à lui-même et par ses propres forces se donnerait ce qu'il n'a pas ; il créerait quelque chose de supérieur à lui-même. Nul ne peut admettre une pareille conception parce qu'elle est contradictoire — et cependant elle est à la base de l'hypothèse moniste (2).

4. *Le Monisme de M. H. Bergson.* — Aux mêmes difficultés se heurte la tentative plus récente de M. Bergson.

Cependant, son monisme idéaliste et dynamique nous intéresse d'une manière spéciale pour deux raisons. La première est qu'il fait de la philosophie « l'approfondissement du *devenir en général* » (3). Or, le problème du *devenir* ne se sépare pas du problème de l'*influence*, objet de notre étude actuelle. La seconde est que les conclusions auxquelles il aboutit, montrent par un exemple vécu où conduit l'usage intempérant de la méthode psychologique ; et c'est

_______________

(1) Cf. *Les deux aspects de l'immanence*, p. 81. — *Ibid.*, p. 77-83, nous avons étudié les diverses formes du monisme, afin d'en faire ressortir les contradictions.

(2) Cf. *Ibid.*, p. 82 : « On tentera bien de voiler tout cela sous des métaphores. L'être premier sera présenté comme un germe qui, par son évolution, extériorise ses richesses. Seulement, pour ce germe comme pour la matière originelle, cette évolution, que nous constatons *successive* dans le temps et *limitée* dans l'espace, est un phénomène fini, un phénomène qui a commencé d'être. Pourquoi a-t-il commencé d'être ? Si le germe, en qui il apparaît est *premier*, c'est-à-dire *isolé*, d'où est venue l'impulsion initiale ? Les prétendues puissances de ce germe seraient restées indéfiniment à l'état de pures puissances, comme il est arrivé aux grains de blé enfermés dans les tombeaux des Pharaons... A moins encore que son évolution ne soit un commencement spontané, donc absolu... Mêmes difficultés au sujet de son accroissement, car, pour continuer la métaphore, ajoutons qu'il n'y avait au début aucune atmosphère, aucun terrain où le germe primordial eut puisé les éléments de sa croissance. Son progrès eut été une création, mais une création du supérieur par l'inférieur, une production du plus par le moins... ».

(3) Cf. H. BERGSON, *L'Évolution créatrice*, p. 399 (Paris, 1907).

cet abus que nous avons entrepris de critiquer dans le présent chapitre.

M. Bergson, en effet, conçoit l'évolution de l'univers sur le modèle de notre évolution intérieure. Selon lui, le premier principe, dont le progrès engendre le monde est « Vie ». Mais la vie c'est la conscience lancée à travers la matière .« Ce flot, qui monte, est conscience et comme toute conscience, il enveloppe des virtualités sans nombre qui se compénètrent... » (1). Le devenir y est incessant, mais son progrès se heurte à la matière, qui n'est elle-même que « de la conscience détendue ». Cet obstacle divise en individualités distinctes le courant initial. Ainsi se créent les âmes, « elles ne sont pas autre chose que les ruisselets entre lesquels se partage le grand fleuve de la vie coulant à travers le corps de l'humanité » (2). Donc, pour M. Bergson comme pour Schopenhauer, l'individuation n'est qu'accidentelle et de surface. En réalité, tout se ramène à un « fonds unique, qu'on pourrait appeler, faute d'un meilleur mot, la Conscience en général, et qui doit être coextensif à la vie universelle » (3). Dès lors, si la philosophie s'attache à étudier le « *devenir en général* », le mouvement, qui « est sans doute la réalité même » (4), — elle s'efforcera de « constituer progressivement une cosmologie qui serait, si l'on peut parler ainsi, une psychologie retournée » (5).

Nous ne nous arrêterons pas à faire remarquer comment le dynamisme évolutionniste de M. Bergson repose sur une confusion de l'ordre logique et de l'ordre ontologique. Après avoir déclaré qu'il adoptera

---

(1) *Ibid.*, p. 202.
(2) *Ibid.*
(3) *Ibid.*, p. 203.
(4) *Ibid.*, p. 168.
(5) *Ibid.*, p. 227.

à cause de sa commodité « le langage du transfor-
misme » (1), parce que « tout se passe *comme si* l'organisme lui-même n'était qu'une excroissance » (2) ; —
il affirme, sans en donner de preuves, que les choses
se passent *réellement* ainsi : « Nous ne pouvons nous
empêcher de croire qu'elles (les différences) sont le
développement d'une impulsion, qui passe de germe à
germe à travers les individus... » (3).

De même, sacrifiant au réalisme platonicien, il
présente le *Mouvement en soi*, la *Vie*, à part des vivants,
comme des réalités ontologiques sans nous dire jamais
d'où sort cet « élan vital », ni pourquoi ni comment
il jaillit.

Par ailleurs, il est difficile de comprendre comment
la Conscience qui, par définition, est de l'*inextensif*,
se transforme pour engendrer la matière qui est de
l'*extensif*. Il est vrai que, pour l'idéalisme, la matière
n'est qu'illusoire.

Cependant, lorsque M. Bergson nie l'individuation
foncière des âmes, nous pouvons reprendre contre lui
tous les arguments que nous avons fait valoir contre
la thèse de l'identité radicale exposée par Schopenhauer. La conscience — et ce n'est pas M. Bergson
qui en contestera le témoignage, — nous permet de
reconnaître en nous l'existence d'un principe *un,
indivisible, permanent, distinct* du milieu auquel il
il s'oppose, *libre* enfin, ce qui exige pour lui l'*indépendance réelle.*

Enfin, l'*Evolution créatrice* n'échappe point à la
contradiction initiale du monisme. « L'élan de vie...
consiste, en somme, dans une exigence de création.
Il ne peut créer absolument parce qu'il rencontre

---

(1) *Ibid.*, p. 28.
(2) *Ibid.*, p. 29.
(3) *Ibid.*, p. 93.

devant lui la matière, c'est-à-dire, le mouvement
inverse du sien » (1). — Mais à l'origine, avant d'avoir
engendré la matière en se détendant, la Conscience était
déjà en devenir. Rien alors ne s'opposait à son évolution. Il semble donc que du premier coup elle eût dû
achever son œuvre sans obstacles. Or, voici au contraire que ce principe *unique, que rien ne limite, infini,
parfait*, puisqu'il est la source de toutes les perfections,
*immuable*, puisqu'il ne peut plus rien acquérir ni perdre,
se fait identique au monde *limité, fini, imparfait*,
toujours *en devenir*. Cette contradiction, on ne l'évite
pas en présentant la Conscience comme inconsciente
à l'origine ; car, si l'on ne voit pas par quel prodige
d'alchimie le non-être se donnerait l'être, on ne voit
pas davantage comment une pure puissance peut
d'elle-même passer à l'acte... Ces commencements
absolus, que chaque progrès du Principe unique
exigerait, sont incompréhensibles.

Pour toutes ces raisons, l'hypothèse moniste, qui
suppose l'identité foncière de toutes les substances,
nous semble inadmissible. De là nous pouvons tirer
en faveur de notre thèse une démonstration indirecte
aussi rigoureuse que les démonstrations mathématiques. De deux choses l'une, en effet : ou bien l'âme
humaine existe indépendante en son fond, est dans la
force du terme une *substance* ; ou bien l'âme humaine
est un *mode* de la substance universelle. Il n'y a pas
d'échappatoire possible. Or, la seconde alternative
est insoutenable à cause des contradictions qu'implique
le monisme. Donc, la première alternative est vraie.
L'âme humaine est indépendante de tout sujet d'inhérence, la conscience qui affirme son individualité et sa
personnalité n'est victime d'aucune illusion.

---

(1) *Ibid.*, p. 273.

*L'antinomie demeure.* — L'hypothèse de l'identité foncière est vaine ; la synthèse, qu'elle tentait de faire entre la théorie empirique et la théorie idéaliste, échoue : l'*antinomie* demeure. Le problème se pose toujours de la même façon : l'influence est réelle entre des êtres essentiellement distincts, qui, en aucune manière, ne se compénètrent.

# CHAPITRE V

## L'ADAPTATION PROGRESSIVE

Sommaire. — Les hypothèses précédentes délimitent le problème. — 1. L'adaption : *a)* présentée par la méthode de résidu, — *b)* examinée suivant les méthodes d'accord, de différence, — *c)* de variations concomitantes. — 2. Rôle de l'attention. — 3. Conclusion : l'adaptation condition nécessaire et mode unique d'influence efficace subie ou exercée ; toute assimilation est œuvre d'adaptation progressive.

*Délimitation du problème.* — Les trois hypothèses précédentes reconnaissent l'*assimilation*, comme le fait caractéristique de toute influence efficace. Elles cherchent à l'expliquer, sans qu'aucune d'elles cependant y réussisse. L'assimilation n'est pas l'effet de la *compénétration*, dont parle Démocrite ; ni le résultat de l'*harmonie préétablie*, qu'imagine Leibniz ; ni la manifestation de l'*identité fondamentale*, que suppose Schopenhauer. Mais notre critique ne devient pas inutile pour cela, car l'élimination de ces hypothèses délimite les conditions du problème, en même temps qu'elle éclaire notre marche vers une solution.

Désormais, trois jalons sont fixés sur notre route pour nous garder de tout écart. Nous le savons, en effet, avec certitude : *entre les substances, il n'y a pas de compénétration ; entre elles il y a plus qu'une harmonie préétablie ; entre elles, il n'y a pas identité, mais distinction fondamentale.* D'autre part, chacune de ces théories, faussées par des exagérations que les faits condamnent, a mis en lumière un aspect de la solution : *l'assimilation résulte d'une influence réelle* (Démocrite), *mais non envahissante* (Leibniz), *possible seulement grâce à des aptitudes sympathiques,* dont Schopenhauer entrevit la nécessité dans le monde phénoménal.

Comment donc pouvons-nous la concevoir ? Comme le fruit d'une *adaptation*.

1. *L'adaptation*. — Si l'action efficace, nous l'avons montré plus haut (1), est génératrice de ressemblance, son expansion réalise une harmonie grandissante entre l'agent et l'agi ; et si le premier respecte l'immanence essentielle du second, cette harmonie, qui les assimile, ne peut être due qu'à une adaptation progressive.

A) *Méthode de résidu*. — C'est, après l'élimination des hypothèses antérieures, la seule manière, qui reste possible d'interpréter les faits, car elle seule se plie à toutes les exigences du problème. Certes, cette conclusion, que nous vaut l'usage de la méthode de *résidu*, ne manque pas de valeur, mais elle s'affirme singulièrement par le concours et le contrôle des méthodes d'accord, de différence et de variation concomitante.

B) *Accord et différence*. — Pourquoi telle influence réussit-elle à provoquer mon activité, et telle autre n'y parvient-elle pas ? C'est que l'adaptation de mes états d'âme à la première est possible ou même ébauchée, et qu'elle ne l'est pas à la seconde (2). Ainsi,

---

(1) Cf. livre premier, ch. II, III, IV, V.

(2) Nous pourrions reprendre ici tous les faits que nous avons recueillis dans notre enquête phénoménologique (livre premier). Nous les avions invoqués pour montrer que, *vu de l'extérieur*, tout cas d'influence réciproque se traduit par un progrès d'assimilation entre l'agent et l'agi. Nous ne

mon voisin de droite joue de la clarinette. Comme
je ne suis pas musicien, il ne m'empêche pas de travailler, tandis que mon voisin de gauche ne peut se
retenir de battre la mesure. — Mais voici que le joueur
attaque un air connu. A mon tour, je suis captivé,
je chante intérieurement avec lui et toute application
me devient impossible. — Pareille fascination se
rencontre dans la vie de l'animal. Indifférent à toute
sollicitation étrangère à ses instincts, il cède fatalement
à celle qui est en harmonie avec eux.

L'influence ne devient donc efficace qu'à condition de rencontrer dans le sujet, qu'elle atteint, une
certaine malléabilité, qui permette à ce dernier de
s'adapter ou de se laisser adapter. De même qu'un corps
soluble uniquement dans l'alcool, ne subit aucune
déformation si on le plonge dans l'eau pure, mon
âme reste insensible à toute impression, qui n'éveille
chez elle aucune consonance. Une excitation ou une
pensée ne sont efficacement ni reçues ni comprises,
à moins qu'elles ne soient par quelque côté en harmonie avec ma mentalité : ce que je n'ai encore pensé
en aucune manière est pour moi inintelligible et la
représentation d'une souffrance, que je n'ai pas
éprouvée à quelque degré, ne trouve en moi aucun
écho. Il en va tout autrement des conceptions qui
me sont sympathiques et dans lesquelles je me retrouve,
ou des douleurs qui m'ont déjà tourmenté.

---

pouvions aller au-delà, parce que nous ne savions pas encore si cette assimilation était due à une compénétration ou à une harmonie préétablie ou à
une identité foncière. Ces hypothèses écartées, il serait facile de montrer
que toute assimilation entre des substances en relation, se réduit forcément
à une *adaptation, dont l'agent a l'initiative*, — On le constaterait encore
en étudiant le *mode* suivant lequel progresse l'assimilation : en effet, elle
ne se produit pas brusquement ni d'une manière régulière, comme par une
pénétration continue, mais elle s'opère par une sorte de *balancement* et
de *rythme*, — ce qu'accuse une *série d'actions et de réactions* à travers
lesquelles l'agent et l'agi d'harmonisent, se mettent au même point, par une
*adaptation réciproque* croissante à chaque effort de l'agent, à chaque passe
d'influence.

c) *Variation concomitante.* — C'est pour la même raison que l'annonce brusque d'une mauvaise nouvelle, nous laisse parfois assez insensibles de prime abord. Il faut un peu de temps pour que l'âme se mette au point, afin de comprendre et de sentir toute l'étendue de son malheur... ; et la souffrance s'accroît, à mesure que, grâce à l'imagination constructive (1), l'âme s'adapte, pour les éprouver par avance, aux impressions douloureuses qui seront la conséquence de cette catastrophe.

Un phénomène analogue se rencontre dans la vie intellectuelle. Il nous arrive d'être certains d'une vérité rigoureusement démontrée et d'avoir grande peine à l'admettre pratiquement. Il y a en nous quelque chose, qui inconsciemment s'oppose à elle. C'est que notre milieu psychologique ne lui est pas favorable : notre préparation sympathique est insuffisante et alors toutes les énergies intérieures, qui sont comme la matière de nos actes conscients, ne se laissent pas informer par notre conviction intellectuelle. En des cas de ce genre, apparaît le rôle de l'action : elle vient au secours de la pensée, afin d'adapter l'âme entière à la vérité connue.

Comme ces faits le montrent : l'efficacité des influences auxquelles nous sommes exposés, *varie* avec leur *degré d'adaptation* à nos dispositions intimes. Cette adaptation conditionne au même titre le succès des actions dont nous prenons l'initiative. *La réaliser est donc le secret de toute puissance conquérante.* Or, nous avons pour cela un instrument précieux, c'est l'*attention*, que l'observation psychologique nous permet de définir un « pouvoir d'adaptation ».

2. *Rôle de l'attention.* — Le rôle de l'attention, en

_______________

(1) Cf. Th. Ribot, *La psychologie des sentiments*, p. 44, 45 (Paris, 1899).

effet, est de concentrer non seulement les forces de l'esprit en vue d'acquérir une connaissance plus sûre, mais aussi, bien qu'indirectement, de coordonner les diverses énergies du désir et de la volonté en vue d'exercer une action plus vigoureuse et surtout plus sage. Grâce à elle, l'âme s'harmonise d'abord aux impressions qui l'émeuvent, afin de les bien ressentir et d'en bien apprécier l'intensité et la valeur. Ainsi éclairée, elle peut ensuite — par un nouvel effort d'attention — s'adapter au milieu sur lequel à son tour elle veut agir, mais en ne dépensant son activité qu'à bon escient. Voilà comment l'attention, lieu des influences réciproques entre nos facultés (1), fait rendre à ces dernières leur maximum de travail utile. Non que pour cela elle crée de l'énergie, la chose lui serait impossible, puisqu'elle même n'est qu'un mode de notre action ; mais elle empêche la dispersion de nos ressources et leur fait donner une réponse efficace aux sollicitations dont elles sont l'objet.

Or, — et c'est le fait que nous nous attachons à mettre en lumière — dans l'ordre sensible comme dans l'ordre intellectuel et moral, le succès de son intervention *varie* suivant le *degré d'adaptation*, qu'elle réussit à réaliser.

De fait, pour être entendue et accueillie, une sollicitation d'ordre sensible doit faire pressentir à l'âme un développement harmonieux, lui promettre l'acquisition d'un bien, auquel confusément au moins elle aspire ; car, on ne s'intéresse qu'à ce que l'on aime déjà en quelque manière. Or, l'amour est fait de complaisance. Il est une union anticipée avec la beauté ou la perfection entrevue. Il s'émeut seulement

---

(1) L'analyse psychologique nous montre, en effet, que c'est au moyen de ce pouvoir d'attention spontanée et volontaire que la sensibilité et la volonté agissent sur l'intelligence, et vice-versa.

au prix d'une assimilation commencée, dont le charme
est si séduisant que l'âme souhaite la compléter. Elle
appelle alors à son secours l'attention. Celle-ci aussitôt
entreprend de la mettre davantage en harmonie avec
l'objet de ses désirs, de l'adapter à lui, de l'en rapprocher par un accroissement de ressemblance. Plus
elle y parviendra, plus elle rendra efficace l'effort
d'union parfaite que suscite l'amour.

Sans doute même sous la poussée d'une passion
ardente, l'attention ne réalisera pas cette identification, cette fusion, cette compénétration intime des
êtres, que rêve un *cœur épris* et que *nous avons*
reconnue impossible entre des substances distinctes (1),
mais elle produira en son sujet une sympathie, une
aptitude, une prédisposition, qui lui fera mieux éprouver et accueillir l'influence de l'être aimé.

En retour, elle lui permettra par là même d'agir
plus efficacement sur ce dernier.

C'est à l'attention, en effet, que l'amour doit son
ingéniosité. Elle augmente, nul n'en peut douter,
notre perspicacité par rapport à tout ce qui concerne
ceux que nous aimons. Elle éclaire notre sollicitude,
la dirige, lui inspire cette discrétion et ce tact, qui
la font irrésistible : une mère trouve des accents qui
vont droit au cœur de son fils ; un ami sait le chemin
du cœur de son ami. Ne semble-t-il pas, d'ailleurs,
qu'aux jours où l'inquiétude tient notre attention en
éveil sur les détresses et les besoins de ceux qui nous
sont chers, nous nous sentons les aimer davantage,
comme si nous étions alors plus proches d'eux, plus
en harmonie avec leurs aspirations, plus forts aussi
pour les amener aux résolutions qui sauvent..., et
tout cela ne vient-il pas de ce qu'alors nous sommes
*plus et mieux adaptés* à leurs états d'âme ?

---

(1) Cf. *supra*, livre second, ch. II.

Un phénomène analogue se rencontre dans l'ordre intellectuel. Nous l'avons déjà fait remarquer (1), l'enseignement d'un maître habituellement écouté gagne progressivement en clarté pour nous parce que, devenus plus semblables à lui, *mieux adaptés* à sa manière de penser et d'exprimer ses conceptions, nous saisissons plus vite les vérités qu'il expose.

La même cause explique encore l'influence croissante que prend un directeur d'âme. La confiance qu'il inspire prépare à recevoir ses avis. On entre dans ses vues ; peu à peu, on adopte sa méthode dans l'exercice de la vertu ; on en comprend mieux la vivifiante nécessité ; on la pratique avec plus d'élan et de résultats. A ce prix, l'éducation morale devient efficace. — Un semblable progrès d'adaptation donne au meneur un irrésistible ascendant sur la foule. S'il est habile, il fait préparer la salle dans laquelle il doit parler : les cris, les acclamations, les chansons surtout orientent d'avance vers son but les âmes de ses auditeurs, de sorte que dès l'abord tous pensent comme lui, sentent comme lui, veulent comme lui. Aussi, son influence sera prompte et décisive. Il semblera souffler l'enthousiasme dans les cœurs et infuser à tous ses colères et ses haines. De fait, il ne fera que les exciter, les préciser, les diriger. Mais d'aventure, s'il se trouve au milieu de cette foule en délire quelques hommes incapables de vibrer sous de semblables excitations, soit qu'ils n'y aient pas été préparés, soit que prévenus ils se défendent contre la contagion de l'émotion générale, tout le talent de l'orateur sera de nul effet sur eux, faute d'adaptation suffisante.

Ces variations concomitantes s'accusent davantage encore dans les cas anormaux, tels que l'hypnotisme.

(1) Cf. livre premier, ch. III.

En effet, les merveilles que fait accomplir la suggestion
sont dues à l'extraordinaire puissance d'*adaptation,*
que déploie un sujet mis « en état de rapport » avec
l'opérateur. Celui-ci lui annonce, je suppose, l'arrivée
d'un ennemi. Aussitôt toutes ses facultés se préparent
à la défensive ; ses organes acquièrent une susceptibilité extrême. Les moindres indices sont alors saisis,
et au bout d'un temps très court l'illusion est complète :
l'œil de l'hypnotisé voit l'adversaire et son cristallin
s'accommode comme si la vision était réelle. Bref,
tout en lui s'adapte pour mieux percevoir les mouvements de cet ennemi imaginaire et y répondre avec
une étrange précision. Cette adaptation, aussi bien
que dans l'état normal, se fait sous la direction de
l'attention, que l'hypnotiseur a captée et qu'il promène à son gré. C'est ainsi que ce dernier, après avoir
ordonné à son sujet de se protéger contre une attaque
irréelle, peut, avec un égal succès, lui défendre de
voir un objet présent sous ses yeux. Cette contre-
épreuve expérimentale montre combien l'adaptation
est nécessaire pour qu'une influence soit efficace.

3. *Conclusion.* — En résumé, s'adapter au milieu
pour en recevoir l'impulsion et les enseignements,
pour profiter des ressources qu'il fournit ; puis,
éclairé et enrichi de la sorte, adapter sa réaction,
se mettre au point pour agir avec un maximum d'efficacité : tel est le mode unique et nécessaire de l'action
réciproque. Voilà pourquoi, si nous avons pu conclure (1) que toute influence s'exerce par voie d'assimilation conquérante, nous pouvons ajouter maintenant que *toute assimilation est œuvre d'adaptation
progressive.*

-----

(1) Livre premier, ch. V.

# CHAPITRE VI

## COMMENT SE FAIT L'ADAPTATION PROGRESSIVE

Sommaire. — 1. Initiative de l'agent en vue d'entraîner le sujet dans un acte commun, mais en partie double : *a)* l'influence de l'agent ne se réduit pas à une provocation ; *b)* causes d'illusion. — 2. Le véritable lien causal : relation unique entre deux termes, dont l'un a l'initiative et l'autre le profit. — Aristote, saint Thomas. — 3. Explications : l'influence s'exerce à travers de multiples actes communs par adaptions passives et adaptations actives. — 4. Solution de l'antinomie : l'agent ne s'épuise pas en agissant, le sujet subit son influence sans se laisser envahir.

*La zone des influences subies ou exercées par un être se mesure,* d'après ce que nous venons de constater, à *son pouvoir d'adaptation passive ou active* ; c'est-à-dire au pouvoir qu'il possède de revêtir des qualités, des propriétés, des états semblables à ceux de la substance qui agit sur lui ; ou inversement de faire naître des qualités, des propriétés, des états semblables aux siens, dans le sujet, sur lequel il agit.

Mais dans les cas d'influence efficace, *comment* se réalise une telle assimilation par adaptation progressive ?

1. *Initiative de l'agent.* — Elle se réalise grâce à l'intervention de l'agent, dont l'initiative impose, détermine et dirige une évolution des capacités du sujet, afin de l'entraîner dans une action identique à la sienne.

Cependant, l'assimilation due à cette union dans

un *acte commun*, va-t-elle jusqu'à l'identification réelle, que semble toujours souhaiter l'influence ?

Nous avons vu que l'immanence essentielle et l'inviolabilité des substances opposent une barrière infranchissable à la réalisation de ce vœu. C'est là un fait qu'il ne faut pas oublier, surtout si, — nous plaçant, selon notre position initiale, au point de vue humain du problème, — nous envisageons non seulement l'unité de mouvement du mobile et du moteur qui l'entraîne, l'unité de mouvement de l'objet perçu et de l'impression qu'il nous impose... ; mais encore le résultat des réactions qui surgissent du fonds même du sujet, pour le mettre en harmonie avec l'agent, le revêtir d'états semblables au sien, l'amener au partage des mêmes sentiments, des mêmes idées, des mêmes résolutions. Certes, en ce rare et suprême degré de sympathie sensible, intellectuelle et morale, semble s'achever la fusion des âmes en un acte unique. Et pourtant la barrière n'est pas franchie. L'identification n'est pas obtenue ; et s'il y a acte commun, ou plutôt action sympathique ou action complémentaire, cette action s'opère *en partie double.*

Sans doute, l'agent et le patient font le même acte, mais chacun agit pour son propre compte. Lorsque je sympathise avec mon ami en une commune désolation, ce n'est pas à proprement parler sa souffrance que j'éprouve : la preuve en est que les nuances de nos émotions pénibles diffèrent souvent. — Lorsqu'un maître transmet une théorie à son disciple, que fait-il sinon provoquer, guider, contrôler l'évolution intellectuelle de ce dernier, afin de l'amener ainsi à reconstruire à son tour, et par son effort personnel, la théorie proposée. — Lorsque, dans une foule, je suis victime d'une contagion morale et qu'entraîné, j'adhère à la résolution commune, j'ai encore conscience de faire un acte de responsabilité individuelle : ma volonté se met à l'unisson des autres volontés, mais c'est par ma permission ou mon initiative.

Niera-t-on pour cela l'efficacité de l'influence exercée par l'agent ? — Non, car ni le mouvement du mobile, ni l'éclosion de ma pensée, ni l'orientation de mes sentiments, ni la mise en jeu de mon vouloir ne se fussent produits d'une manière déterminée sans l'intervention d'une cause adaptée.

Celle-ci, d'autre part, afin d'agir efficacement, n'a nul besoin de pénétrer dans son sujet. Il lui suffit, pour obtenir l'assimilation caractéristique de son influence, d'*élever à l'acte* les énergies que ce dernier possède en réserve et de l'amener peu à peu à un unisson de mouvement d'idées, d'émotions, de résolutions. Ainsi l'entendait saint Thomas, lorsqu'il répondait aux théories des Arabes niant la possibilité des actions réciproques : « Il est ridicule de dire qu'un corps chaud n'agit point parce qu'un accident ne peut passer d'un sujet dans un autre. En effet, dire qu'un corps chaud communique sa chaleur, ce n'est pas dire que la chaleur qui est dans le corps chaud passe identiquement la même (*idem numero*) dans le corps chauffé, mais que par l'influence de la chaleur, qui est dans le corps chaud, une *autre* chaleur (*alius calor*), qui était auparavant en puissance dans le corps chaud, y passe à l'acte » (1).

A) *L'action ne serait-elle que sollicitation ?* — Serait-ce donc que l'intervention de l'agent se réduirait à d'habiles provocations, excitations ou sollicitations ? — On serait tenté de le conclure et de dire avec

______

(1) Cf. S. Thomas, *Sum. c. Gent.*, l. III, ch. LXIX, édit. de Parme, t. V, p. 213.

C. Piat, par rapport à la qualité nouvelle, que le sujet acquiert sous l'influence de la cause : « d'où vient cette réalité nouvelle ? Puisqu'elle n'était pas auparavant, il faut de toute rigueur qu'elle ait été créée de quelque manière ; il faut que le principe, dont elle est sortie et auquel elle reste immanente, comme un mode à son sujet, l'ait tirée à sa surface sans se diminuer au dedans. Et de là une conception de la cause assez différente de celle à laquelle on croit communément. La cause n'est point comme un contenant qui tend à se vider ; c'est un agent dont l'essence est de donner dans ses actes quelque chose de plus que lui-même : c'est un *agent producteur...* Entre les êtres en nombre infini, qui constituent la nature il n'y a, pour parler une langue précise, que des *sollicitations* ; ce sont ces êtres eux-mêmes qui, une fois influencés par le milieu ambiant, s'élèvent de ce qu'ils n'ont pas à ce qu'ils acquièrent » (1).

Cela semble vrai quand on ne considère que les points extrêmes de la série des faits, que suppose un cas d'influence efficace ; quand, après avoir été témoin de l'intervention de l'agent, on lui compare la réponse plus ou moins heureuse que son appel obtient du sujet. On est alors porté à imaginer que la cause s'adresse directement aux puissances actives de ce dernier. Elle apparaît comme provocatrice de réactions, dont le principe est tout entier immanent à l'être, qui s'ébranle sous sa sollicitation : une flamme d'allumette détermine une explosion formidable ; une circonstance fortuite déchaîne un orage de passions, révèle un instinct incoercible, découvre l'exigence impérieuse d'une vocation à un genre de

_________

(1) Cf. C. PIAT, *La personne humaine*, p. 369 et 370 (Paris, 1897).

vie. Mais — outre que, dans ce cas, l'être qui répond
est réellement agent à son tour et ne fait que déployer
les énergies en tension dans son sein, — ce déclan-
chement lui-même, dans une *direction déterminée,*
a dû être produit par une action antérieure.

B) *Les causes d'illusion.* — Il y aurait donc singulière illusion à ne pas pousser plus loin l'analyse. En
effet, nous sommes en présence d'un phénomène
complexe enveloppant une série d'influences efficaces
intermédiaires et souvent inaperçues, d'où dépend
le résultat apparent et final. L'appel, que l'agent
adresse aux énergies intimes, aux puissances actives
du sujet qu'il souhaite entraîner dans son orbite,
n'arrive à celles-ci qu'au *moyen des puissances passives.*
Sans doute, l'effet produit sur ces dernières, leur est
tout intérieur, *actio est in passo* ; il n'en est que plus
facilement masqué, surtout dans la vie humaine,
par la vivacité et l'importance de la réaction, qui
souvent nous intéresse seule.

2. *Le véritable lien causal.* — Mais cette réaction
est un *second fait* d'influence, *allant de l'intérieur à l'extérieur.* Il peut et doit être considéré à part, malgré
sa relation de dépendance à l'égard de l'autre (lequel
va de l'extérieur à l'intérieur, puisqu'il résulte de
l'action de l'agent *sur les puissances passives* du sujet).
Celles-ci sont, au premier temps du phénomène, le
véritable point où s'exerce l'action efficace. Ce sont
elles qui sous l'intervention de l'agent revêtent l'assimilation caractéristique de l'influence : la cire est
façonnée à l'image du cachet ; la poudre s'échauffe
au contact de la flamme ; le sens est contraint à la
représentation de son objet ; même, sans que je le
veuille, mon âme est gagnée par l'émotion de la foule

qui m'entoure... A ce moment, se réalise l'*acte commun*, par le moyen duquel, en définitive, s'exercent toutes les influences entre substances diverses. Il a, en effet, son principe dans l'agent et son terme dans le sujet. En cet acte donc réside le LIEN CAUSAL ; car en lui et par son intermédiaire, s'opère l'adaptation progressive, qui s'achève, quand l'influence est heureuse, en une assimilation.

Acte commun de la balle et de la main qui la lance, acte commun du sensible et du sentant, acte commun de la foule émue et de mon âme emportée par la contagion morale..., en cela, nous ne voyons qu'une RELATION UNIQUE entre deux termes, dont l'un agit et l'autre pâtit. A cet instant fugitif, les diverses substances, dont l'essentielle immanence demeure toujours inviolée, se rencontrent et s'unissent. Elles forment un *système composé*, mais, mis en branle par une opération *unique*, dont l'agent a l'initiative et dont le sujet a le profit (1). En cette unité passagère apparaît la *réelle solidarité de la cause et de l'effet*. L'on comprend, dès lors, pourquoi, lorsque le système aura été brisé, le résultat de l'influence sera marqué par la genèse — dans le sujet — d'un mouvement, d'un état, d'un acte identique au mouvement, à l'état, à l'acte de l'agent.

Certes, si l'on considère à part la substance-agent et la substance-sujet, on pourra, suivant le point de vue où l'on se place, appeler cette relation *unique* d'un nom différent, — comme on désigne différemment la route qui va de Thèbes à Athènes et d'Athènes à Thèbes ; cependant, ces deux points de vue sont corrélatifs et complémentaires puisqu'ils traduisent deux aspects de la même réalité.

----

(1) Cf. *supra*, livre second, ch. II.

3. *Explications.* — Les difficultés que l'on éprouve parfois à reconnaître en cet acte commun, le *lien causal,* le moyen par lequel s'opère l'assimilation, — viennent de ce que l'influence n'est pas simple et instantanée. Elle s'exerce progressivement sur un sujet qui se ferme à toute invasion substantielle (1), et dont les énergies, s'éveillant sous l'excitation première, font effort pour agir à leur tour. Il en résulte des chassés-croisés d'influences : et chez les sujets extrêmement actifs, comme les âmes humaines, cela donne le spectacle de la plus étrange confusion.

Pour débrouiller ce chaos, appelons un exemple à notre aide.

Mon âme était en repos et distraite par la promenade. Soudain, je suis témoin d'un acte de générosité : un homme ramasse un pauvre épuisé sur la route. Je suis ému et je m'empresse de coopérer à sa bonne action. — Que s'est-il passé en moi ? — D'abord, de simples phénomènes de perception. Ils sont le fruit de la relation du monde extérieur avec mon âme en cet « acte commun du sensible et du sentant » par lequel selon l'expression d'Aristote, l'objet façonne le sujet à sa ressemblance, comme le cachet communique sa forme à la cire qu'il modèle. Cette *première* assimilation engendre en moi une représentation. Celle-ci aussitôt met progressivement en jeu mes énergies sensibles, rationnelles et volontaires : elle sollicite leurs concours afin de se développer et de s'établir chez moi en souveraine (2). Qu'elle se heurte à des antipathies, nées de mon égoisme, elle ne peut s'insérer dans ma synthèse psychique et ne tarde pas à s'évanouir :

---

(1) Cf. *supra*, livre second, ch. III.
(2) Cf. livre premier, ch. I, où nous avons décrit le jeu de ces influences entre nos phénomènes psychologiques.

je continue ma promenade (influence inefficace). Qu'elle rencontre au contraire des sympathies, des aptitudes prêtes à s'ébranler dans un mouvement identique au sien, son influence se propage jusqu'à rallier à elle toute la synthèse mouvante de mes puissances. — En cette occurrence, tout mon être gagné par cette *seconde* assimilation considère l'homme généreux qui l'a provoquée comme un idéal. De par ma propre initiative alors, je m'oriente vers lui afin de participer à sa perfection. Mais, vu l'impénétrabilité des substances, cette participation se réduira nécessairement à une imitation : mon âme se fera semblable à l'âme de cet homme généreux. Elle reproduira en elle-même sa manière de penser, de sentir, d'agir, et je m'empresserai avec lui auprès du malheureux. — Ainsi s'obtiendra cette *troisième* et dernière assimilation, qui manifeste l'efficacité de l'influence initiale et souvent est seule remarquée.

Nous n'oublierons pas cependant que ce résultat suppose à tout le moins deux séries successives d'influences. Dans l'une, allant de l'extérieur à l'intérieur, l'agent impose sa ressemblance aux puissances passives du sujet (adaptation passive) ; — dans l'autre, au contraire, allant de l'intérieur à l'extérieur, le sujet en vue de parfaire cette ressemblance, qu'il a pour agréable, se travaille à son tour, entraîne dans un mouvement unique toutes ses ressources et adapte progressivement sa synthèse interne à la fin, qu'il souhaite atteindre (adaptation active), qui portera sa marque personnelle.

De plus, nous le remarquons, cette seconde série est non seulement provoquée, mais encore guidée par la première. Elle a pour but, en effet, d'en rejoindre le principe, grâce à une action qui s'achève par un effort de retour au point de départ « *appetitivus motus circulo*

*agitur* » (1). Ainsi, l'action se boucle par la volonté
du sujet poursuivant, comme on poursuit une cause
finale, l'agent lui-même, qui fut à l'origine cause
efficiente de tout le mouvement (2). C'est dé cette
manière que, durant tout le progrès de ces influences,
l'agent fait sentir son action : il *provoque* une assimilation, *guide* le mouvement intérieur qui répond à son
appel, et *contrôle* en définitive le résultat plus ou
moins heureux de cet effort vers une adaptation aussi
parfaite que possible (3).

Bref, si dans la relation, d'où résulte une influence
efficace, je considère les termes extrêmes, qui se
rejoignent en une assimilation, c'est-à-dire la substance-agent et la substance-sujet, il semble que la
seconde se soit adaptée pour répondre à la sollicitation
de la première.

Mais l'analyse nous a montré que cette sollicitation
ne s'exprime à la substance-sujet, ne se fait entendre
d'elle, n'en obtient une réponse favorable *qu'à travers
de multiples actes communs.*

L'agent s'adresse d'abord aux aptitudes réceptives
du sujet qu'il entraîne dans son mouvement et aux-

---

(1) Cf. Saint Thomas, *Sum theol.*, I, IIa, qae. XXVI, art. 2, in c., édit
de Parme, t. II, p. 99.

(2) On trouverait la même série de phénomènes, mais en sens inverse,
si l'on examinait un fait d'influence dont on a soi-même l'initiative, par
exemple lorsqu'on arrive à faire partager à une foule, que pour un instant
on entraîne dans un acte commun, ses convictions, ses sentiments, ses
volontés.

(3) L'influence de l'agent peut se manifester de deux manières, suivant
que son action est *momentanée* ou *continue*. — Dans le premier cas, l'intervention de l'agent entraînant le sujet dans son mouvement (premier acte
commun), cause une première assimilation plus ou moins parfaite. Celle-ci
ébranle dans un sens déterminé l'activité du sujet, qui, si cela lui plaît,
s'efforce de conserver et de développer en lui ce *mode* d'action. Pour cela,
il travaille à se rendre semblable à l'agent qui le lui a communiqué et révélé
par son intervention (deuxième acte commun). Par l'idéal qu'il a suggéré
de la sorte, l'agent influe sur toute l'évolution du sujet à titre de *cause
finale* : nous l'avons vu dans l'exemple d'un acte de générosité. — Dans
le second cas, l'agent ne cesse point de presser sur le sujet, et la continuité
de son action ne laisse la réaction se faire que dans un sens déterminé :
ici, l'agent influe à titre de *cause efficiente* : il ébranle, il guide, il contraint
(acte commun continu) : tel le professeur de gymnastique qui saisit et
conduit le bras de son élève.

quelles il impose une adaptation passive. Cette première intervention rencontre d'ordinaire des sympathies et des complicités qui, peu à peu, lui gagnent
dans une série d'influences intérieures par actes communs toutes les énergies de l'être (1). Celles-ci, à leur
tour, accentuent, grâce à une adaptation active cette
fois, la marche du sujet vers cette assimilation qui
— aux extrémités de la chaîne des opérations communes — se manifeste comme le signe d'une influence
vraiment efficace.

4. *Solution.* — De cette façon, semble résolue
l'antinomie de la causalité. Comme nous l'avons
montré plus haut (2), l'agent ne s'épuise pas en agissant, il ne s'appauvrit pas par un écoulement de sa
substance ou de ses accidents, et le sujet subit son
influence sans se laisser envahir. L'un et l'autre demeurent ontologiquement distincts, mais ils sont unis dans
un acte commun à tous deux. Celui-ci est donc le
moyen terme de l'influence et la seule voie par où se
propage son efficacité.

---

(1) Cf. *supra*, livre premier, ch. I, où nous avons décrit, telles, que nous
les présente l'observation interne, les actions réciproques des phénomènes
psychologiques, ainsi que le rythme d'analyses et de synthèses, de dissolutions et de recompositions intérieures, qui scande le progrès de la vie
psychologique et la manière dont un phénomène, suscité par une influence
quelconque, brise le système psychologique établi, afin d'en reconstituer
un autre dont il sera le centre.

(2) Cf. livre second, ch. II.

# CHAPITRE VII

## LES EXIGENCES DE L'ADAPTATION PROGRESSIVE

Sommaire. — Nécessité d'aptitudes complices. — 1. Elles sont réelles : ressorts de l'activité, — points d'application de toute influence efficace, — acte commun, loi commune, énergies communes : parenté des êtres en relation. — 2. Elles sont définies : elles permettent et limitent les influences réciproques.

*Nécessité d'aptitudes complices.* — Si l'acte commun est la seule voie par où se propage l'influence, c'est parce qu'en lui seul se fait l'adaptation progressive. Elle est due à l'initiative de l'agent, mais elle est d'autant plus facilement réalisée que le sujet y est mieux préparé par des prédispositions, des tendances, des aptitudes complices de l'intervention étrangère. Sans ces dernières, toute tentative d'assimilation conquérante serait vaine, nous l'avons vu plus haut (1). Elles sont donc la *condition sine qua non* qui répond aux ultimes et inévitables exigences de l'action efficace.

En quoi consistent-elles ?

1. *Réelles.* — Ce sont des puissances passives et actives, dont l'expérience constate la *réalité* et dont la science mesure l'énergie (2). A l'être, qui les possède,

---

(1) Cf. supra, livre second, ch. V.

(2) Cf. Mgr d'Hulst, *Mélanges philosophiques*, p. 356 et 357 (Paris, 1892) : « Ces notions fondamentales sont aujourd'hui rejetées des uns, ignorées des autres, dédaignées de tous. On se plaît à n'y voir qu'une pure logomachie. Rien n'est plus injuste. Voici un canon chargé. La poudre a la puissance passive de s'enflammer au contact du feu. Cette puissance est passive

*les unes* donnent la capacité de se laisser façonner par l'agent, de se laisser assimiler à lui, comme la cire se laisse façonner par le cachet et se modifie à sa ressemblance, comme l'âme apte à subir certaines impressions vibre à l'unisson de l'âme qui lui communique son émotion..., *les autres*, éveillées par cette première intervention, permettent au sujet d'y répondre d'une manière adaptée, de s'y associer, de se travailler en retour afin de parfaire en lui l'assimilation commencée ou de se mettre en harmonie avec elle pour la plus grande efficacité de l'action exercée. Ces puissances, en un mot, sont des aptitudes à telle ou telle opération. Elles ouvrent par le fait même le sujet, en qui elles résident, à l'influence d'un agent, qui tentera de l'entraîner avec lui à l'une ou l'autre de ces opérations.

Elles apparaissent dès lors comme les ressorts de l'activité du sujet, ressorts qu'il faut mettre en jeu sous peine de ne produire aucun des effets que l'on

---

puisqu'elle n'agit pas et attend d'une autre cause l'effet d'inflammation ; et pourtant elle est réelle, puisqu'elle résulte de la nature des éléments. La poudre une fois enflammée, les solides passés brusquement à l'état gazeux réclament un plus grand espace ; en l'occupant, ils développent une force de propulsion qui chasse le boulet et par lui renverse les murailles : et c'est bien là au premier chef une puissance active.

Reprenons ce *processus* et comparons la donnée scientifique à la conception scolastique. Avant l'explosion, que dit la chimie ? Dans ce mélange de charbon, de soufre et de salpêtre, la vibration moléculaire est assez lente pour maintenir, avec l'état solide, la fixité des trois substances mélangées. *Mais ces molécules sont susceptibles de recevoir, par le contact d'un corps en ignition*, une accélération de mouvement qui produira la dissociation du nitrate de potasse, mettra l'azote en liberté et y dégagera de l'acide carbonique, développant ainsi brusquement deux gaz, tandis que le soufre et le potassium forment la crasse humide qui noircit le tonnerre de l'arme. Est-ce un pur néant cette réceptivité de mouvement thermodynamique qui dort dans la poudre encore froide ? Non, c'est une puissance naturelle, puisque l'étude de la nature permet de la *déterminer*, de dire avec précision quel degré de chaleur il faut dans le corps enflammant pour produire la dissociation des éléments dans le corps enflammé. Est-ce une puissance active ? Non, car elle ne fait que recevoir, elle *attend* l'action d'autrui. Mais quand la dissociation est produite, que dirons-nous de la force qui se dégage et qui chasse le boulet ? Dirons-nous qu'elle n'est rien ? Mais on peut la mesurer en kilogrammètres ; on ne mesure pas le néant. Dirons-nous qu'elle ne fait qu'un avec son acte, qui est la propulsion du boulet ? Mais non, la raison proteste. Si le boulet est projeté, c'est que l'élasticité des gaz dégagés représente une force plus grande que le poids du boulet. La propulsion du boulet *résulte* de la force développée par le dégagement de gaz. Or, ce qui résulte n'est pas une seule et même chose avec ce dont cela résulte. Mais si la puissance active se distingue de l'action, elle en est inséparable, tandis que la puissance passive est séparable et souvent séparée de son acte ».

cherche. Pour ces raisons, l'on peut dire que ces aptitudes passives et actives sont les *points d'application* de l'influence efficace, puisqu'elles rendent, le sujet capable de coopérer avec l'agent à cette *acte commun en partie double*, que nous avons reconnu comme un moyen nécessaire d'adaptation réciproque et d'assimilation.

Mais, si l'on y réfléchit, être à même d'entrer dans un acte commun, c'est pour l'agent et pour le sujet être à même *d'agir sous une loi commune*. D'autre part, puisque, en vertu de l'immanence inviolée des substances en relation, chacune de ces dernières agit pour son compte, — puisque l'action dépend de la nature de l'être qui agit et en révèle quelque chose *(operari sequitur esse, nemo dat quod non habet)*, — puisque enfin les lois expriment « les rapports nécessaires qui dérivent de la nature des choses » (1), — la capacité d'agir sous une loi commune suppose dans les êtres en relation *une communauté d'aptitudes et d'énergies*. Entre eux il y a donc nécessairement des traits communs et comme de famille, des ressemblances ébauchées, que l'acte commun accuse davantage, en un mot *une parenté*.

2. *Définies*. — Celle-ci conditionne de fait l'expansion de l'influence. Elle repose, en effet, nous venons de le voir, sur des adaptations préalables qui, sans doute, *permettent* l'action réciproque, mais en même temps la *limitent*, car chez les êtres concrets elles existent sous forme d'aptitudes *définies*.

De même que les corps inorganiques possèdent des propriétés qui les caractérisent, des affinités électives qui déterminent et mesurent les actions et les réac-

---

(1) Cf. MONTESQUIEU, *Esprit des Lois*, liv. I, chap. I, p. 100, édit. P. Janet (Paris, 1887).

tions dont ils sont capables, les vivants possèdent des orientations d'activité qui tiennent à leur nature ou sont le fruit de leur éducation, et limitent la zone de leur influence possible. La vie de l'animal est ainsi contrainte de se développer suivant des poussées irrésistibles, auxquelles nulle intervention ne le fait échapper. A lui une merveilleuse disposition pour exécuter certains actes, mais en même temps une impuissance radicale à l'égard de certains autres. Les dresseurs d'animaux l'ont bien remarqué. Ils peuvent très vite faire prendre à un animal une habitude qui perfectionne ses instincts ; il leur faut plus de persévérance pour obtenir des actes parallèles seulement à ses tendances innées ; il leur en faut davantage encore, pour réussir à endiguer le déploiement spontané des énergies naturelles, par exemple : pour faire tomber en arrêt le chien qui, d'instinct, poursuivrait le gibier ; — mais, quelle que soit leur habileté, ils n'arrivent jamais à imposer aux animaux un dressage contraire à leur instinct. Par ailleurs, ces habitudes, dues à la domesticité, propagées à force de soins par l'hérédité atteignent si peu le fond de l'être, qu'elles ont vite fait de disparaître, si l'animal redevient sauvage.

Il y a donc en chaque animal une *orientation définie* des aptitudes naturelles et c'est ce qu'il faut apercevoir d'abord si l'on veut exercer sur lui une action efficace. A l'appui de ce fait, on peut citer le cas d'un dresseur de singes, qui offrait de payer ses élèves le double du prix qu'on lui demandait, pourvu qu'on les lui remit pendant quelques jours à l'essai (1). Ce laps de temps

---

(1) Cf. Th. Ribot, *La psychologie de l'attention*, p. 55, 56 (Paris, 1889): Chez les animaux, « il y a ,comme chez l'homme, des éducables et des réfractaires ». « Un éleveur de singes, dit Darwin (*La descendance de l'homme*, vol. I), qui achetait à la Société Zoologique des espèces communes au prix de cinq livres la pièce, en offrait le double, à la condition de pouvoir les garder quelques jours pour faire un choix. Quand on lui demanda comment en si peu de temps il pouvait voir si tel singe serait un bon acteur, il répondit que tout dépendait de son pouvoir d'attention... ».

lui suffisait pour juger de leur puissance d'attention,
et par là de la facilité avec laquelle il leur imposerait
les coordinations d'images et de mouvements, qui
constituent le dressage.

Or, si nous remarquons que l'animal n'est capable
que d'attention spontanée, nous pourrons tirer de ce
fait une nouvelle conclusion. L'attention spontanée, en
effet, est toujours éveillée par un plaisir. Mais la
psychologie nous enseigne que tout plaisir est le signe
d'un développement harmonieux, c'est-à-dire d'une
activité exercée dans le sens des prédispositions naturelles, des adaptations préalables, des similitudes
latentes ou ébauchées, que l'être inconsciemment
aspire à développer. En conséquence, l'attention
spontanée nous révèle chez un animal l'orientation
de ses aptitudes à telle ou telle assimilation, ainsi que
les complicités ou parentés intimes, qui rendront
efficace tel ou tel genre d'influence exercée sur lui.
De plus, les divergences que notre dresseur excellait
à reconnaître, montrent que pour un individu déterminé, ces aspirations naturelles ou acquises sont
toujours *définies*.

Sans avoir la fixité des orientations dues à l'instinct,
les âmes humaines possèdent elles aussi des prédispositions incontestables. Certes, elles semblent plus
malléables, mais elles manifestent cependant, dès la
première enfance, des sympathies ou des antipathies
inconscientes qui favorisent ou entravent les influences
exercées sur elles. C'est ce fonds préexistant qui rend
si délicate et si difficile l'œuvre de l'éducation. A quoi
vise-t-elle, en effet ? — A adapter les énergies de
l'élève à l'idéal du maître. Celui-ci s'efforce donc
d'amener l'enfant à sentir, à penser, à agir, comme
lui-même sent, pense, agit. Qu'il le veuille ou non, il
travaille à l'entraîner dans une action identique ou

tout au moins semblable à la sienne, dans l'espérance, qu'ensuite, par sa réaction personnelle, l'enfant continuera de sentir, de penser et d'agir de la même façon. Mais, pour obtenir cette *adaptation en retour*, il doit tenir grand compte des ressources naturelles de ce dernier ; il doit les *amorcer* par des assimilations agréables qui fassent naître le désir de les perfectionner, *suivre* les progrès de son influence à travers les hésitations, les heurts des tendances mauvaises, *intervenir* dans les moments d'anarchie intérieure afin de porter secours aux spontanéités complices de son action et de leur assurer la prépondérance.

Cette souple sollicitude, qui exige tant de tact et de persévérance, est toujours nécessaire à l'éducateur, parce que toujours il se trouve en face d'un sujet dont les aptitudes sont *définies* dans une certaine mesure. Les tournures d'esprit varient d'homme à homme suivant la prédominance de ce que Taine appelait la faculté maîtresse. Il est des âmes d'artistes et de métaphysiciens, de scientifiques et de littéraires, et chacune d'elles ne manifeste ses ressources qu'au jour où elle trouve l'objet qui l'intéresse. — Mais pourquoi cet objet a-t-il sur elle une pareille puissance ? Parce qu'il est en harmonie avec ses tendances profondes. Une vocation littéraire ou scientifique, qui se révèle soudain, n'est que l'aspiration irrésistible d'une organisation mentale déterminée : c'est pourquoi elle transforme les natures les plus indolentes en apparence, car avec l'attrait naît le goût du travail. Or, d'où viennent ces propensions si différentes parmi les hommes ? — D'aptitudes parfois innées, souvent précisées par l'éducation première et qui empêchent les divers esprits de voir les mêmes choses sous le même jour.

Leur existence et leurs divergences sont incontestables. C'est à cause d'elles qu'une comparaison ou une métaphore n'a pas la même valeur explicative pour tous les élèves d'une classe, chacun d'eux n'ayant bien compris que lorsqu'il a lui-même trouvé l'image appropriée à sa tournure d'esprit. Elles pèsent également sur le jugement de la raison et risquent parfois de fausser l'acte du libre arbitre. Celui-ci ne devrait agir qu'à la lumière de la raison, mais des obscures profondeurs, où s'alimentent les racines de notre vie consciente, naissent des prédispositions sourdes, qui nous font faire état d'un motif futile et négliger parfois des considérations en elles-mêmes très graves.

Sans doute, nous le constatons, plus on s'élève dans la série des êtres, moins les aptitudes innées ou acquises semblent déterminer l'action. Tandis que le minéral n'est apte qu'à un nombre restreint et fatalement fixé de combinaisons, la plante peut s'accommoder de milieux différents, l'animal peut se plier à des exercices nouveaux, l'homme peut, s'il est habile, orienter à son gré la majeure ou du moins la plus importante partie de ses activités. Y aurait-il donc plus d'incertitudes dans la constitution de ce dernier ? — Non, c'est au contraire que sa nature est *plus riche* en préordinations ou, si l'on veut, en sympathies latentes. Des interventions plus ou moins heureuses provoqueront l'évolution des unes ou des autres. Encore est-il que ce développement ne peut se faire indifféremment en tous les sens. En effet, puisqu'il consiste à mettre en valeur des aptitudes immanentes au sujet, innées ou acquises, mais *définies*, celles-ci conditionnent toute expansion d'influence. Elles restreignent l'étendue de la parenté entre les êtres, elles restreignent par le fait même le champ des actions réciproques.

En résumé, toute influence se fait par adaptation

progressive de l'agent et de l'agi. Mais l'initiative du premier n'est heureuse, qu'à condition de rencontrer chez le second des prédispositions sympathiques, des énergies complices sous forme d'aptitudes à une opération en harmonie avec la sienne. Or, celles-ci, chez les êtres concrets, sont *réelles*, *définies* et n'entrent en jeu que sous une *excitation adaptée* à leur nature. C'est donc à elles qu'en définitive doit s'adresser — de manière à se faire accueillir,. toute intervention qui veut être efficace.

# CHAPITRE VIII

## LES APTITUDES COMPLICES ET LES RAISONS SÉMINALES

Sᴏᴍᴍᴀɪʀᴇ. — Intéressante consonance historique. — 1. Le problème des influences réciproques chez les anciens et sa solution au moyen de la théorie des raisons séminales : positions diverses des Stoïciens, de Platon, d'Aristote. — 2. Au début de l'ère chrétienne : Philon, saint Justin, Clément d'Alexandrie. — 3. Le problème et sa solution chez saint Augustin au point de vue cosmologique, au point de vue intellectuel, au point de vue moral. — 4. Saint Thomas reprend la question par rapport aux influences réciproques entre substances créées : *A.* La théorie : *a)* nécessité d'aptitudes réelles, définies, ordonnées à un but ; pourquoi il les appelle raisons séminales ; — *b)* leur rôle ; — *c)* ce qu'elles sont. — *B.* Le contrôle expérimental : *a)* dans le domaine de la connaissance ; — *b)* dans le domaine de l'action. — Concordance avec nos conclusions au sujet des signes de l'influence, du mode suivant lequel elle s'opère, des conditions de son efficacité.

*Consonance historique.* — La démonstration de l'existence dans les êtres concrets d'aptitudes *réelles* et *définies, complices* de l'action extérieure, *ressorts ultimes,* sur lesquels doit agir la cause étrangère pour que son influence soit efficace, nous ramène par voie de régression expérimentale vers une conception analogue à l'antique théorie des *raisons séminales.* Il y a en ce fait un accord, une consonance, qu'il est intéressant de relever d'autant plus que pour aboutir à ce résultat, les anciens semblent avoir procédé *d'une manière diamétralement opposée* à la nôtre, c'est-à-dire, par voie de progression métaphysique.

1. *Chez les Anciens*. — Le problème pour eux paraît
être le mystère du *devenir universel*. Ils s'étonnent des
incessants changements, dont ils sont témoins, depuis
les révolutions des astres, dont Pythagore admirait
l'harmonie, jusqu'au renouvellement des saisons, pendant lesquelles la nature a l'air de s'endormir pour se
réveiller ensuite plus active et plus féconde. Ils cherchent le secret de ce cosmos et, puisque l'homme, s'il
n'y prend garde, conçoit toutes choses à sa ressemblance, ils en viennent naturellement à considérer
l'Univers comme un vivant, doué d'activité immanente et travaillant au plein épanouissement de son
être. Cet hylozoïsme assez confus trouve dès l'abord
les principes de toutes ces évolutions dans des éléments
divers, dont les noms esquissent déjà une conception
des raisons séminales : tels sont les quatre éléments
qu'Empédocle appelle les racines de toutes choses
(ῥιζώματα), telles sont les puissances qu'Anaxagore
appelle les semences du monde (σπέρματα) (1).

Cette conception cependant n'atteindra toute son
ampleur que chez les Stoïciens. Ceux-ci abandonnent
le point de vue socratique qui, par l'affirmation de
l'indépendance de l'âme, de son immanence intellectuelle et morale et de sa distinction substantielle
d'avec l'Univers, complique le problème de l'influence
réciproque de telle sorte que Platon et Aristote hésitent et se contredisent au sujet des relations causales
entre Dieu et le monde. Ils pensent résoudre toutes
les difficultés en ramenant à l'unité les deux termes de
l'antinomie. Dans ce but, ils enferment dans la matière
le *Verbe Démiurge*, en qui Platon voyait la cause
efficiente du cosmos, puis l'*Intelligence suprême*, sou-

---

(1) Cf. Janet et Séailles, *Hist. de la Philos.*, p. 714 et suiv. (Paris, 1887).
— L. Mabilleau, *Hist. de la Philos. atomistique*, liv. II, ch. IV, p. 39-50
(Paris, 1895).

verainement aimable et désirable, qu'Aristote posait comme la cause finale de l'activité universelle (1). Il n'existe donc plus qu'un seul Principe sous une dualité apparente ; et ce Principe est corporel, bien qu'il s'exprime tantôt en termes de passivité et il a nom *matière*, tantôt en termes d'activité et il a nom *force* ou *cause*. C'est le Feu artiste qui, par une série rythmée de tensions et de relâchements, préside à la genèse du monde, divine *Raison séminale*, d'où naissent toutes choses. Tous les êtres trouvent en lui leur origine et leur fin ; ils ne sont que les moments de son évolution ; ils naissent et meurent de son perpétuel devenir. S'ils agissent les uns sur les autres, c'est grâce à des aptitudes déterminées, qui conditionnent tout leur développement. Ces dernières sont les *raisons séminales*, c'est-à-dire des germes portant l'empreinte de l'Intelligence suprême, d'où ils émanent, des étincelles du Feu artiste, dont la substance constitue l'Univers entier (2).

Dès lors, les influences réciproques s'expliquent sans difficulté. Si les êtres, en effet, ne sont que les phénomènes d'une même Substance unique, en leurs actions et réactions ils se compénètrent et se disputent l'énergie commune, comme dans notre âme nos diverses puissances s'efforcent de ravir à leur profit toutes nos ressources psychologiques, afin d'établir leur hégémonie dans notre monde intérieur. L'action réciproque réalise donc ici, dans le sens plein du mot, une *assimilation*. — Les Stoïciens n'hésitent pas à nier toute individualité, toute impénétrabilité, toute immanence essentielle des êtres en relations ; ils vont jusqu'à dire

---

(1) Cf. F. Ravaisson, *Essai sur la métaphysique d'Aristote*, p. 25 et 26 (Paris, 1846) : « Le stoïcisme fait redescendre dans la matière la pensée, dans la puissance l'action, et la métaphysique dans une physique nouvelle ».

(2) Cf. Baeumker, *Das Problem der Materie in der griechischen philosophie*. p. 354 et p. 357 (Munster, 1890).

qu'un corps plus petit qui se mêle à un corps plus grand s'étend autant que lui : une goutte de vin rougirait la mer.

Mais cette solution essentiellement moniste n'est pas acceptée par tous ceux qui, à la suite de Socrate, ont pris conscience de leur personnalité et ne peuvent désormais se considérer comme une parcelle anonyme de la Substance universelle. Les principes qui inspirèrent la maïeutique, ont marqué avec une trop grande clarté le fait de l'immanence des âmes : immanence certes non absolue, puisque l'âme du disciple reste ouverte à l'influence de maître ; mais immanence réelle, qui repousse toute invasion, toute compénétration foncière. Ils ont aussi affirmé l'existence en toute âme d'énergies latentes, car la méthode suppose que la vérité est en germe dans tous les esprits et qu'une habile série d'interrogations arrive à la mettre au jour. *Distinction des substances*, présence en chacune d'elles de *ressources déterminées* qui permettent et limitent leur développement, sont les deux notions qui posent d'une manière nouvelle le problème de l'influence en même temps qu'elles en suggèrent une solution.

Nous les trouvons d'abord au fond de la théorie des rapports de Dieu avec le monde, telle que l'expose Platon. Celui-ci, en effet, pense que s'il y a des choses belles, grandes et bonnes, elles le sont grâce à une certaine participation aux Idées de Beauté, de Grandeur et de Bonté. Mais cette participation ne résulte pas selon lui d'une émanation, d'un écoulement de la Divinité dans les êtres finis ; elle n'est qu'un reflet, une ressemblance, que par son énergie propre, l'être raisonnable a le devoir d'accentuer autant que possible. Or, cela suppose, dans les choses comme dans les âmes humaines, l'existence de principes d'action réels

esquissant une image de l'Intelligence organisatrice (1).
Ces notions revêtent plus de précision encore chez
Aristote. Par opposition à la théorie des Idées, modèles
éternels et essence des choses, il affirme que l'essence
n'existe pas en dehors des individus, où elle est réalisée
par l'union substantielle de la matière et de la forme (2).
De cette union, en effet, naît l'être concret, capable
d'évoluer au moyen de principes d'actions en eux-
mêmes indépendants et *comme individués* (3), *limités*
dans leur développement, orientés vers un but
*défini* (4). Mais ces principes d'action sont immanents
à l'être qui les possède. Pour Aristote, en effet, « il est
évident que la cause et la forme sont identiques » (5).
Aussi, la cause pour lui n'est pas en dehors des êtres,
du moins cette cause primordiale et constitutive, en
qui résident comme en germe les formes que revêtiront
les êtres emportés par un mouvement fatal vers leur
perfection. Elle est l'obscur désir ( $\rho\epsilon\xi$. ), qui travaille
à l'organisation du cosmos en entraînant toutes choses
vers « l'être immobile qui meut comme objet
d'amour » (6). — Admettre de la sorte dans les substances finies l'existence d'énergies immanentes et
orientées dans leur déploiement en vue d'une cause
finale, c'était, avant la lettre, affirmer qu'il y a dans
l'être des « principes de tous les développements
à venir », que les Stoïciens appelleront *raisons séminales.*

Bien que chez ces derniers la conception des raisons
séminales soit intimement unie à une *Physique* panthéiste, elle n'en est cependant pas inséparable. Elle
s'en dégage en effet par la suite. Lorsque Philon eut

---

(1) Cf. *République*, édit. Firmin-Didot, n° 508, c..; liv. VII, n° 517 d, etc...
(2) Cf. *De l'âme*, liv. II, édit. Bekker, t. I, p. 412, a. 9.
(3) Cf. *Métaphysique*, liv. XI, n° 5, *ibid.*, t. I, p. 1071, a. 5-10.
(4) *Métaphysique*, liv. I, n° 8, *ibid.*, p. 988 et suiv.
(5) Cf. *Seconds analytiques*, liv. II, n° 2, *ibid.*, t. I, p. 90, a. 15.
(6) Cf. *Métaphysique*, liv. XI, n° 7, *ibid.*, p. 1072, a. 25 et suiv.

tenté de concilier entre elles les doctrines de Moïse,
de Platon et de Zénon, lorsque, à l'aide des interprétations de la kabbale, il eut essayé d'assimiler la *Sagesse*
des Hébreux au *Verbe* des Platoniciens et à l'*Ame*
universelle des Stoïciens, il se heurta au problème de
la matière. Cette chose, dont l'essence a été successivement atténuée par les philosophes, et qui, de chaos,
(μίγμα) est devenue l'indéterminé (ἀόριστον), puis le
non-être (μή ὄν), — l'embarrasse, car il lui répugne de
l'identifier à Dieu. Il l'en sépare donc, mais alors
surgit le problème de l'influence : *comment Dieu
peut-il agir sur la matière ?* — Par l'intermédiaire de
puissances divines, qu'assez confusément Philon
appelle *Anges, œuvres de Dieu, verbes incorporels*,
auquel commande le *Verbe suprême*, « image de Dieu
et paradigme des choses, Raison souveraine, Homme
idéal, Ame du monde, deuxième Dieu, et enfin *Raison
séminale de l'Univers* » (1).

En apparence, c'est un retour au stoïcisme, mais à
un stoïcisme renversé, puisque Dieu est ici le principe
spirituel et antérieur à la matière qui sort de Lui ; —
en fait, il n'en est rien. Philon, en effet, ne peut se
débarrasser de l'idée d'une distinction entre Dieu et
le monde. Il ne peut consentir à identifier la matière
essentiellement imparfaite avec l'Etre essentiellement
parfait ; il n'ose songer à un contact entre eux ; de là
ses hésitations quand le problème de leur relation
le tourmente. En vain, Ammonius Saccas et ses disciples, pour combler l'abîme, s'épuisent à adoucir comme
par des cascades à l'infini l'écoulement du divin dans
la matière. La question demeure et son acuité s'accentue encore par le fait de la prédication du christia-

---

(1) Cf. Ritter, *Hist. de la Philos.*, trad. Tissot, t. IV, p. 341 et 357
(Paris, 1858).

nisme, qui affirme en toute netteté que Dieu est substantiellement distinct de l'Univers.

2. *Au début de l'ère chrétienne.* — C'est à la lumière de cette vérité, que les Pères et Apologistes de l'époque alexandrine proposent à leur tour une solution. — Selon la méthode qui leur est chère, ils s'efforcent d'utiliser au profit de leur foi tous les résultats de la spéculation philosophique, après les avoir au préalable débarrassés de toute tare panthéiste. L'emploi qu'ils font du concept de *raison séminale* est caractéristique à ce sujet.

Ils reconnaissent l'origine stoïcienne de cette expression, mais ils l'interprètent d'une façon nouvelle en traversant les vues platoniciennes du Logos, Raison organisatrice, Idée suprême, modèle éternel, soleil du monde intelligible, dont nous trouvons des reflets parmi les créatures. Telles sont les « étincelles de vérité », les « semences du Verbe » (1), que saint Justin, dans sa IIe Apologie, prétend découvrir dans les œuvres des anciens philosophes : Dieu, dit-il, dès l'antiquité, « a répandu les semences de son Verbe en toute nature humaine » (2). Puis il ajoute : « Nous savons aussi que des Stoïciens, parce qu'ils furent grands au moins dans leur enseignement moral, à cause de la semence du Verbe innée à toute nature humaine, furent persécutés. Tel fut Héraclite, dont nous avons parlé, et Musonius parmi ceux de notre âge et d'autres que nous avons connus... Il n'y a donc rien d'étonnant si les démons s'efforcent de souffler une haine plus grande contre ceux qui vivent, non seulement de la clarté partielle du verbe séminal,

---

(1) Cf. *II[e] Apologie*, édit. Otto, n° 8, § C., p. 220 (Iéna, 1876).
(2) *Ibid.*

mais selon la connaissance et la pleine lumière du Verbe, qui est le Christ » (1). Faisant une apologie de sa croyance, saint Justin considère donc les raisons séminales d'ordre intellectuel : ce sont elles qui nous rendent si facile et si naturelle la connaissance de Dieu (2). Certes, il ne les confond pas avec les illuminations de la grâce, il s'en défend expressément (3) ; mais il les regarde comme un reflet en nous de la Raison divine.

La même préoccupation poursuit Clément d'Alexandrie, qui travaille à découvrir les « étincelles de la lumière du Verbe » (4) chez les Grecs et aussi chez tous les hommes, puisque « pour le Verbe il n'est pas de Cimmériens » (5). De là, selon lui, cet élan instinctif de l'âme vers Dieu et le témoignage qui Lui rend une âme « naturellement chrétienne » (6). L'expression est de Tertullien et elle montre que cette doctrine est commune aux Grecs et aux Latins : Dieu est substantiellement distinct du monde, qu'il a, par sa causalité efficiente, créé et organisé à sa ressemblance ; il a, de plus, donné à l'homme des énergies intellectuelles et morales, qui lui permettent de s'élever à son tour vers son Créateur. Ce sont les *raisons séminales* : effets de l'action divine, elles sont les principes de toutes les actions qui composeront la vie humaine. On voit par là combien leur réalité intéresse le problème de l'influence.

Abandonnant le point de vue cosmologique des Stoïciens et des Néoplatoniciens, les Pères grecs,

---

(1) *Ibid.*, p. 220 et 222.
(2) *Ibid.*, n° 13, § C., p. 238.
(3) *Ibid.*, § D.
(4) Cf. *Stromates*, liv. I, chap. XIII, édit. Migne, P. G., t. VIII, col. 755, et *Exhortation aux Gentils*, ch. VII, *ibid.*, col. 184.
(5) Cf. *Exhortation aux Gentils*, ch. IX, *ibid.*, col. 199.
(6) Cf. TERTULLIEN, *Apologie*, ch. XVII, *ibid*, P. L., t. I, col. 377.

nous venons de le constater, avaient transporté la
notion de « raisons séminales » dans l'ordre psychologique et moral. — Après eux les Gnostiques reviennent
au problème de la relation de Dieu et de la matière.
Afin d'éviter *la création ex nihilo*, ils reprennent la
tradition de Philon et multiplient à l'envi les intermédiaires qu'ils appellent des « éons ». De Simon le
Magicien aux Elcésaïtes, à Ménandre et à Valentin, le
nombre de ces « éons » s'élève jusqu'à la trentaine.
Plotin ensuite combine tout cela en un vaste système
où l'Etre, le Verbe et l'Ame, par des émanations
successives, se rapprochent de la matière intelligible
et éternelle, dont la matière sensible n'est que l'image.
Cette matière sensible, toujours en devenir, contient
des *germes d'activité* (1).

3. *Chez saint Augustin.* — C'est sous cet aspect qu'à
travers les livres de Plotin et de ses disciples (2),
saint Augustin envisage d'abord le problème. Seulement il distingue nettement les *raisons idéales et
causales*, qui sont dans le Verbe divin, d'avec les
*raisons séminales*, qui résident dans la matière et sont
des puissances passives et actives d'où découlent les
effets naturels des êtres (3). — Il revient ainsi vers
la conception stoïcienne (4), en admettant dans les
corps l'existence de raisons séminales. Celles-ci, cependant, sont substantiellement séparées de leurs modèles

---

(1) Cf. Barthélémy Saint-Hilaire, *De l'Ecole d'Alexandrie*, p. 108
(Paris, 1845).

(2) Cf. Saint Augustin, *Contra Academicos*, lib. III, c. XVIII, nº 41,
édit. Migne, P. L., t. XXXII, col. 956 ; et *De civitate Dei*, lib. IX, c. 10, *ibid.*,
P. L., t. XLI, col. 265.

(3) Cf. Saint Thomas, *Sum. theol.*, I, p., q. CXV, art. 2, édit. de Parme,
t. I, p. 440.

(4) Cf. Erasme, *Comment. de genesi ad litteram*, lib. VII, c. XXII, édit.
Migne, P. L., t. XLVII, col. 345 et 346 : « Sequitur Augustinus stylum
philosophorum, qui omnibus seminalem rationem σπερματικὸν λόγον fuisse
dicebant... Hanc Stoïcorum locutionem imitatus manifesto est Augustinus ».

éternels, bien qu'elles esquissent dans le monde créé le plan divin, que l'univers doit réaliser par leur évolution.

Cette évolution s'accomplit sous l'impulsion initiale de la cause première, qui a commis aux raisons séminales, à titre de causes secondes, le soin de conserver et de perfectionner le cosmos. A l'origine, Dieu a placé les raisons séminales « au sein même des éléments, afin qu'elles se manifestassent, dès que les circonstances seraient favorables, car de même que les mères sont chargées de leur fruit, le monde est plein de causes génératrices » (1). — Dieu, en effet, a tout créé par un seul acte de sa puissance infinie (2). C'est pourquoi : « comme la graine contenait en même temps et d'une manière invisible tout ce qui, par la suite, devait apparaître dans l'arbre, ainsi il faut considérer que le monde a reçu en même temps tout ce qui a été fait en lui et avec lui, quand la lumière a été créée, non seulement le ciel avec le soleil, la lune et les astres..., mais encore tout ce que l'eau et la terre ont produit. Il contenait ces choses en puissance et dans leurs causes avant que, par la suite des temps, elles se manifestassent telles qu'elles sont connues de nous, dans les œuvres, que Dieu continue encore maintenant » (3).

Le monde ne fut donc pas parfait dès l'origine, mais il évolue sans cesse par l'œuvre des causes secondes.

---

(1) Cf. SAINT AUGUSTIN, *De Trinitate*, lib. III, c. IX, *ibid.*, t. XLII, col. 877 et 878 : « Ista quippe originaliter et primordialiter in quadam textura elementorum, cuncta jam creata sunt ; sed acceptis opportunitatibus prodeunt. Nam sicut matres gravidae sunt fetibus, sic ipse mundus gravidus est causis nascentium... ».

(2) Cf. *De genesi ad litt.*, lib. V, c. XXIII, nº 45, *ibid.*, t. XXXIV, col. 338.

(3) *Ibid.* : « Sicut in ipso grano invisibiliter erant omnia simul, quae per tempora in arborem surgerent ; ita ipse mundus cogitandus est, cum Deus omnia simul creavit, habuisse simul omnia, quae in illo et cum illo facta sunt, quando factus est dies ; non solum coelum cum sole, luna et sideribus... sed etiam illa, quae aqua et terra produxit, *potentialiter* atque *causaliter*, priusquam per temporum moras ita exorirentur, quomodo nobis jam nota sunt in eis operibus, quae Deus usque nunc operatur ».

Celles-ci perfectionnent l'univers au fur et à mesure qu'elles réussissent à déployer leurs raisons séminales. « C'est de ces raisons cachées et invisibles, qui sont sous forme de causes latentes dans les créatures, que toutes choses sont nées avec leurs formes et leurs natures définies » (1). — Donc, l'organisation du monde résulterait de l'*évolution à échéances* d'énergies intimes, sises au fond des êtres, où elles attendent en quelque sorte, qu'une intervention efficace les mette en mouvement, soit action divine, soit sollicitation du milieu, soit impulsion d'une substance étrangère (2). Ainsi, grâce à l'existence des raisons séminales, se résoudrait dans le domaine *cosmologique* le problème de l'influence réelle sans compénétration.

La même solution se retrouve dans le domaine de la *pensée* et dans le domaine de l'*action*, où saint Augustin, à la suite de saint Justin cette fois, utilise encore la théorie des raisons séminales. Elles lui semblent nécessaires, en effet, pour expliquer les relations intellectuelles et morales que l'on constate entre des âmes douées d'une immanence relative mais véritable. « Personne, dit-il, ne peut aimer une chose tout à fait inconnue » (3), en conséquence comment pourrions-nous apprécier une doctrine, s'il n'y avait en nous-même quelque chose qui nous permît de la juger ; comment pourrions-nous nous éprendre d'elle si elle ne trouvait en nous des consonances sympathiques. « Certes, l'autorité de ceux qui les louent et les vantent nous enflamme en faveur de la connaissance des sciences, et cependant, si nous n'avions pas

---

(1) Cf. *De Genesi ad litt.*, lib. VI, c. X, n° 17, *ibid.*, t. XXXIV, col. 346 : « Ex occultis atque invisibilibus rationibus, quae in creatura causaliter latent, (omnia) in manifestas formas naturasque prodierunt ».

(2) Cf. *De Trinitate*, lib. III, c. II et V, *ibid.*, t. XLII, col. 871 et 874.

(3) *Ibid.*, lib. X, c. I, n° 1, *ibid.*, col. 971 : « Rem prorsus ignotam amare omnino nullus potest... inest intrinsecus unde approbatur, cui forinsecus nhiatur ».

en nous comme une courte esquisse de chaque science, nous ne brûlerions d'aucun zèle pour l'apprendre » (1).

En quoi consiste cette préparation, esquisse, ébauche, aptitude intérieure, qui rend efficace l'intervention étrangère dont elle est complice ? Saint Augustin nous le dit en critiquant la théorie platonicienne de la réminiscence. Ce n'est pas un vague souvenir d'une contemplation antérieure, non, « il faut croire plutôt que la nature de l'intelligence est ainsi faite, que d'après les dispositions du Créateur, lorsqu'elle s'attache aux choses intelligibles de l'ordre matériel, elle les voit dans une certaine lumière incorporelle comme l'œil de chair voit les choses qui l'avoisinent dans une lumière corporelle, à laquelle il est adapté » (2). Cette lumière, qui nous fait raisonnables et nous distingue des animaux, est le reflet de la lumière du Verbe (3). C'est à elle qu'est due l'intuition des notions universelles qui seront les principes de tous nos progrès futurs ; c'est d'elle aussi que naissent notre désir de connaître, nos dispositions naturelles, nos sympathies spontanées, qui favorisent le succès de certaines influences intellectuelles et sans la complicité desquelles tout enseignement à nous adressé serait vain, comme un appel s'adressant à qui ne peut l'entendre ; c'est d'elle enfin que nous vient la faculté de juger du vrai et du faux.

De cette lumière intime constitutive de notre raison nous vient également la faculté de juger du bien et

---

(1) *Ibid.* : « Ad doctrinas autem cognoscendas plerumque nos laudantium atque praedicantium accendit auctoritas et tamen nisi breviter impressam cujusque doctrinae haberemus in anima notionem, nullo ad eam discendam studio flagraremus ».

(2) *Ibid.*, lib. XII, c. XV, n° 24, *ibid.*, col. 1011 : « Potius credendum est mentis intellectualis ita conditam esse naturam, ut rebus intelligibilibus naturali ordine, disponente Conditore, subjuncta sic ista videat in quadam luce sui generis incorporea, — quemadmodum oculus carnis videt, quae in hac corporea luce circumadjacent, cujus lucis capax eique congruens est creatus ».

(3) *Ibid.*, lib. IV, c. I, n° 3, *ibid.*, col. 888.

du mal. « En effet, nous ne pourrions dire qu'un bien est supérieur à un autre, s'il n'y avait gravée en notre âme la notion du bien lui-même » (1). En nous se trouvent donc les principes universels de la conscience morale, sources, raisons séminales de tous nos jugements moraux, condition et mesure de toute influence qui tente de s'exercer sur nous en vue d'orienter l'expansion de nos énergies volontaires.

Disciple de Platon dont il admire la théorie des Idées (2), saint Augustin, à la suite des philosophes de l'Ecole d'Alexandrie, examine le *problème de l'influence au point de vue des origines*. S'il veut exposer la création et l'organisation de l'univers, c'est l'intervention du Verbe, contenant les modèles éternels des choses, qu'il invoque ; s'il cherche la source, d'où dérivent nos puissances intellectuelles et morales, c'est encore à la lumière du Verbe, qui illumine tout homme venant en ce monde, qu'il a recours pour en rendre raison. L'étude des *actions réciproques entre les substances créées* semble l'intéresser beaucoup moins (3). Au contraire, ce point de vue devient principal chez saint Thomas.

4. *Chez saint Thomas.* — Sans nul doute, saint Thomas se range à l'avis de saint Augustin au sujet de la création et de l'organisation du monde. Lui aussi pense que Dieu a créé toutes choses par un seul acte

---

(1) *Ibid.*, lib. VIII, c. III, n° 4, *ibid.*, col. 949 : « Neque enim in his omnibus bonis... diceremus aliud alio melius, cum vere judicamus, nisi esset nobis impressa notio ipsius boni secundum quod et probaremus aliquid et aliud alii praeponeremus ».

(2) Cf. *Confessionum*, lib. VII, c. IX, n° 13, *ibid.*, t. XXXII, col. 740. — *De civitate Dei*, lib. VII, c. XXVIII ; *ibid.*, t. XLI, col. 218. — *De diversis quaestionibus*, q. XLVI, *ibid.*, t. XL, col. 30 : « Sunt namque ideae principales formae vel *rationes rerum* stabiles atque incommutabiles... has rerum rationes principales appellat « ideas » Plato ».

(3) Il en parle cependant comme d'une influence réelle sans compénétration « afficiendo non transmigrando ». Cf. *Contra Julianum Pelagianum*, lib. V, c. XIV, n° 51, *ibid.*, t. XLIV, col. 812.

de sa toute-puissance, confiant à l'évolution.indéfinie
de leurs énergies intimes la charge d'organiser l'univers. Il interprète en ce sens la premier chapitre de
la Genèse : « Moïse, ayant à exposer la création à un
peuple ignorant, a divisé en séries successives des
choses qui ont été faites en même temps. Ambroise,
il est vrai, et d'autres vénérables auteurs, pensent que
l'ordre chronologique a été conservé dans la série des
créations, et cette manière de voir est plus commune
et plus en harmonie avec la lettre, du moins si l'on
s'arrête aux apparences ; mais la première est plus
rationnelle ; elle met mieux la Sainte Écriture à l'abri
des moqueries des infidèles... et, quant à moi, cette
opinion me plaît davantage » (1).

Mais déjà, plus que saint Augustin, il insiste sur
l'importance de l'action réciproque des substances
créées.

A) *La théorie.* — Celles-ci, — au lieu d'attendre
passivement que les circonstances favorables permettent l'évolution de leurs raisons séminales *(acceptis
opportunitatibus,* disait saint Augustin), — la provoquent activement par des excitations mutuelles :
« La nature dans l'œuvre des six jours a été organisée
de telle façon, que les premiers éléments alors créés
subsistassent eux-mêmes et que — par leur mutuelle
action et passion — ils pussent donner naissance à
d'autres choses. Voilà pourquoi il a fallu que leur
fussent données avec l'être les puissances actives et

---

(1) Cf. *Comment. in quatuor libros Sententiarum,* in II lib., dist. XII,
q. I, art. 2, édit. de Parme, t. VI, p. 491 : « Moyses rudem populum de
creatione instruens, per partes divisit quae simul facta sunt. Ambrosius
vero et alii sancti ponunt ordinem temporis in distinctiones rerum servatum ;
et haec quidem positio et communior et magis consona videtur litterae,
quantum ad superficiem ; sed prior est rationabilior et magis ab irrisione
infidelium Sacram Scripturam defendens... et haec opinio plus mihi placet ».
— Cf. et *Sum. theol.,* I. p., q. LXVIII, art. 1, *ibid.,* t. I, p. 266, et q. LXXIV,
art. 2, *ibid.,* t. I, p. 279.

passives, que saint Augustin appelle *raisons séminales*, parce que d'elles sont sortis tous les effets qui s'ensuivent » (1).

A) *Nécessité d'aptitudes complices. Leur nom.* — L'univers est donc plein de « causes génératrices » et c'est par leur moyen que la Providence le gouverne. En effet, ces énergies *réelles, définies, ordonnées à un but*, éveillent dans l'être qui les possède la tendance à les déployer afin d'atteindre son plus grand développement. Par elles donc, l'être est orienté vers sa perfection et poussé vers sa fin comme la flèche vole vers une cible déterminée, en vertu de la direction que lui imprime l'archer. — Elles semblent par là esquisser dans les êtres eux-mêmes les lignes d'un plan divin, qui se réalise chaque jour davantage. Ainsi le monde se rapproche des idées divines « ces raisons idéales, qui sont premièrement et originellement dans le Verbe même de Dieu » (2) et qui, se reflétant dans les choses créées, y ont déposé les principes des actions futures, les *raisons séminales*.

Pourquoi leur donner ce nom ? — Parce que, d'une part, ces principes, puissances passives et actives, se comportent comme des semences d'où sortent progressivement toutes les perfections de l'univers, à la façon dont les fleurs et les fruits sortent de la graine, car « tandis que les formes artificielles n'engendrent pas de formes semblables à elles... les formes naturelles, au contraire, engendrent des formes semblables

---

(1) Cf. *Comment. in quatuor libros Sententiarum, in II lib.*, dist. XIII, q. I, art. 1, *ibid.*, t. VI, p. 498 : « Natura in operibus sex dierum taliter instituta est, ut naturae principia tunc condita in se subsisterent, et quod ex eis alia propagari possent *per mutuam actionem et passionem* ; et ideo oportuit eis tunc esse conferri et virtutes activas et passivas, quas Augustinus (lib. V, super Gen. ad lit., c. 4), vocat rationes seminales, quia ex eis effectus consequentes producerentur ».

(2) Cf. *Sum theol.*, I, p., q. CXV, art. 2, *ibid.*, t. I, p. 440.

à elles, c'est pourquoi elles ont la propriété de la semence et peuvent être appelées *séminales* » (1). D'autre part, ces puissances sont appelées *raisons* « parce qu'en elles s'affirme et se réalise le plan et l'intention de l'Intelligence divine, comme dans un objet fabriqué persiste l'intention de l'artisan travaillant en vue d'une fin déterminée » (2).

Cependant, à l'époque de saint Thomas, on quitte parfois ces hautes spéculations sur les rapports de Dieu et du monde et l'on étudie davantage *l'influence réciproque entre substances créées*. Les Arabes en niaient la possibilité et par une théorie qui ressemble à ce que sera l'occasionnalisme de Malebranche, prétendaient qu'un corps ne peut agir sur un autre corps. Ainsi, au dire de saint Thomas, Avicebron soutenait que les actions apparentes des corps sont dues non aux corps eux-mêmes, mais « à une énergie spirituelle qui les pénètre tous. Celle-ci serait la cause véritable de toutes les transformations matérielles » (3). C'est précisément pour réfuter cette hypothèse, que saint Thomas a recours à la théorie des raisons séminales.

в) *Leur rôle.* — Comment donc pose-t-il à son tour le problème des influences réciproques et le résout-il au moyen de cette théorie ?

Pour lui, la réalité de l'influence réciproque ne fait pas de doute. Même dans le monde corporel, il l'affirme contre Avicebron, dont la thèse d'un platonisme exagéré, dit-il, prouve, non point que le corps n'agit pas, mais qu'il n'est pas un agent universel (4). Toute

---

(1) Cf. *Comment. in quatuor libros Sententiarum, in II lib.*, dist. XVIII, q. I, art. 2, *ibid.*, t. VI, p. 543 : « Formae, quas inducit artifex, non producunt sibi similes... formae autem naturales sibi similes producere possunt ; et ideo proprietatem seminis habent et *seminales* dici possunt ».

(2) *Ibid.*, ad 1um.

(3) Cf. *Sum. theol.*, I p., q. CXV, art. 1, in c., *ibid.*, t. I, p. 439.

(4) *Ibid.*

substance créée est, en effet, cause seconde et, quoi qu'en pense Avicenne (1), elle n'agit pas seulement par la vertu de ses formes accidentelles, mais encore par la vertu de sa forme substantielle (2), car « il n'est pas d'être qui n'agisse pas à sa manière » (3). — D'autre part, le principe de cette action, *essentiel* à l'être concret, lui est encore *immanent*. Saint Thomas, en effet, ne saurait admettre que l'influence se propage au moyen d'une migration d'éléments. Les accidents, dit-il, ne voyagent pas ainsi hors des substances (4) ; et il est évident que le corps ne s'amoindrit pas en agissant (5). Il faut donc repousser l'hypothèse de Démocrite (6).

Mais alors, nous voilà en face de l'éternelle *antinomie causale* : l'agent produit un effet réel dans le sujet de son action et cependant rien ne s'écoule de l'agent dans le patient. Comment résoudre la difficulté ? Saint Thomas répond : un corps est toujours en acte sous quelque aspect et « il agit en tant qu'il est en acte sur un autre corps en tant que ce dernier est en puissance » (7). Ce faisant, « l'agent naturel n'écoule pas sa propre forme dans un sujet étranger, mais il amène le sujet, sur lequel il agit, de la puissance à l'acte » (8).

Il n'est donc pas question d'invoquer cette non-transitivité pour nier le fait de l'influence. « Il est ridicule de dire qu'un corps n'agit point parce qu'un

---

(1) *Ibid.*

(2) *Ibid.*, I p., q. XLVI, art. 8, ad 2um, *ibid.*, t. I, p. 188, 189.

(3) Cf. *De Ente et Essentia*, c. I, *ibid.*, t. XVI, p. 330.

(4) Cf. *Comment. in quatuor libros Sentent., in IV lib.*, dist. XII, q. I, art. 1, quaestiuncula III, *ibid.*, t. VII, p. 653.

(5) Cf. *Sum. theol.*, I p., q. CXV, art. 1, *ibid.*, t. I, p. 439 : « Sequeretur enim... et quod quantitas corporis agentis diminueretur ex hoc quod agit ; quae sunt manifeste falsa ».

(6) Cf. *supra*, livre second, ch. II.

(7) Cf. *Sum. theol.*, I p., q. CXV, art. 1, *ibid.*

(8) Cf. *Sum. contra Gent.*, lib. III, c. LXIX, *ibid.*, t. V, p. 213 : « Agens naturale non est *traducens* propriam formam in alterum subjectum, sed *reducens* subjectum, quod patitur, de potentia in actum ».

accident ne peut passer d'un sujet dans un autre sujet.
On ne dit pas, en effet, que si un corps chaud réchauffe,
c'est que la chaleur qui est dans le corps chaud passe
elle-même dans le corps chauffé, mais on dit que sous
l'influence de la chaleur, qui est dans le corps chaud,
une *autre* chaleur, qui auparavant était en puissance
dans le corps chauffé y passe à l'acte » (1).

A quoi donc se réduit l'influence de la substance-
cause ? — A mettre en valeur les puissances intimes,
les *raisons séminales*, principes des développements
possibles de la substance-sujet, qu'elle amène à un
état semblable au sien. *Omne agens agit simile sibi.*
Dès lors, quand l'influence est parfaite, l'agent et le
patient agissent d'un *acte commun*, que le premier
détermine et dirige.

Cependant, cette opération commune sans compénétration réciproque n'est pas toujours réalisable. Aussi,
voit-on que les tentatives d'influence ne sont pas toujours heureuses. Une condition, en effet, est requise
pour que l'action soit efficace, c'est que le sujet possède
des puissances en harmonie avec l'acte de l'agent. Ces
puissances, aptitudes définies, affinités électives, etc...,
sont précisément les semences des formes futures,
« qui préexistent en la matière, d'où elles sont amenées
à l'acte par l'influence extérieure » (2).

Ainsi conçue, l'hypothèse des raisons séminales
facilitait l'intelligence des actions réciproques dans la
théorie des *quatre causes*, chère aux philosophes de
l'Ecole. Elle permet de comprendre, en effet, comment
une cause peut être réellement *efficiente ad extra*, sans

---

(1) *Ibid.* Nous retrouvons ici la théorie de l'*éduction des formes*, d'après
laquelle un être possède en réserve *in potentia materiae* des aptitudes passives
et actives, que l'intervention étrangère met en valeur, les amenant pour
ainsi dire à la surface, les tirant des profondeurs de la puissance *educens
e potentia materiae*, quand l'agent entraîne son sujet dans une action identique à la sienne.

(2) Cf. *De Veritate*, q. XI, art. 1, *ibid.*, t. IX, p. 183.

cependant envahir le sujet sur lequel elle agit ; elle fait voir comment la *cause formelle* originellement réside en puissance dans le sujet, puis sous une intervention étrangère passe à l'acte, sans jamais se séparer de la matière à laquelle elle est unie. Celle-ci, grâce à ses puissances passives, coopère à l'œuvre de la forme lors de la composition d'un corps, ce qui légitime son nom de *cause matérielle*. Enfin, chez un être concret, l'existence des raisons séminales permet et délimite l'action possible pour lui ; elle en oriente aussi le progrès, marque le but auquel il doit aspirer. C'est pourquoi, l'étude des énergies essentielles à cet être peut nous en découvrir la *cause finale*.

c) *Ce qu'elles sont.* — Mais que sont en elles-mêmes ces raisons séminales ? — A l'époque de saint Thomas, on en discutait. « Au dire de plusieurs, la forme spécifique n'est reçue dans la matière que par la moyen de la forme générique... Celle-ci, forme générale incomplète, est appelée raison séminale » (1). Saint Thomas ne s'arrête guère à cette interprétation. Il n'admet pas non plus que les raisons séminales préexistent à l'état d'ébauches dans la matière première. « D'autres disent : puisque toutes les formes, selon Aristote, sont tirées de la puissance de la matière, il faut qu'elles y existent déjà incomplètes sans doute, mais comme ébauchées *(secundum quamdam quasi inchoationem)*. Il est vrai que, n'étant pas achevées dans leur propre existence, elles ne possèdent pas une entière faculté d'agir. Elles ne peuvent donc s'élever à l'acte sans l'intervention d'un agent, qui pousse la forme incomplète à agir, afin qu'ainsi elle réponde à son action

______

(1) Cf. *Comment. in quatuor libros Sentent., in II lib.*, dist., XVIII, q. I, art. 2, *ibid.*, t. VI, p. 544.

*(ut sic cooperetur agenti exteriori)*... Ces puissances incomplètes préexistent en la matière, on les appelle *raisons séminales* parce qu'elles résident totalement dans la matière comme la puissance génératrice dans la semence » (1). Mais n'est-ce pas là attribuer l'activité à la matière première, qui, en soi, n'est qu'une « pure puissance » ? — La matière, en effet, au sens scolastique de ce mot, est le principe de toute passivité. Lors donc que saint Thomas consent à voir en elle des ébauches de formes, des formes en germe « *semina formarum* », il ne songe qu'à une *simple capacité* de recevoir ces formes, et il le répète plusieurs fois « si les puissances passives sont dites raisons séminales, ce n'est que par analogie qu'on étend jusqu'à elles cette dénomination » (2).

A son avis, les raisons séminales n'existent réellement que dans les êtres concrets. « On dit que les raisons séminales résident dans la matière : il ne faut pas entendre par là qu'elles préexistent dans la matière avant la venue de la forme complète, comme si elles appartenaient à l'essence de la matière..., mais il faut entendre qu'elles y sont à la façon dont les formes complètes sont dites être dans la matière » (3). Elles n'y sont donc qu'en puissance. Puis, dès que s'effectue l'union de la matière et de la forme, elle surgissent à titre de *dispositions naturelles*, qui influent sur l'organisation de l'être nouveau.

B) *Le contrôle expérimental* : A) *dans le domaine de la connaissance.* — Ces dispositions naturelles, saint

----

(1) *Ibid.*

(2) *Ibid.*, ad 4um ; cf. et *Sum theol.*, I p., q. CXV, art. 2, ad 4um, *ibid*, t. I, p. 440.

(3) Cf. *Comment. in quatuor libros Sentent.*, in *II lib.*, dist. XVIII, q. I, art. 2, ad 2um, *ibid.*, t. VI, p. 544.

Thomas les retrouve dans le domaine de la *connaissance.*
L'intellect est, en effet, pour lui, une aptitude foncière
à comprendre (*habitus cognoscitivus*), c'est une « disposition naturelle qui est due à l'espèce humaine et en
dehors de laquelle il n'y a point d'être humain » (1) ;
c'est un reflet de la lumière incréée, où sont les raisons
éternelles (2). Celles-ci sont les modèles des raisons
séminales (3), dans la catégorie desquelles rentrent
par le fait même les puissances intellectuelles, principes de tous les progrès de notre connaissance. En
effet, « il y a en tout homme un principe de science,
à savoir la lumière de l'intellect agent qui, de prime
abord, nous fait connaître naturellement certains
principes universels de toutes les sciences » (4). —
Grâce à cela, « l'âme connaissante est en puissance
aussi bien par rapport aux représentations *(simili-*
*tudines)* qui sont au principe du sentir qu'aux représentations qui sont au principe du comprendre. C'est
pourquoi Aristote disait que l'intellect, par lequel
l'âme comprend, ne possède pas de représentations
innées, mais que dès l'origine il est en puissance par
rapport à toutes les représentations intelligibles » (5).

En l'homme donc, il y a des puissances passives et
actives, qui sont essentielles à sa nature, puisqu'elles
le font raisonnable, et sont les principes de tous ses
progrès intellectuels. Leur présence explique pourquoi,

---

(1) Cf. *Sum theol.*, Iª, IIae, q. LI, art. 1 : *ibid.*, t. II, p. 178 : « Est dispo-
sitio naturalis, quæ debetur speciei humanae, extra quam nullus homo
invenitur. »

(2) *Ibid.*, I p., q. CXV, art. 2, *ibid.*, t. I, p. 440.

(3) *Ibid.*, I p., q. LXXXIV, art. 5, *ibid.*, t. I, p. 333 : « Ipsum enim lumen
intellectuale, quod in nobis est, nihil est aliud quam quaedam participata
similitudo luminis increati, in quo continentur rationes aeternae ».

(4) *Ibid.*, I p., q. CXVII, art. 1, *ibid.*, t. I, p. 447 : « Inest enim unicuique
homini quoddam principium scientiae, scilicet lumen intellectus agentis,
per quod cognoscuntur statim a principio naturaliter quaedam universalia
principia omnium scientiarum ».

(5) *Ibid.*, I p., q. LXXXIV, art. 3, *ibid.*, t. I, p. 331.

en face des mêmes phénomènes du même univers, les
hommes réagissent autrement que les animaux, et
dépassant le stade du particulier, s'élèvent jusqu'à la
connaissance de l'universel. Sans doute, « l'intelligence
humaine est en puissance par rapport à l'intelligible,
et originellement elle est comme une table rase sur
laquelle rien n'est inscrit » (1) ; mais la façon dont elle
se comporte sous l'influence extérieure prouve qu'elle
ne se laisse pas envahir.

L'immanence, en effet, aussi bien que l'impénétrabilité des substances, — l'expérience psychologique le
montre, — s'affirment plus rigoureuses qu'ailleurs
dans le domaine intellectuel. Aussi, l'action réciproque,
pour incontestable qu'elle soit, s'y exerce fort discrète-
ment : « Celui qui enseigne n'apporte au disciple qu'un
secours extérieur, comme le médecin qui guérit ;
et, de même que la nature intime est la cause principale de la guérison, ainsi la lumière intérieure de
l'intellect est la cause principale de la science » (2).
En conséquence, « le maître ne produit pas dans le
disciple la lumière intellectuelle, pas plus qu'il ne
produit directement en lui les espèces intelligibles ;
mais, par son enseignement, il amène le disciple à
former lui-même par la puissance de son intelligence
la conception rationnelle dont il lui présente l'expression de l'extérieur » (3). Certes, l'influence du maître
est réelle, puisqu'il conduit son disciple du connu à
l'inconnu, « soit qu'il lui propose des méthodes et des
secours, dont l'esprit se sert pour acquérir la science,
soit qu'il l'assiste en lui présentant en ordre les vérités

(1) *Ibid.*, I p., q. LXXIX, art. 2, in c., *ibid.* p. 309.
(2) *Ibid.*, I p., q. CXVII, art. 1, ad 1um, *ibid,.* p. 447.
(3) *Ibid.*, ad 3um : « Magister non causat lumen intellectuale in discipulo,
nec directe species intelligibiles ; sed movet discipulum per suam doctrinam
ad hoc quod ipse per virtutem sui intellectus formet intelligibiles concep-
tiones, quarum sibi signa proponit exterius ».

qui doivent le conduire à la conclusion » (1). Ainsi,
suivant le principe général, l'agent ne pénètre pas dans
le sujet de son action, mais il élève les ressources de ce
dernier de la puissance à l'acte (2). Donc, pourvu que,
dans le sujet, se trouvent des aptitudes complices de
l'intervention étrangère, prêtes à recevoir son impulsion et à y répondre, l'*action efficace* est possible, sans
qu'on doive requérir pour cela une impossible compénétration des êtres.

b) *Dans le domaine de l'action.* — L'influence dans
le domaine de l'*action* s'explique de la même manière
pour saint Thomas. Il considère, en effet, que la loi
naturelle « écrite ès-cœur des hommes » (3), vivante
en toute conscience est essentiellement immanente
à la personne humaine. Celle-ci jouit par conséquent d'une autonomie qui, pour n'être pas absolue,
n'en est pas moins réelle. Elle se reconnaît relative à
un législateur, transcendant sans doute, mais il n'en
reste pas moins vrai qu'aucune prescription hétéronome ne serait reçue par elle, si elle était en opposition
avec la loi primordiale. Ici encore, par conséquent,
l'efficacité de l'influence est conditionnée par des
dispositions naturelles, énergies morales, semences des
vertus, *seminalia virtutum* (4), principes du droit
universel. Ce sont des puissances passives et actives,
qui, sous la pression de l'expérience et la réaction de la
raison pratique, engendrent nos jugements moraux.
Ce sont elles encore qui nous amènent spontanément
à considérer les actes et les choses à la lumière du

---

(1) *Ibid.*, in c.
(2) Cf. *De Veritate*, q. XI, art. 1, in c., *ibid.*, t. IX, p. 183.
(3) Cf. Saint Paul, *ep. ad Rom.*, II, 15.
(4) Cf. *Sum. theol.*, Iᵃ, IIᵃᵉ, q. LI, art. 1, *ibid.*, t. II, p. 178, et *ibid.*,
qᵢ LXIII, art. 1. *ibid.*, p. 218.

Bien, vers lequel nous porte d'un élan irrésistible notre volonté fondamentale. Ce sont elles enfin qui font écrire à saint Thomas : « La vertu est naturelle à l'homme, en qui elle est comme ébauchée. En effet, par les prérogatives de sa nature, la raison humaine connaît naturellement les principes de la science aussi bien que ceux de l'action. Ces principes sont les *semences* des vertus intellectuelles et morales en ce sens, que dans la volonté se trouve un désir naturel du bien » (1). Telles sont les raisons séminales de nos vertus. Définies et proportionnées à notre constitution, elles orientent notre activité vers une perfection qui nous rendra plus semblables à Dieu. Elles en esquissent l'image en nous puisqu'elles sont à l'imitation des *raisons idéales* du Verbe divin. Accentuer les traits de cette image, c'est le but de la vie morale, où le progrès, en conséquence, s'opère par l'évolution des raisons séminales.

On voit maintenant en quel sens la volonté humaine conserve son autonomie, lorsque, par le mouvement spontané de sa vie, sous la direction d'une loi, dont elle trouve au sein de l'âme l'impérieuse et naturelle formule, elle agit avec une liberté en son fond inviolable. Cela ne l'empêche nullement d'ailleurs de subir des influences étrangères. Celles-ci tentent d'élever à l'acte les énergies morales en puissance dans l'âme et elles y réussissent parfois. En effet, si dans l'ordre intellectuel le maître, sans pouvoir pénétrer dans l'esprit du disciple, a cependant sur lui une action efficace au point qu'il cause, dirige et contrôle en lui l'évolution de la pensée, il en va de même dans l'ordre

---

(1) Cf. *Sum. theol.*, Ia, IIae, q. LXIII, art. 1, *ibid*, t. II, p. 218 : « Virtus est homini naturalis secundum quamdam *inchoationem* : secundum quidem naturam speciei, in quantum in ratione hominis insunt naturaliter quaedam principia naturaliter cognita tam scibilium quam *agendorum* : quæ sunt quaedam *seminaria* intellectualium virtutum et moralium, in quantum in voluntate inest quidam naturalis appetitus boni... »

moral. Là, sans porter atteinte à la liberté d'autrui,
un homme peut faire connaître à un autre homme le
devoir, lui montrer la manière de l'accomplir, l'encou-
rager et l'entraîner par son exemple, le soutenir dans
ses défaillances.... Mais, comme d'ordinaire, cette
tentative ne sera efficace que s'il y a correspondance
et harmonie entre les âmes, que si l'action de l'une
trouve sympathie, bonne volonté et partant accueil
chez l'autre ; que si, par le fait même, l'intervention
de l'une est aidée par des alliances au sein de l'autre,
c'est-à-dire par des aptitudes adaptées capables de se
mettre à l'unisson de l'influence exercée sur elles, en
un mot par ces aptitudes. passives et actives que
saint Thomas appelle des *raisons séminales, seminaria
virtutum* (1).

En somme, le monde est à l'imitation de Dieu, qui
l'a peuplé de causes secondes. A ces dernières, il a
donné les moyens d'accomplir le rôle qu'il leur assigne
dans l'ordre universel, ces moyens sont les raisons
séminales. Grâce à elles, entre l'agent et l'agi se réali-
sent des influences réciproques, et le progrès qui en
résulte se marque pour l'univers par un accroissement
de ressemblance avec son exemplaire divin. C'est la
continuation incessante « de ce chant très beau qui
s'embellit sans cesse » (2) en accomplissant la loi de
moralité substantielle (3), qu'exprime l'antique formule : ressembler à Dieu autant qu'il est possible.

Telle est, selon saint Thomas, l'origine métaphysique et le rôle providentiel de ces puissances passives
et actives, dont nous avons à notre tour reconnu

---

(1) *Ibid.*

(2) Cf. Saint Bonaventure, *Comment. in IV libros Sentent., in II lib.*,
dist. XIII, art. 1, q. II, ad 2ᵘᵐ, édit. Collegii Sᵗ Bonaventurae (Quaracchi, 1882), t. II, p. 316 : « Mundum quasi carmen pulcherrimum quodam
decursu temporum venustare ».

(3) Cf. J. Didiot, *Morale fondamentale*, p. 58.(Lille, 1896).

l'indéniable nécessité en étudiant les exigences des faits que nous livre l'observation.

*Concordance avec nos conclusions.* — Cette convergence confirme, par contre-partie, notre conclusion, tant au sujet des *signes* de l'influence réelle qu'au sujet du *mode*, suivant lequel elle s'accomplit, et des *conditions* de son efficacité. Il nous reste maintenant à voir quelles applications pratiques nous pourrions tirer de toute cette étude.

# LIVRE TROISIÈME

# APPLICATION

---

## CHAPITRE PREMIER

## RECHERCHE D'UNE MÉTHODE D'APPLICATION

Sommaire. — Elle est la conclusion pratique des études précédentes sur la loi, le mode et les exigences de l'influence efficace : 1. Les trois étapes qu'une double méthode aide à parcourir en deux sens différents. — 2. Méthode d'investigation, — les trois étapes de l'analyse : à travers les *assimilations spontanées*, qui révèlent les dispositions actuelles du sujet, et au moyen des *adaptations réussies*, qui montrent quelles influences ont prise sur lui, découvrir ses *aptitudes profondes*. — 3. Méthode d'action, — les trois étapes de la synthèse : connaissant les *aptitudes* du sujet, promouvoir l'une d'elles au moyen d'*adaptations* habiles et progressives, jusqu'à l'*assimilation* à l'idéal où on veut le conduire.

Quel que soit le nom qu'on leur donne, l'être concret possède (c'est chose incontestable) des aptitudes *réelles* et *définies* ; et ces aptitudes conditionnent l'efficacité de toute influence exercée sur lui. Elles sont en effet les ressorts de son activité et elles n'entrent en jeu que sous une intervention adaptée à leur orientation préalable. De toute nécessité, il nous faut donc les connaître si nous voulons éclairer notre action. Comment y parvenir ?

Les recherches faites jusqu'ici peuvent nous en fournir les moyens.

1. *Les trois étapes.* — Partis du point de vue phénoménologique et considérant l'incoercible expansion de notre vie, nous avons, à travers de nombreuses observations et expérimentations, dégagé le *fait* de l'assimilation conquérante. Cela nous a permis d'énoncer la loi empirique de l'influence réciproque : *l'influence actuelle ou possible entre des êtres donnés se mesure par leur aptitude actuelle ou possible à une assimilation réciproque* (livre premier, ch. V). Ensuite, étudiant cette assimilation elle-même, nous avons, par une série d'éliminations, déterminé le *mode* nécessaire suivant lequel elle se réalise : elle ne s'obtient pas au moyen d'une compénétration de substances (livre second, ch. II) ; elle ne se fait pas en vertu d'une influence idéale (*ibid.*, ch. III) ; elle n'est point l'effet d'une participation foncière de tous les êtres à une substance unique (*ibid.*, ch. IV) ; elle résulte d'*adaptations progressives*, qui entraînent l'agent et l'agi dans un acte commun (*ibid.*, ch. V, VI). Enfin, nous avons reconnu que pour se produire ces adaptations elles-mêmes requièrent au sein des êtres en relations l'existence d'aptitudes harmonisées, de ressemblances ébauchées, en un mot de parentés complices (*ibid.*, ch. VII).

Ces énergies intimes, réelles, définies, sont donc la source d'où jaillissent toutes les réactions de l'être, sur lequel on agit. Leur mise en valeur est marquée par des assimilations, auxquelles l'être se plie spontanément sous l'influence étrangère, ou par des adaptations, auxquelles il est contraint et se résigne. Par conséquent, la connaissance de ces assimilations et adaptations nous ouvre une vue non seulement sur la plasticité primordiale de leur sujet, mais encore sur ses prédéterminations innées, caractéristiques du genre et de l'espèce, aussi bien que sur ses propensions acquises dues à tout son passé.

Dès lors, par une régression méthodique, nous pouvons remonter du fleuve à la source, des effets aux causes, des assimilations et adaptations réalisées aux aptitudes, qui les ont rendues possibles. Ainsi, des préférences et des répugnances que nous éprouvons, de notre complaisance ou de notre hostilité à l'égard de telle ou de telle intervention étrangère, de notre sympathie ou de notre antipathie pour tel ou tel acte, auquel diverses influences tentent de nous associer, — nous pouvons dégager au sein de notre complexité vivante quelques renseignements sur nos *ressources* profondes (aptitudes), sur la *manière* de les mettre en œuvre (adaptations réussies), sur leur *degré de développement* (assimilation actuelle).

Cette méthode rationnelle d'examen de conscience, nous pensons l'étendre à l'étude d'autrui : et, si nous y réussissions, elle serait d'une grande utilité pédagogique. Plus que partout ailleurs, en effet, dans l'œuvre délicate de l'éducation, il importe de voir clair avant d'agir, car une erreur peut rendre vains tous les efforts entrepris en vue de la formation d'une âme, ou, ce qui est pire encore, peut la froisser et la fausser d'une manière irrémédiable. Sans doute, la nature de l'enfant est souple et, dans une certaine mesure, malléable au gré de quiconque agit sur elle. Elle possède cependant des prédispositions héréditaires ou acquises, qu'on ne méconnaîtrait pas sans grave dommage. Il est impossible de mettre tous les esprits dans un même moule (1), et quels que soient les pro-

_______

(1) Cf. L. Cellerier, *Esquisse d'une science pédagogique* (Paris, 1910), p. 128 : « Qu'il n'existe pas deux hommes rigoureusement pareils, il serait

grès de la pédagogie, l'application de ses lois sera toujours d'un art infiniment compliqué. Vraies dans leur généralité, celles-ci sont trop souvent' impuissantes à guider notre action sur un être concret « merveilleusement ondoyant et divers ». Aussi, sentons-nous le besoin d'une méthode aidant à l'étude de chaque cas particulier en lui-même, d'une méthode qui permettrait d'abord de conduire avec sagesse une investigation nécessaire et adaptée aux tendances, que manifeste le sujet, — et qui permettrait ensuite d'orienter avec succès l'évolution de ces dernières. Certes, cela réclame beaucoup de tact, c'est-à-dire, avec une générosité de cœur qui ne compte pas les sacrifices, une finesse d'intelligence qui fait comprendre l'âme d'autrui, et une délicatesse d'intervention, qui permet de l'influencer sans la meurtrir. Or, ce sont précisément les qualités que notre méthode travaillera à développer.

2. *Investigation.*'— Elle nous enseignera donc *l'art de découvrir les ressources* du sujet, sur lequel nous voulons agir, *le genre d'influences* qui seront efficaces sur lui, ainsi que *l'état* dans lequel il se trouve *actuellement*. Mais c'est là seulement la moitié de la tâche à remplir. Eclairés par la précédente analyse, il nous reste à déterminer *l'idéal* ou la forme d'idéal (1), qui correspond aux ressources du sujet ; puis à promouvoir vers ce but leur évolution. *Une méthode d'action efficace* nous est ici nécessaire et nous pensons pouvoir la tirer encore de nos précédentes conclusions.

---

puéril de le dire ; les théoriciens semblent l'ignorer. Et pourtant ce fait domine toute la pédagogie », et p. 131 : « *Toute action pédagogique est conditionnée par la nature de l'élève* ».

(1) *Ibid.*, p. 16-21, où l'auteur, après avoir montré la diversité de formes que revêt l'idéal de l'éducation, chez Pestalozzi, Fouillée, Herbart, Spencer, Guyau, énonce cette définition : « *L'éducation est la préparation de l'enfant à la destinée que ses parents estiment la meilleure pour lui* », p. 21.

3. *Action.* — En effet, si après avoir remonté le courant de la synthèse incessamment progressive, qui constitue la vie, nous avons constaté le *fait* dans lequel elle se concrétise à chaque minute : l'assimilation conquérante ; si nous avons analysé le *mode*, suivant lequel s'opère cette conquête : l'adaptation ; pour arriver enfin à savoir quelque chose des *énergies* du conquérant, — cela ne nous révèle-t-il pas les conditions que doit revêtir une influence pour être efficace sur lui ?

Nous savons désormais sous quelles interventions s'éveillent ses aptitudes, à quelles adaptations il est prédisposé, et comment par leur moyen nous le conduirons peu à peu de ses assimilations actuelles à l'assimilation ultime avec l'idéal, que nous avons rêvé de lui voir atteindre.

Dès lors, comme l'expérimentateur provoque le jeu des forces cachées au sein des corps, puis en canalise l'expansion afin de les faire servir au but, qu'il poursuit, — nous pouvons entreprendre d'éveiller les puissances intimes d'une âme, d'influencer leur développement, de le diriger par une série d'interventions habilement adaptées, afin de conduire l'être tout entier vers la perfection que nous voulons pour lui. Sans doute, l'œuvre est autrement difficile, car l'homme est loin d'être soumis à la rigidité d'actions et de réactions que manifestent les substances matérielles ; mais la multiplicité de ses puissances souvent divergentes, si elle rend nécessaire l'éducation, nous en montre du même coup la possibilité.

Comment faire un choix entre toutes ces puissances encore à l'état d'enveloppement et comment assurer la prépondérance aux élues ?

En nous attachant à la solution de ces problèmes, nous voudrions faire voir la fécondité de notre *double méthode d'investigation et d'action.* Non point certes que nous songions à composer un traité de pédagogie. Nous voulons uniquement prouver — et cela en nous tenant, comme nous l'avons résolu au point de vue humain du problème, — que la connaissance *analytique* des conditions et des lois de l'influence efficace peut sortir du domaine de la théorie et être utile à quiconque entreprend de coopérer à cette *synthèse* éminemment pratique, qu'est la formation d'une âme.

CHAPITRE II

## LE MILIEU PHYSIOLOGIQUE
## ET LE MILIEU PSYCHOLOGIQUE

Sommaire .— 1. Le tempérament, ses prédispositions à découvrir et
à corriger ou à développer. — 2. Le caractère : propensions et
aptitudes. — 3. Peu de valeur pratique des solutions générales :
nécessité d'une double méthode applicable à chaque cas particulier. — Division.

Avant d'entrer dans le détail des applications
concrètes, il est nécessaire de jeter un coup d'œil sur
le milieu physiologique et sur le milieu psychologique
dans lesquels vit le sujet de notre action, afin de noter
les secours et les obstacles qu'ils peuvent apporter
à notre entreprise.

1. *Le tempérament.* — Lors de sa naissance, l'enfant
est un être principalement sensitif. Il s'agite sous les
excitations extérieures, mais ses mouvements ne sont
que des réflexes, dont la nature est déterminée par sa
constitution. Bientôt, ses organes se perfectionnent et
s'affermissent, il ouvre les yeux à la lumière et contemple avec étonnement le monde où il vient d'apparaître : il ne semble pas avoir conscience de son état.
Cependant, ses sens deviennent capables de percevoir
les objets extérieurs et le plaisir ou la douleur, qu'il
éprouve en leur exercice, se traduit par des cris ou des
pleurs. Il sourit à sa mère et manifeste de la sympathie : c'est que déjà il est apte à se former des
images. A partir de ce moment, son progrès ne s'arrête

plus : l'aurore. de sa jeune intelligence fait place au grand jour de la raison, sa volonté entre en jeu, il est homme,

Cette évolution ne s'est pas faite indépendamment de l'*organisme*. Or, celui-ci est soumis à l'influence des forces chimiques, qui l'avoisinent, et à la longue il s'harmonise avec son milieu. De là résultent des attraits et des répugnances irraisonnées, des attitudes psychologiques, qui s'imposent et qu'à juste titre on attribue au tempérament. « Entre l'action des choses ou des hommes sur nous et la réaction par laquelle nous y répondons, il y a toujours un intermédiaire : notre tempérament, qui produit ce qu'on a si bien nommé « notre indice de réfraction mentale ». Le même rayon de lumière traversant un milieu différent changera de direction et se colorera de nuances variées » (1). Il y a, en effet, des prédispositions dues à des causes physiologiques et dont l'influence est d'autant plus redoutable qu'elle est inconsciente. Il nous *importe au premier chef de les découvrir* afin de les corriger s'il y a lieu..

Sans doute, les physiologistes ne sont guère d'accord au sujet du tempérament. Les uns accordent une influence prépondérante aux humeurs corporelles : bile, sang, lymphe... et classent les tempéraments suivant l'importance de ces facteurs dans l'économie. Les autres, à la suite de Henle, n'admettent qu'un seul tempérament, le nerveux, dont le ton plus ou moins élevé diversifierait les aptitudes organiques. D'autres enfin, comme M. Fouillée reconnaissent que « l'antique division en quatre tempéraments provenait d'une observation délicate » (2), et que « les résultats pure-

---

(1) Cf. A. FOUILLÉE, *Tempérament et caractère*, p. 1 (Paris, 1901).
(2) *Ibid.*, p. 24.

ment empiriques des observations d'Hippocrate et de Galien sur les tempéraments sanguin et mélancolique d'une part, bilieux et flegmatique d'autre part, méritent avec les rectifications et les interprétations nécessaires d'entrer comme éléments dans une classification scientifique ». (1). Il suffirait pour cela de les mettre en harmonie avec les données de la biologie sur le mouvement vital. On distinguera alors, selon M. Fouillée, les tempéraments où domine l'anabolisme ou intégration et ceux où domine le catabolisme ou désintégration (2).

Cependant, les classifications n'ont pour nous qu'une importance secondaire. Ce qui nous intéresse avant tout c'est de savoir comment nous pourrons connaître notre tempérament en vue de le modifier si la chose est souhaitable et possible. Notre double méthode trouve ici un commencement d'application.

En effet, les réactions intenses de notre système nerveux sous telle ou telle excitation définie, nos besoins, nos penchants, nos impulsions, en un mot nos préférences d'origine physiologique, les exercices musculaires, qui nous sont agréables parce qu'ils provoquent suivant le sens de leur orientation naturelle la dépense des forces accumulées dans notre organisme, nous révèlent à nous-mêmes. Tout cela nous fait connaître nos prédispositions corporelles. Mais celles-ci, pourrions-nous les modifier si nous le jugions utile ? Oui, la chose est réalisable, car en nous rien n'est jamais irrémédiablement figé et notre vie physiolo-

---

(1) Cf. A. FOUILLÉE, *Tempérament et caractère*, p. 25 (Paris, 1901).

(2) *Ibid.*, liv. I, ch. I, où l'auteur classe les tempéraments suivant deux types : le sensitif (intégration) et l'actif (désintégration), qu'il subdivise au ch. II, p. 24, de la manière suivante : « De là, quatre combinaisons principales : en premier lieu, des sensitifs à réaction prompte mais peu intense ; en second lieu, des sensitifs à réaction plus lente, mais intense ; en troisième lieu, des actifs à réaction prompte et intense ; enfin, des actifs à réaction lente et modérée ».

gique comme notre vie psychologique est dans un
perpétuel devenir. L'équilibre corporel se fait, se
défait, se refait sans cesse et il n'est pas rare de constater en lui des modifications profondes. Le tempérament de l'adulte est souvent bien différent de celui
qui caractérisait son enfance. D'ailleurs aucun tempérament n'est exclusif. Chez nous comme chez tout
individu concret, à côté du tempérament dominant
pointent des aptitudes diverses, dont le développement
corrigera la première poussée de la nature. L'hygiène,
le régime, l'exercice, la pression continue d'un milieu
entraînant à des adaptations habilement graduées
par nos soins y travailleront, jusqu'à ce que soit
établi en nous un équilibre favorable au déploiement
des activités psychiques, que nous entendons développer par la suite.

L'on procédera de même à la préparation de cette
base physique de l'éducation d'autrui. Prenons par
exemple un enfant de la catégorie désignée jadis sous
le nom de *lymphatique* : grande fraîcheur de coloris,
embonpoint qui est plutôt l'effet de la boursouflure
que de la santé, chair molle et sans consistance, traits
sans vie ni animation, voilà les premières données de
l'observation. Elles font prévoir, ce que d'ailleurs
l'expérience confirme, une grande propension au
sommeil due au peu de vivacité des images et des
émotions. Cet enfant n'a guère de passions ; il aime
peu, car l'affection est activité et il est presque inerte.
Il se laisse aimer sans savoir rendre sacrifice pour
sacrifice. Parfois cependant, il comprend vaguement
ce que la délicatesse en affection exigerait de lui, mais
il n'a pas le courage nécessaire pour agir avec tact.
Point d'élan chez lui, rien de généreux ni de vif ; au
contraire une vie avare qui semble économiser ses
forces et se défendre par égoïsme. Point d'initiative :

cet enfant se rangera parmi les hommes du troupeau, les passifs, les effacés, sans influence sociale. — De tels sujets sont bien difficiles à élever jusqu'aux grandes vertus. Leur âme n'ayant pas à son service un instrument souple et fort, reste comme dans sa gaine ; elle refuse même d'en sortir par crainte d'un effort pénible. — Cependant, il est toujours quelque exercice assez modéré pour ne pas épuiser cette constitution débile et lui causer un peu de plaisir. Dès que, à travers les assimilations réussies, à travers les réactions plus vives parce qu'elles répondent à une action qui éveille des spontanéités complices, — l'analyse l'aura découvert, cet exercice, en rapport avec les ressources du sujet, deviendra pour celui-ci un moyen efficace d'éducation physiologique. Mais en cette œuvre, il ne faut rien brusquer, tout serait perdu ; il est nécessaire de sérier les adaptations progressives, c'est-à-dire d'entraîner peu à peu les muscles de cet être apathique à une action ferme et prompte qui prédisposera son âme à l'admiration, puis à l'imitation des gens énergiquement vertueux.

Encore que notre méthode d'investigation et d'action puisse être, à ce qu'on vient de voir, d'une réelle utilité dans l'étude et l'éducation du tempérament, nous n'insisterons pas sur ce point, qui relève surtout de la médecine et de l'hygiène. Tout en reconnaissant l'influence considérable des dispositions du corps sur le ton de la vie psychologique, nous nous attacherons de préférence à cette dernière, afin de montrer comment nos conclusions, au sujet des *conditions* et du *mode* de l'influence efficace éclairent toute tentative d'éducation de l'âme.

2. *Caractère.* — La psychologie, en effet, « est, pour le pédagogue, ce que sont pour le médecin l'anatomie

et la physiologie « (1). Sans les indications qu'elle fournit, l'effort de l'homme pour se perfectionner ou pour guider les autres vers un idéal, se fait à l'aveugle ; il risque de se dépenser en pure perte. Tous les hommes qui ont exercé quelque empire sur eux-mêmes ou sur leur entourage ou qui ont possédé l'art difficile d'élever les enfants, ont été des psychologues aux vues justes. Il suffit de lire par exemple les « Confessions » de Saint Augustin ou le « Château de l'âme » de Sainte Thérèse, pour se rendre compte que ni l'un ni l'autre n'ont grandi dans la vertu sans faire usage d'une science précise. Cela s'aperçoit davantage encore chez les auteurs ascétiques, qui (leur nom l'indique) ont déterminé des *progressions d'exercices* pour former l'âme à la pratique du sacrifice et de l'oraison (2). Parmi les éducateurs, on se plaît à citer Fénelon à cause du succès qu'il obtint auprès de son élève, — mais quelle fine et attentive psychologie il y déploya (3). Enfin, les grands meneurs ont su comprendre l'âme des foules : une grande partie de leur prestige est sortie de là (4).

Mais comment acquérir une connaissance si précieuse pour l'action ? Les hommes sont si divers et en même temps si complexes, que l'on doive, semble-t-il, renoncer à ériger en formules scientifiques les résultats des observations faites à leur sujet. Cependant, certaines ressemblances générales s'accusent au milieu de cette diversité ; des tendances et

---

(1) Cf. L. CELLERIER, *Esquisse d'une science pédagogique*, p. XII (Paris, 1910).

(2) On peut citer à titre d'exemple SAINT FRANÇOIS DE SALES, dans son *Introduction à la vie dévote*, et surtout dans son *Traité de l'amour de Dieu*.

(3) Cf. A. DELPLANQUE, *Fénelon et ses amis*, ch. III (Paris, 1910).

(4) Cf. G. LE BON, *Psychologie des foules*, p. 7 (Paris, 1899) : « ... Les hommes d'Etat éminents, et dans une sphère plus modeste les simples chefs de petites collectivités humaines, ont toujours été des psychologues inconscients, ayant de l'âme des foules une connaissance instinctive et souvent très sûre ; et c'est parce qu'ils la connaissaient bien qu'ils en sont si facilement devenus les maîtres ».

des aptitudes communes se manifestent ; si bien
que des parentés sensibles, intellectuelles et morales
ont permis de tenter une classification des *caractères*
suivant trois types sensitifs, intellectuels, actifs. Plusieurs ont déployé dans ce travail une grande sagacité
et une remarquable finesse. Pourtant, si ingénieuses
que soient les classifications théoriques, leurs cadres
sont toujours incapables de contenir le détail infiniment multiple de la réalité. « Dans bien des cas, dit
M. Paulhan, en faisant l'analyse d'une intelligence,
nous y retrouverons, malgré une certaine unité fréquente de l'allure générale, plusieurs types distincts.
Parfois l'un d'eux y prédominera suffisamment pour
permettre de le rattacher à l'une de nos subdivisions,
mais ce ne sera là qu'une approximation et ce serait
mutiler la réalité que de ne pas tenir compte des
éléments étrangers au type principal, s'ils ont quelque
importance. Parfois aussi les divers types qu'un
même individu réunit sont trop développés pour
qu'on néglige même l'un d'entre eux et ne laissent
ranger exclusivement leur possesseur dans aucune
catégorie » (1).

Cette multiplicité d'aptitudes, qui soustrait l'être
concret à la rigidité des théories, lui donne en fait
la souplesse nécessaire à l'éducation (2). Celle-ci
travaillera à rendre dominateur un type possible.
Mais pour cela, il faut, au préalable, découvrir le
point où l'on peut agir sur une âme avec chance de
l'amener à mettre en valeur ses ressources latentes.
Or, il existe toujours quelque énergie préparée à
recevoir une influence efficace. Tout enfant est apte

---

(1) Cf. Fr. PAULHAN, *Esprits logiques et esprits faux*, p. 23 (Paris, 1896).
(2) Cf. G. LE BON, ouv. cité, p. 14 : « Seule, l'uniformité des milieux
crée l'uniformité apparente des caractères. J'ai montré ailleurs que toutes
les constitutions mentales contiennent des possibilités de caractères qui
peuvent se manifester dès que le milieu change brusquement ».

à un genre d'activité, c'est par là qu'il est perfectible (1).
Reconnaître cette aptitude sera donc trouver le
moyen d'agir sur lui avec succès.

3. *Peu de valeur des solutions générales.* — Certes,
notre intervention, il faut le redire, n'obtiendra pas
ici les résultats rigoureux, que l'on constate dans les
influences d'ordre matériel, car les sujets auxquels
elle s'adresse ne sont jamais identiques, et chacun
d'eux change sans cesse d'attitudes intérieures. Aussi,
l'effet produit sur eux sera toujours problématique ;
il dépendra pour une part du talent et de la valeur
personnelle de l'éducateur. Cependant, malgré « l'hété-
rogénéité radicale des faits psychologiques profonds
et l'impossibilité pour deux d'entre eux de se ressembler tout à fait » (2), la spontanéité des âmes se
déploie suivant des lois générales. Sans donc déterminer absolument son évolution, les influences étrangères, si elles sont bien adaptées, pèsent sur elles
dans une certaine mesure : suggérer une idée héroïque
à une âme n'est pas nécessairement l'élever à
l'héroïsme, mais en vertu du besoin d'unité intérieure,
c'est au moins la prédisposer à y tendre. Ce résultat
est loin d'être négligeable.

Pour l'obtenir, nous venons de le remarquer, il
faut que les influences soient adaptées aux dispositions de leur sujet. Cela requiert plus que les indications toujours imprécises, que nous livrent les vues
d'ensemble des classifications, cela requiert dans la
pratique une connaissance particulière et actuelle
des divers états de l'âme sur laquelle on veut agir,

---

(1) Cf. H. BREMOND, *Un éducateur anglais*, Edwards Thring, *et l'école
d'Uppingham, Revue des Deux-Mondes*, 15 septembre 1902, où se trouve
rappelé le principe qui guida toute l'entreprise d'Edwards Thring « Every
boy can do something well ».

(2) Cf. H. BERGSON, *Essai sur les données immédiates de la conscience*
p. 152 (Paris, 1906).

Nous nous heurtons dès lors à une nouvelle difficulté; car notre conscience psychologique nous place
en face d'une complexité mouvante, où il n'est point
aisé de porter la lumière de l'analyse. Tout se tient,
en effet, dans l'unité simple de notre moi. Les divers
phénomènes, qui y surgissent, s'impliquent les uns
les autres et ne peuvent se séparer réellement : lorsque
nous parlons d'une idée qui nous absorbe, d'une douleur qui nous envahit tout entiers, ce n'est ni un pur
fait de pensée ni un pur fait d'émotion, que nous
traduisons en notre langage ; c'est le caractère dominateur de notre synthèse psychique actuelle. Pas
plus que l'atome, au dire des physiciens, — un état
d'âme ne se rencontre isolé ; et cependant cela serait
souverainement utile à qui veut l'examiner. Faute
donc d'une distinction concrète, il nous faudra, comme
nous l'avons déjà fait (1), recourir à une *distinction
idéale, qui toutefois ne sera pas sans fondement dans
la réalité.*

*Division.* — Ce procédé est légitime, puisqu'il est
une des conditions nécessaires du travail scientifique.
D'un objet déterminé, les diverses sciences prennent
des vues spéciales : nombre, étendue, qualités physiques, affinités, etc., et considèrent à part des propriétés inséparables dans l'être concret. Elles préparent ainsi une connaissance aussi exacte que
possible de cet objet pour celui qui saura réunir leurs
données dans une intuition unique. — Sous cette
réserve d'une vue synthétique indispensable pour
coordonner — dans chaque cas particulier et concret —
les données de l'analyse, nous sommes contraints
de considérer successivement, sous ses divers aspects,

---

(1) Cf. Livre premier, ch. II.

le continuel mouvement de notre vie psychologique.

Or, de l'extérieur, — et l'on est assez d'accord sur ce point pourvu qu'on n'y voie qu'un procédé de méthode, — nos phénomènes semblent se distinguer spontanément en états d'âme à caractère dominateur *sensible, intellectuel, volontaire.*

Voilà pourquoi, suivant la division classique, nous étudierons quelle peut être l'efficacité d'une influence éclairée sur la vie sensible, sur la vie intellectuelle, sur la vie volontaire.

# CHAPITRE III

## MÉTHODE D'INFLUENCE EFFICACE
## DANS LA VIE SENSIBLE



Dans la vie sensible plus qu'ailleurs, le morcelage artificiel et provisoire, auquel nous condamnent les exigences de la clarté, nous embarrasse et nous oblige à sortir de notre cadre.

I. — THÉORIE.

1. *Choix d'un idéal.* — Comment, en effet, contribuer au progrès de la vie sensible sans avoir au préalable découvert un *idéal*, qui soit dans le sens de son développement, et d'avoir résolu de l'orienter vers lui ? — Mais, n'est-ce pas là faire appel à l'intelligence afin de concevoir ce but, et à la volonté afin de le poursuivre avec toutes les énergies de l'âme, d'abord par une résolution froissant peut-être tous les instincts, mais ensuite par un entraînement d'amour passionné ? — D'autre part, cette forme d'idéal que je propose à ma vie sensible, comme la forme d'idéal que je proposerai à ma vie intellectuelle et à ma vie morale, est conditionnée par l'idéal d'ensemble, que je me fais de la vie humaine (1).

Si je m'attache par exemple à l'idéal, que présente la philosophie platonicienne : ressembler à Dieu autant qu'il est possible, en faisant régner en soi ce parfait équilibre des tendances que Platon appelle la Justice, — je constate que je ne puis atteindre à cette perfection sans réaliser les conditions suivantes : 1º établir la concorde entre les diverses aspirations de mon cœur par la *tempérance*, et cette vertu devient l'idéal de ma vie sensible ; — 2º me garder de toute erreur et de toute illusion, arriver à la clarté des notions et à l'exacte connaissance des choses par la *sagesse*, et cette vertu devient l'idéal de ma vie intellectuelle ; — 3º enfin, me rendre maître de toutes les poussées fatales, qui s'accusent en moi, me faire supérieur aux sollicitations du dedans et du dehors, afin de n'agir que selon mon libre arbitre par ma volonté

---

(1) Il y a là par conséquent une question qui doit être résolue au préalable, c'est la question de la destinée humaine. Mais nous n'avons pas à la discuter ici, puisque nous n'avons d'autre but que d'exposer une méthode utile à la poursuite de toute forme d'idéal.

personnelle, et la vertu de *force* devient l'idéal de ma vie morale.

Grâce à ce triple effort seulement, l'homme se conquiert lui-même, se forme lui-même, harmonise toutes les puissances de son être dans cette *justice*, qui résume toute la perfection à laquelle peut aspirer l'initiative humaine. Ainsi, l'éducation générale d'une âme ne se fait qu'à travers des *éducations particulières*. C'est donc vers celles-ci qu'il faut ramener notre attention, afin de montrer, comme nous l'avons promis, la marche à suivre dans l'emploi de la méthode que suggèrent les conclusions de notre étude de l'influence efficace.

2. *Influence possible.* — Nous commençons par la vie sensible.

La première manifestation de la vie psychologique est en effet un phénomène sensible, contre-coup qu'éprouve l'âme lors de l'exercice d'une activité corporelle. C'est la sensation. Elle est agréable si l'activité, qui la provoque, s'est déployée harmonieusement, c'est-à-dire s'est assimilée aux circonstances extérieures, ainsi qu'aux tendances du sujet impressionné. Il y a là une œuvre d'adaptation qui peut être progressive : tel acte pénible d'abord devient bientôt facile, et partant agréable, à qui l'a exécuté pendant quelque temps.

3. *Les trois étapes :* a) *de l'investigation.* — Or, nous l'avons remarqué plus haut (1), le plaisir a une grande influence sur l'orientation de l'activité. Un être ne résiste pas à son besoin d'agir et de développer ses aptitudes. Seulement, il ne le fait pas en tous

----

(1) Cf. *supra*, livre premier, ch. II.

sens avec une égale satisfaction. Certains actes lui
apportent plaisir et bonheur, certains autres douleur
et souffrance. Pourquoi ? Parce que ses ressources
et ses aptitudes ne sont pas toutes également en
harmonie avec les opérations, auxquelles l'entraînent
les interventions étrangères. Il a ses préférences,
dont la contrainte devient pénible ; il possède des
capacités *définies*, effets de tempérament, d'éducation, de circonstances diverses, qui créent des prédispositions, d'où naissent des aspirations déjà orientées. L'analyse nous les révélera, quand à travers
les *assimilations* souhaitées, à travers les sollicitations
auxquelles cet être répond par une *adaptation* plus
vive, nous essaierons d'entrevoir la source de ses
élans, ses aptitudes caractéristiques, spontanéités
complices sans lesquelles toute action exercée de
l'extérieur sur lui serait inefficace.

b) *de l'intervention*. — Elles sont les ressorts de
l'activité (1), et en les faisant jouer avec adresse,
on peut exalter cette dernière jusqu'à la passion.
Celle-ci, en son origine, n'est qu'une tendance qui
s'ignore parfois elle-même et n'est point déterminée
par rapport à son objet. Elle peut être favorisée par
des *prédispositions organiques* (les passions du lymphatique ne sont pas celles du sanguin), par *le milieu
social* (les passions du grand seigneur ne sont pas
celles du paysan), par l'*éducation professionnelle* (les
passions du militaire ne sont pas ordinairement celles
de l'industriel), par l'*imagerie mentale* (les passions
de l'oriental ne sont pas celles du Lapon), par les
*complicités de la volonté* (les passions de l'homme
énergique ne sont pas celles du paresseux)..., mais
sous toutes ces variétés se retrouve un trait commun,

______

(1) Cf. *supra*, livre second, ch. VII.

c'est que la passion est un *amour de désir* exalté
jusqu'à l'extrême violence. Sans doute, on n'aime
de la sorte que ce que l'on n'est pas et ce que l'on
ne possède pas en réalité, puisqu'on souhaite l'acquérir ; cependant, — si pour désirer il faut connaître
*(ignoti nulla cupido)*, — la passion ne s'éveille qu'à
condition que l'on possède son objet en quelque
manière, je peux dire au moins d'un *amour d'imagination.* En conséquence, pour faire surgir quelque passion dans une âme, il faut lui révéler la beauté d'un
objet, la lui faire aimer, lui faire pressentir le bonheur
que lui apportera la conquête de ce qui devient pour
elle un idéal d'amour.

Comment y réussir, s'il n'y a pas de compénétration entre les êtres ? Comment une âme peut-elle
agir sur la vie sensible d'une autre âme ? — En lui
*suggérant* d'abord une vision de bonheur, dont elle
savourera d'avance et en imagination tous les charmes. Ainsi seront mis en branle ses désirs. Sous leur
pression, l'équilibre qui régnait en elle sera brisé.
Alors, inévitablement, se produira une intense fermentation psychique. De là, un moment d'anarchie
intérieure, pendant lequel une intervention étrangère
peut à nouveau se produire avec efficacité. Qu'elle
*maintienne* à l'état vif les sentiments qu'elle veut
rendre dominateurs, cela suffit ; l'automatisme psychologique fera le reste en ralliant autour d'eux toutes
les autres énergies du sujet. — Enfin, sur cette émotion qu'il a fait naître et triompher, l'agent extérieur
peut encore exercer un *contrôle.* Il lui appartient,
en effet, d'en contrecarrer ou d'en favoriser l'expansion conquérante, soit en empêchant le sujet d'atteindre
aux satisfactions qu'il poursuit, soit, au contraire,
en amorçant encore son désir par la réalisation progressive d'espérances qui le rapprochent de l'union

avec l'idéal passionnément aimé. — Donc, par *entraînement à un acte commun*, suivant le mode que nous avons dégagé, à triple reprise, c'est-à-dire *avant*, *pendant* et *après* l'évolution psychologique d'un acte de la vie sensible, une influence peut être efficace. Elle peut dès lors concourir au progrès de cette vie, mais, encore une fois, son intervention pour être heureuse doit être adaptée, et cela exige la connaissance du sujet sur lequel on agit. Voyons par quelques exemples, la manière de travailler à l'éducation de la sensibilité.

### II. — Applications

1. — *Formation personnelle.*

A) *Examen de conscience sensible* : § 1. *Le But.*

La vertu qui doit régir la vie sensible est ce parfait équilibre des penchants et des inclinations, qui s'appelle la tempérance. Mais l'acquérir est un idéal, vers lequel je ne puis orienter mon âme sans connaître au préalable *à quelle distance* de ce but je me trouve actuellement, *sous quelles influences* je me mettrai en marche vers lui, *de quelles ressources* je dispose pour cela. Un examen de conscience conduit suivant notre méthode d'investigation me découvrira toutes ces choses.

§ 2. *Moyens pratiques* : a) *les assimilations spontanées.* — La joie que j'éprouve dans des circonstances données me révèle à moi-même des *sympathies* secrètes et inavouées, ou bien m'enseigne la mesure encore inconnue de mes amours ou de mes haines. Grâce à mes émotions, j'apprends, par exemple, jusques à quel degré je déteste mon ennemi : je me croyais incapable de m'apitoyer sur son sort et voici que son malheur me touche. Au fond de mon âme je ne le hais donc pas autant que j'imaginais. Ainsi, des phénomènes de surface et involontaires me font sonder en moi-même un abîme de tendances et de répulsions, qui, à la manière de l'amour-propre, « se dissimulent dans les profondeurs de la conscience ». — Que de fois un accident, une séparation nous montrent de la sorte à nous-mêmes nos attaches aux lieux et aux personnes..., affections sourdes ou inconscientes, dont l'élément agréable semble avoir disparu par l'effet de l'habitude, mais qui nous tiennent par toutes les fibres de notre cœur.

Ces états d'âme n'apparaissent nettement à nos yeux que dans les moments de crise, ils peuvent cependant toujours être découverts par qui s'examine avec soin. En ce cas, il n'en faut plus rester à l'étude des émotions dues à une réussite ou à un manque d'assimilation, chose facile mais qui ne donne pas de résultat bien marquant. Il faut atteindre leur source — et sous les *sympathies spontanées*, que nous éprouvons, apercevoir notre ressemblance profonde avec les personnes ou les choses qui les ont fait naître. « Qui se ressemble, s'assemble » : nous pouvons donc découvrir dans les vertus et dans les vices de nos amis, comme en un miroir, quelque chose de nos qualités et de nos défauts.

b) *Les adaptations qui réussissent.* — Par exemple si je commence à me plaire en la compagnie des joueurs, si je constate l'agrément extrême que me procure le jeu, je puis voir en cela le signe d'une passion qui grandit. L'intolérance de ses attraits, qui me font négliger les devoirs auxquels j'étais le plus fidèle ; mon égoïsme révolté et ma brutale colère contre ceux qui veulent me corriger, m'en avertissent davantage. Hélas ! à ce moment il est déjà bien tard. Ce qu'il m'eut importé de découvrir, ce sont les pre-

miers indices de cette passion naissante et encore
faible. Or, pour cela, il eut fallu beaucoup de vigi-
lance. Il eut fallu surveiller mes penchants, mes
goûts, mes souhaits d'adaptation, que trahissent
mes attitudes d'âme et de corps : *gestes, impulsions
irréfléchies, rêveries* me reportant sans cesse vers le
jeu, objet de mes préférences, *écriture automatique*
me faisant tracer le nom des joueurs ou dessiner
des rois de cœur et des as de trèfle..., phénomènes
spontanés qui, dans les moments où s'affaiblissent
la contrainte de la volonté et l'excitation des perceptions extérieures, manifestent au premier plan
de la conscience nos aspirations instinctives.

Certaine persistance d'émotions ou de désirs, qui
durent jusque dans le *rêve*, où les tendances, com-
primées à l'état de veille, prennent leur revanche
avec une extraordinaire violence d'élan, ont une
particulière valeur d'indication. Souvent, — pour
continuer l'exemple choisi, — je me vois auprès du
tapis vert ; l'or roule, je gagne, je suis heureux ;
puis d'autres nuits la malchance me poursuit, je suis
au désespoir et au réveil je me sens brisé, mais con-
tent de constater que je sors d'un mauvais rêve.
Toutes les fois qu'une digestion pénible me donne
le cauchemar, celui-ci revêt la forme du malaise atroce
qu'éprouve le joueur, qui, perdant sans cesse et toujours davantage, suit avec un terrible sentiment
d'angoisse le mouvement de la roulette ou les gestes
du partenaire distribuant les cartes... Il n'y a plus
de doute, je suis possédé par la passion du jeu.

c) *La diversité des aptitudes découvertes.* — Elle
n'est cependant pas tout à fait dominatrice, car
d'autres sentiments trouvent place dans mon âme.
Dans les intervalles, où le jeu m'est impossible, je
lis avec plaisir. Or, je me suis complu dans la lecture

du *Cyrano de Bergerac*, tel que nous le présente Rostand : par une de ces contradictions, dont la nature humaine est coutumière, j'admire le désintéressement de ce cadet de Gascogne ; sa fierté vaillante me ravit ; les vers qu'il récite me reviennent à la mémoire avec une facilité extrême. Bref, il est des moments où je suis moi-même « son personnage », et ce n'est plus que par un altruisme fictif que je l'appelle « Cyrano » et non pas de mon propre nom. Qu'est-ce à dire ? si ce n'est que mon âme vibre à l'unisson de ses nobles sentiments, que sa passion pour l'honneur est mienne. — C'est un trait nouveau de mon personnage sensible. Peut-être cette deuxième tendance m'aidera-t-elle à détruire la première et à rétablir en mon âme cet équilibre, cette liberté à l'égard de la passion, cette tempérance, qui malgré tout demeure mon idéal aux heures où l'épuisement physique, la fatigue, le dégoût de mes émotions de joueur me rendent un peu de calme et me permettent un retour sur moi-même.

Ainsi, à travers mes assimilations spontanées, à travers les adaptations dont le succès marque mes prédispositions actuelles, je découvre en mes *aptitudes* profondes, la source de mes faiblesses mais aussi le moyen de les corriger.

B) *Correction et développement.*

Désormais, ce n'est plus à l'aveugle que j'entreprendrai d'amender et de perfectionner ma sensibilité. Je sais le rôle que doit jouer cette puissance, stimulant, guide et récompense de mon activité, j'en sais aussi les défauts et les ressources. Il me sera donc facile de trouver une voie qui la conduise de ce point de départ à l'idéal que j'ai conçu pour elle : notre méthode d'action y pourvoira efficacement.

Si certains héros ont mes sympathies, en vertu de nos constatations théoriques (1), je puis dire qu'il y a entre nous des parentés, que je leur ressemble. Mon âme est en harmonie avec la leur, et à force de vivre en leur compagnie, mes sentiments deviendront identiques aux leurs. C'est à moi de voir si j'accepte ce genre de développement ou si je veux orienter vers d'autres objets les élans de mon cœur. Rendre habituel ce changement de direction sera faire l'éducation de ma sensibilité : je tâcherai de diminuer la facilité de mes adaptations en un sens pour les augmenter en un autre, par exemple, j'essaierai de remplacer mon amour de l'or par un noble désintéressement.

§ 1. *Elimination d'un penchant mauvais ; moyens pratiques.* — Cependant instruit par l'étude de l'influence efficace, je sais que cette œuvre ne s'accomplit point par un seul coup de volonté. Mes tendances devenues habituelles se dérobent en effet à l'empire de cette dernière, et si elles le subissent un moment, elles ont vite fait de reprendre leur revanche. On ne les arrête donc pas en droit fil. Aussi, m'efforcerai-je d'attaquer indirectement ma passion pour le jeu ; d'abord en l'apaisant par manque d'exercice, puis en dérivant vers un autre but mon activité. Pour cela, après avoir comprimé par un effort énergique les élans inconsidérés de mon inclination, je ferai le siège de la tendance mauvaise elle-même, en modifiant les milieux internes et externes qui influent sur son évolution.

a) *La méditation.* — Ayant résolu de me corriger de l'avarice, qui me pousse à jouer, je méditerai sur la laideur de ce vice et sur ses tristes conséquences ;

---

(1) Cf. *supra*, livre second, ch. V, VI.

aux séductions, qu'il exerce sur moi, j'opposerai les répugnances que suscite en mon âme la représentation de ses hontes. Je travaillerai de la sorte à dissoudre les trompeuses cristallisations d'images et d'idées qui ont provoqué en moi une ardente soif de l'or facilement gagné.

b) *La conspiration du silence.* — Puis, j'éviterai la conversation de ceux qui n'estiment que les richesses et mettent en elles leur souverain bonheur. Je fuirai cette salle de jeux, où j'ai réalisé des gains considérables qui ont allumé en moi le désir de posséder. Je ne laisserai pas mon attention se fixer, même pour le combattre, sur le souvenir des nuits que j'y ai passées, et cela par crainte de ce vertige moral qui paralyse et fait tomber dans le mal, qu'on redoute trop. Je m'isolerai. Je me retirerai à la campagne où moins de luxe s'étale et où l'on goûte la douceur d'une médiocrité dorée. En un mot, par une sorte de conspiration du silence, je ruinerai en mon âme les préjugés qui ont flatté ma passion. Enfin, au besoin même, je changerai mon régime de vie, s'il est vrai, au dire de plusieurs, que la pauvreté de l'énergie physiologique comme chez les vieillards, crée une propension à l'économïe et à l'avarice (1).

c) *La substitution.* — Mais cette œuvre de déblai, toute négative, est insuffisante, car l'activité de l'âme ne se détruit pas ; elle change seulement d'objet et d'orientation. Une tendance ne cède la place qu'à une autre tendance, qui se substitue à elle. Or, pour réaliser volontairement, et dans un sens déterminé, une telle substitution, il faut énormément de persévérance. C'est que la distance est grande, qui sépare

---

(1) Cf. F. THOMAS, *La Suggestion, son rôle dans l'éducation*, p. 89 (Paris, 1898) : « ... la plupart des auto-suggestions ont leur cause dans le jeu plus ou moins régulier des fonctions physiques... ».

l'âme d'un Harpagon de l'âme d'un Saint Vincent
de Paul, mon âme devenue avide de richesses de
l'âme généreuse de Cyrano. Que de patience il faudra
pour la franchir à travers tout le renouvellement
de mes habitudes ! Que de tact et de discrétion pour
éviter les imprudences qui amèneraient des catas-
trophes !

§ 2. — *Évolution d'une tendance élue ; moyens pratiques.* — L'œuvre est possible cependant, et elle est
singulièrement aidée par mon précédent examen de
conscience. Ce regard méthodiquement jeté sur moi-
même m'a fait découvrir à côté de mon inclination
dominante *(où j'en suis)*, des aptitudes diverses et
parfois même opposées à cette dernière *(ressources
pour l'éducation)*, ainsi que la manière de les mettre
en branle *(influences actuellement efficaces)*. Tyran-
nisées par cette inclination, qui en égoïste absorbe
presque toute l'énergie disponible de mon âme, elles
sont réduites à un état virtuel, mais en fait elles
n'attendent que des circonstances favorables à leur
développement pour reparaître au premier plan de
ma vie sensible.

a) *Le choix réfléchi.* — Parmi elles, je devrai donc
choisir avec soin la tendance, que je veux exalter
au détriment de mon avarice, ou encore la tendance,
qui, dérivant le cours de mes désirs vers un but nouveau, amoindrira la violence de ma passion actuelle
et enlèvera ainsi le principal obstacle à l'éclosion de
la vertu que je cherche à acquérir. Dans le premier
cas, par exemple, je ferai appel à la *disposition intime*
à qui je dois d'avoir vibré à l'unisson des sentiments
d'honneur et de noble désintéressement de Cyrano ;
dans le second cas, je ferai appel à la *disposition intime*
à qui, dans les intermittences de ma passion, je dois
de prendre quelque plaisir à la lecture et à l'étude.

b) *L'action indirecte : le milieu.* — Quelle que soit d'ailleurs l'aptitude à laquelle je m'adresse à un moment donné, mon effort sera toujours double : il s'exercera et par le dedans et par le dehors. Je commencerai par fixer mon attention sur l'état d'âme que je veux aviver. Par là même je favoriserai en mon intérieur son progrès, suivant la loi d'assimilation conquérante, que nous avons reconnue plus haut (1), comme la loi d'expansion de tout phénomène sensible. Ainsi, en ramenant à plusieurs reprises, ma pensée sur l'acte de désintéressement que j'ai admiré, j'augmente ma propension naturelle à l'imiter. C'est que j'en comprends mieux la noblesse et la grandeur ; ma mémoire rapproche de lui le souvenir de faits analogues qui m'ont ému ; mon imagination pare la représentation, que j'en ai, de détails qui me charment ; peut-être même aux heures de rêverie me fait-elle éprouver en un *exercice imaginaire*, ce que j'éprouverais si j'en étais réellement l'auteur..., en un mot, tout en moi s'harmonise, s'adapte, s'assimile à ce sentiment, qui est devenu le centre de ma synthèse psychique.

Cependant, cette organisation du milieu interne par la méditation ne me conduira pas au delà de la zone des bons désirs inefficaces, s'il est contrecarré par l'influence du milieu externe. Celle-ci est d'autant plus redoutable que l'on songe moins à se mettre en garde contre elle. Et cependant le milieu ne cesse de nous suggestionner. Tout ce que nous voyons, tout ce que nous entendons, même sans dépasser

_______

(1) Cf. *supra*, livre premier, ch. II, où nous avons montré que dans la vie sensible toute influence se fait par une sorte de rayonnement, qui conquiert en les harmonisant à l'émotion actuelle pour la renforcer, toutes les énergies dont nous disposons. Nous avons tâché d'expliquer comment, en vertu de l'automatisme psychologique, maintenir un phénomène dans la conscience, c'est l'aviver ; et comment l'attention opère entre deux assimilations conduisant notre âme d'une assimilation ébauchée à une assimilation plus complète...

ce que le Dr Grasset appellerait notre « *vie poly-
gonale* », contribue à former en nous une mentalité
qui gênera ou favorisera l'évolution de certaines
tendances. Les images et les sensations passent,
agissent sur notre âme comme la pluie sur le sol.
Elle semble s'écouler en torrent, mais quelques gouttes
s'infiltrent dans la terre, y cheminent lentement
et, au loin peut-être, vont faire jaillir une source.
Ainsi, de multiples impressions s'emmagasinent dans
notre âme, y créent des prédispositions, qui un jour
nous pousseront à certains actes avec une violence
imprévue (1). Il est donc important de surveiller
non seulement notre milieu intérieur, mais encore
notre milieu extérieur et de les *composer* l'un et
l'autre en vue du concours que nous voulons en
obtenir.

Nous pouvons beaucoup sur nous-mêmes par
cette *action indirecte*. S'il dépend de nous, en effet,
de détourner notre imagination et notre pensée de
représentations qui laisseront en elle des résidus
nuisibles à l'exercice de la vertu, et de nourrir notre
esprit au contraire de considérations élevées qui
formeront en nous une atmosphère favorable à l'éclosion des résolutions généreuses, — il dépend de nous
également de nous entourer d'une société de personnes et même de choses (livres, tableaux, sta-
tues, etc.), qui sans cesse nous rappelleront la beauté
du sentiment que nous désirons acquérir, qui nous
le feront aimer, et en vertu du pouvoir-moteur des
images et des idées nous amèneront à le faire passer
en notre conduite. Il dépend de nous enfin d'adopter
une tenue corporelle qui influera sur notre tenue
morale. Rien n'est à négliger lorsqu'il s'agit de tra-

(1) Cf. A. EYMIEU, *Le gouvernement de soi-même*, première série : *Les
grandes lois*, p. 149 et suiv. (Paris 1911).

vailler à notre éducation sensible, pas même les gestes
et les attitudes. Sans admettre en ce qu'elle semble
avoir d'excessif la thèse de Lange et de W. James,
soutenant que nous sommes tristes parce que nous
pleurons (1), nous pensons, en effet, que nos gestes
et nos attitudes ont un contre-coup sur nos états
d'âme (2), notre étude sur le progrès de l'influence
par voie d'adaptation progressive et d'assimilation
conquérante nous a montré le bien fondé de cette
constatation.

J'userai donc de ce moyen pour faire évoluer en
moi les aptitudes, qui me prédisposent à l'amour
de ce désintéressement, que j'ai résolu d'exalter au
détriment de ma funeste passion pour le jeu.

*Action directe : exercice.* — Puis, me confiant dans
l'efficacité de l'action pour éveiller l'état d'âme,
qui d'ordinaire la commande, je me comporterai
*comme si* je possédais déjà cette vertu, à laquelle
j'aspire ; comme si l'adaptation, que je poursuis,
était obtenue déjà : je pratiquerai la charité à l'égard
des pauvres. Ce sera sans doute d'abord par pure
et froide volonté ; mais bientôt, par un juste retour,
grâce à un phénomène de coenesthésie, je puis espérer voir, au moyen de cet exercice, se réaliser en mon
âme le sentiment dont la parfaite éclosion, à travers
une foule de petites victoires, marquera ma victoire
définitive sur l'égoïsme de mon avarice.

Entre temps, et pour faciliter ma tâche, en dimi-
nuant les résistances de ma passion actuelle, je cultiverai les autres dispositions qui, sans la combattre
directement, peuvent m'en distraire. Si j'ai décou-

---

(1) Cf. Th. RIBOT, *La psychologie des sentiments,* p. 95-100 (Paris, 1899).
(2) *Ibid.*, p. 97. « Restez longtemps assis dans une attitude mélancolique
et la tristesse vous gagnera. Si vous êtes triste, prenez une attitude gaie,
mêlez-vous à une compagnie joyeuse et peu à peu vous laisscrez votre
tristesse sur la route ».

vert en moi quelque attrait pour la lecture et l'étude,
je m'efforcerai de le développer afin de trouver dans
la recherche scientifique une dérivation à mon besoin
d'activité. Je m'enchanterai par la méditation de
tout ce qui amorcera mon désir de savoir, et je
m'adonnerai à des travaux capables de m'intéresser.
Procédant avec circonspection, j'éviterai, au début
ce qui est abstrus et rebutant : comme à un malade
dont la vie n'a plus guère de ressort, je n'offrirai à
mon esprit que des recherches faciles et agréables,
m'y excitant — vu mon état de faiblesse morale —
par quelque motif d'intérêt, si c'est nécessaire. Puis,
graduellement, ma curiosité s'avivant de plus en
plus, j'en arriverai à souhaiter de « savoir » en dehors
de toute préoccupation utilitaire. Le désintéressement
aura reparu dans mon âme et de mieux en mieux
j'en aimerai la beauté.

Par cette seconde voie, qui en son aboutissement
rejoint la première, je poursuivrai donc encore l'*adaptation progressive* de ma sensibilité à ce désintéressement, que j'admirais. Je deviendrai capable d'abandonner mes biens pour le soulagement d'autrui. La
pratique constante de la charité finira par m'y faire
trouver un agrément, qui peu à peu mettra mes tendances instinctives en harmonie avec mon idéal si
courageusement voulu. L'amour, qu'il m'inspire,
entraînera dans une *action commune* toutes les énergies de mon être, non seulement par cet appel aux
spontanéités complices ou alliées, que nous venons
de décrire, mais encore par une sorte d'intussusception, d'*assimilation réelle*, au sein d'une âme essentiellement une. A ce moment, ma cure de sensibilité
sera terminée, mon avarice sera détrônée, et, grâce
à l'équilibre rétabli entre mes tendances, j'aurais
reconquis ma liberté.

c) *Les devises.* — Alors, si je suis prudent, je fixerai
le résultat de mes réflexions, de mes résolutions et
de mes efforts en quelque devise courte et claire,
qui me servira de règle de vie. Elle sera l'expression
de mon passé et, concentrant pour ainsi dire toutes
mes énergies, elle deviendra, — n'étant plus mise
en discussion, — un axiome auquel j'en appellerai
dans les retours de passion, qu'il *faut prévoir* pour
l'avenir.

**

2. — *Education d'autrui.*

Avec plus de difficulté sans doute, mais cependant
avec une réelle efficacité, la même méthode nous
permettra d'agir sur la sensibilité d'autrui. Seulement, puisque nous ne pénétrons pas dans l'âme
de ceux qui nous entourent, nous devrons déployer
une plus grande ingéniosité afin d'en connaître les
ressources et de les mettre en œuvre.

A) *Investigation pédagogique ; observation et expérimentation.*

a) *Les assimilations spontanées.* — Il peut arriver
que mue par une confiance sincère une âme se révèle
à nous telle qu'elle se connaît. Mais souvent on se
connaît si peu soi-même, que cela ne nous avancerait
guère. Aussi, semble-t-il nécessaire d'interroger celui
qui s'ouvre à nous sur ses *goûts*, ses *sympathies spontanées*, ses *impulsions irréfléchies*, sur l'objet préféré
de ses *rêveries*, sur ses *rêves persistants*, etc... Nous
recueillerons de la sorte, par un emploi de la méthode
d'examen de conscience personnel, que nous venons
de décrire, de précieux renseignements. Toutefois,
il sera bon de les contrôler par une observation extérieure, qui sera d'ailleurs la seule possible, là où on
ne rencontrera pas une franchise parfaite.

Cette observation nous révèlera les émotions, les inclinations, les passions qui agitent autrui, si nous savons en interpréter les *signes*. En effet, « chacune d'elles, dit M. Ribot, se traduit par des gestes, des attitudes, des phénomènes organiques, que l'on a le grand tort de considérer comme secondaires, accessoires, consécutifs : étudions-les, nous substituerons ainsi à l'introspection, un procédé objectif de recherche » (1). Aussi tout est matière d'observation pour l'éducateur (2), depuis le tempérament jusqu'aux provocations les plus étrangères.

Personne n'en doute : l'*influence du corps* s'exerce principalement sur nos états sensibles (3). Des réactions inconscientes, qui s'accomplissent en lui, résultent pour la vie psychologique certaines impulsions, certaines répugnances, certaines prédispositions déterminées. Le bilieux est porté à la colère, le sanguin au plaisir, le lymphatique à la paresse, etc... L'extérieur, la tenue du corps vigoureuse ou affaissée, le geste habituel, l'expression ordinaire des traits énergiques ou détendus, la manière de parler ou de scander la phrase, l'emploi préféré de certains mots ou de certaines tournures manifestent la pression de tendances que les occasions favorables feront éclore.

Celles-ci seront donc moyens d'expérimentation. Par exemple, on annonce brusquement à un groupe d'enfants la victoire des Boers à la Tugéla : il se produit chez eux une explosion de sentiments qui trahissent leurs sympathies spontanées. Sans défiance,

---

(1) Cf. Th. Ribot, *La psychologie des sentiments*, p. 94 et 95 (Paris, 1899), où il étudie la théorie de Lange sur les émotions.

(2) Nous nous plaçons ici plus que jamais au point de vue pédagogique, car toute influence efficace sur la sensibilité d'autrui a pour but d'en faire évoluer les ressources. Or, c'est là, en premier chef, une œuvre d'éducation (*e, ducere*).

(3) Cf. F. Thomas, *La suggestion, son rôle dans l'éducation*, p. 87-98 (Paris, 1898).

l'un d'eux, parce qu'il porte un nom britannique prend parti pour l'Angleterre et déplore son échec ; pour le même motif ses camarades le raillent. Ils se réjouissent d'ailleurs du triomphe des Boers... En suivant la manifestation de ces sentiments, on peut même en étudier les nuances : l'un est heureux de la défaite et de l'affaiblissement d'un peuple voisin et concurrent..., c'est un utilitaire ; un autre sourit de la maladresse des officiers anglais et, faisant un retour sur la campagne de Madagascar, se sent rempli de fierté nationale..., c'est un émotif ; un troisième enfin applaudit à la victoire du droit sur la force et dit son enthousiasme pour l'héroïsme d'un petit peuple qui se défend de la sorte : autant d'âmes qui se découvrent.

On ne doit pourtant accepter qu'avec précaution ces résultats, si l'expérience faite est unique, car la contagion des émotions règne beaucoup dans les milieux d'écoliers. Il est donc utile, voire nécessaire, de continuer l'investigation. Nous ne contestons pas toutefois que certains actes sont si spontanés, si personnels, si caractérisés, qu'ils montrent dans l'âme, qui les produit, une qualité ou une énergie qui la marque d'une manière indélébile. Tel serait l'acte de Ruyter enfant, qui, selon la légende, boucha de son corps pendant toute une nuit la fissure d'une digue protégeant son pays contre les flots ; tel serait l'acte du petit Vincent de Paul donnant à un pauvre tout le contenu de sa bourse.

b) *Les adaptations habituelles.* — En dehors de ces cas privilégiés, il faut suivre avec un soin persévérant les *détails* de la vie de l'enfant. L'orientation de ses *désirs* laisse entrevoir ses penchants naturels et la mesure dans laquelle les diverses influences les ont développés à un moment précis ; ses *lectures préférées*

(récits de voyage, de guerre, de vie paisible), les
*sciences* ou les *arts*, dont il s'éprend, les *jeux* auxquels
il s'adonne le plus volontiers parce qu'il y excelle, etc.,
les dessins, que l'*écriture automatique* lui fait tracer
en marge de ses cahiers, font deviner avec ses attraits
du moment, les inclinations qui ont chance de se
développer chez lui. — Examinons aussi quels sentiments font vibrer son âme lorsqu'il assiste à une
*représentation théâtrale* : son héros est-il Alceste ou
Philinte, Britannicus ou Narcisse, Auguste ou Cinna ?
Quel personnage voudrait-il être lui-même dans le
roman qu'il a lu ou dans l'histoire dont il a entendu
le récit ? (1). A titre de contrôle de ces premiers
résultats, il est utile d'observer les *compagnies* que
fréquente l'enfant. Celles où il se complait, nous
montrent un reflet de son âme. L'homme, en effet,
n'est pas heureux dans un milieu auquel il n'est pas
harmonisé : un irrésistible besoin d'aise pousse ceux
qui se ressemblent à s'assembler. « Dis-moi qui tu
hantes et je te dirai qui tu es »... et aussi qui tu
deviendras, car l'influence d'un tel milieu est souverainement efficace : on verra alors l'adaptation
progresser d'une ressemblance superficielle peut-être
au début, jusqu'à la répercussion des sentiments et
jusqu'à la sympathie totale qui réalise une sorte
d'assimilation des âmes.

c) *Les aptitudes sensibles.* — Parfois cette assimilation semblera brusquée : une amitié paraît jaillir en
coup de foudre, mais en réalité elle résulte d'une
adaptation intime due à une disposition naturelle ou
à l'action inconsciente du milieu, qui prépare une
âme à répondre à telle séduction, à subir l'attrait et

---

(1) Après une représentation de ce genre, donner aux élèves une composition sur le spectacle auquel ils ont assisté et les impressions qu'ils y ont
éprouvées est un moyen fort pratique d'investigation pour connaître leur
état d'âme.

l'influence d'une autre âme, suivant ce désir et cette secrète espérance, dont parle Montaigne à propos de La Boétie : « Nous nous cherchions avant que de nous être veus » (1).

Ainsi, à travers les *sympathies spontanées* de l'enfant, et à travers les *adaptations*, auxquelles il se prête volontiers, nous pouvons arriver à découvrir quelques-unes de ces *aptitudes* foncières dont la présence permettra à une intervention habile d'orienter l'expansion de sa vie sensible.

B) *Intervention.*

1. *Conditions.* — A nous maintenant de choisir parmi ces aptitudes celle que nous voulons développer, ou plutôt que nous voulons *amener à se développer*, car les aspirations et les sentiments ne s'imposent pas du dehors. Dans la vie sensible, autant et plus qu'ailleurs, il n'est d'éducation qui vaille que celle qui se fait par le dedans et résulte de l'initiative personnelle.

*a) Les qualités.* — Mais celle-ci peut être sollicitée par une influence étrangère, qui provoquera la mise en valeur des ressources du sujet, en favorisera le progrès intime, en corrigera, s'il y a lieu, l'expansion extérieure. De la sorte, sous une intervention *discrète* afin de ne point l'effaroucher ni la révolter, *patiente* afin de pénétrer jusqu'aux sources de ses désirs, *loyale* afin d'être cordialement efficace et de l'entraîner par une sincère contagion d'émotions, *progressive* afin de s'adapter sans cesse à ses exigences croissantes, — une âme d'enfant sera conduite peu à peu vers cette hauteur de sentiments qu'on lui souhaite comme un idéal de vie sensible.

*b) Le mode.* — L'action de l'éducateur ne sera donc

---

(1) Cf. *Essais*, liv. I, ch. XXVII, p. 153, édit. Leclère (Paris, 1872).

qu'indirecte et pour réussir dans sa tâche extrêmement délicate il lui faudra joindre à une clairvoyance sûre une grande souplesse de conception, une ingéniosité jamais à court d'inventions. S'il importe au premier chef, en effet, de découvrir dans une âme l'aptitude, dont le développement détruira les mauvaises tendances actuellement dominantes, cela ne suffit pas. Cette aptitude, en effet, n'évolue point par ordre et les enthousiasmes factices, les admirations de commande, que l'on pense suggérer parfois, ne font qu'effleurer l'âme. C'est au contraire le jaillissement d'une émotion venue du cœur de l'enfant qu'il faut susciter, tout en respectant sa spontanéité. Or, dans la pratique, une telle entreprise pour être menée à bien réclame un tact exquis et un dévouement que rien ne rebute.

*c) Le rôle.* — D'autre part, puisque dans la réalité, l'éducateur réfléchit et agit en lieu et place de l'enfant, incapable de le faire lui-même, c'est à lui qu'incombe *le choix de l'idéal*, vers lequel il doit orienter l'âme confiée à ses soins. Mais cet idéal, pour avoir chance d'entraîner la spontanéité de l'enfant doit être en harmonie avec les aptitudes de ce dernier. L'examen préalable les a fait connaître.

Entre elles donc le maître fera une sélection. Il s'efforcera de faire périr les unes par inanition en écartant les idées et les images qui les suscitent, en supprimant les exercices qui les développeraient. Quant aux autres, il aura à cœur de les aviver sans cesse. Comment agir ainsi sur les sentiments et les inclinations ?

Nul n'ignore la puissance de l'idée surtout quand elle s'entoure d'images vives, concrètes et par là séduisantes. Elle captive l'attention, se maintient ainsi dans la conscience, provoque autour d'elle une cristallisation d'états internes, qui la renforcent. Peu à peu

elle devient dominatrice et ruine au profit des ten
dances, qu'elle favorise, toutes les autres tendances.

Sa prépondérance est encore accentuée par l'action.
Celle-ci, en effet, rend l'idée vivante, précise les
moyens de la réaliser, facilite par l'exercice la reproduction des émotions et des élans d'âme, que l'on veut
cultiver.

Mais ces deux moyens d'influence, *suggestion* et
*action*, doivent être employés avec discernement.
Deux enfants également peureux ne se guériront pas
de la même manière parce que jamais leur mal ne
vient des mêmes causes. Et s'il est possible de déterminer quelques remèdes généralement efficaces contre
la peur, le mode et la mesure de leur emploi réclament
tout l'art du psychologue.

### 2. *Exécution.*

Comment donc promouvoir le progrès d'une aptitude que l'on a choisie comme instrument d'éducation
sensible ? En la faisant vivre dans une atmosphère
favorable à son éclosion.

Mais comment composer cette atmosphère ? — En
utilisant les données de l'examen préalable, qui nous
a révélé non seulement les tendances du sujet, mais
encore les influences qui ont prise sur elles. Grâce à ces
indications, nous pourrons aller à notre but par une
double voie négative et positive.

§ 1. *Œuvre de déblai.* — Si par malheur le vice s'est
déjà implanté dans une âme d'enfant, il faut d'abord
travailler à le déraciner.

a) *Dissoudre les cristallisations vicieuses.* — En cette
vue on tentera d'éclairer la volonté par un appel à la
conscience morale. Il est vrai que la réprimande est
souvent impuissante au moment où règne la passion.
Cependant, tout n'est point perdu pour cela, car les

sages considérations méprisées aujourd'hui reviendront peut-être en la mémoire aux heures où la fatigue, la désillusion et le dégoût desserront l'emprise du désir. Alors elles auront chance d'être écoutées.

En attendant ce revirement, il est nécessaire de dissoudre, autant que faire se peut, les cristallisations d'états internes, qui prêtent leurs charmes trompeurs aux tendances mauvaises. On y travaillera en associant un sentiment de honte et de peine à la notion des actes répréhensibles. La *punition* y pourvoira. Elle empêche l'activité de l'âme de se mal aiguiller et, par là, elle l'économise. Elle remplit certes un rôle qui, pour être négatif, ne manque pas d'importance. Mais la punition positive, celle qui amène le coupable à reconnaître sa faute et à poser lui-même des actions qui la réparent, nous semble d'une bien autre valeur éducative. Elle conduit par la pratique d'actes vertueux vers la possession de la vertu elle-même.

b) *Ecarter les suggestions malsaines.* — Conjointement à ces premiers efforts, la prudence commande d'écarter du milieu, où vit l'enfant, tout ce qui serait cause efficace de suggestions malsaines. Il faut donc bannir les tableaux, les livres, les conversations, les compagnies, dont l'influence tiendrait en éveil ses mauvais penchants. Le même souci attirera l'attention sur la tenue extérieure de son corps aussi bien que sur la tenue intérieure de ses imaginations et de ses affections. Enfin, par une sévère hygiène sensible, on s'ingéniera à nourrir son esprit de considérations sensées et de donner à son cœur des attachements honnêtes afin que les objets des passions y trouvent la place déjà prise.

c) *Dériver l'activité.* — Mais cette œuvre de correction et de prévoyance, qui a pour but de supprimer les obstacles au développement de l'aptitude élue par l'éducateur, ne s'achève en fait que par l'accroissement de celle-ci (1). A ce travail de dérivation d'activité doit s'attacher notre principal effort. Il sera couronné de succès grâce à notre méthode d'action efficace.

§ 2. *Œuvre positive.* — Puisque nous savons sous quelles influences s'émeut la sensibilité de notre sujet, il nous appartient de l'éveiller à notre gré et d'en diriger le progrès.

a) *Une atmosphère de sentiments élevés.* — Les études littéraires nous offrent ici un excellent moyen d'éducation. Parmi tous les nobles sentiments, que les poètes ont exprimés, il en est en effet qui, d'une part, correspondent aux aptitudes de celui qu'il s'agit de former et, d'autre part, peuvent lui apparaître comme une expression séduisante de l'idéal vers lequel on veut l'acheminer. C'est sur eux qu'il faut attirer son attention. On s'efforcera donc de les lui faire comprendre, estimer, aimer, voire même éprouver. Car ce n'est pas impunément qu'une âme de jeune homme vivra dans une atmosphère d'aspirations élevées, qu'elle aura vibré à l'unisson de l'héroïsme d'un Rodrigue ou d'un Polyeucte, qu'elle aura été ravie d'admiration en face d'un tableau de maître... Non, quelque chose de l'activité déployée en ces moments d'extase est resté en lui, ne serait-ce qu'une adaptation plus accentuée, une disposition à reproduire plus facilement ces grands élans de cœur, qui créent les grandes pensées comme les grands dévouements.

b) *La puissance de l'exemple aimé.* — Incompara-

---

(1) Nous avons déjà fait ressortir, surtout livre premier, ch. I et livre second, ch. IV, que la richesse de notre fonds psychologique étant limitée, l'exaltation de l'une de nos énergies abaisse d'autant l'activité des autres, et que par ailleurs aucun fait de conscience ne se supprime par l'action directe, mais seulement s'évanouit lorsqu'une action indirecte a suscité l'épanouissement d'un autre fait de conscience, qui lui soutire en quelque sorte la force psychique qui l'animait.

blement plus efficaces encore seront les sentiments de l'éducateur lui-même : ils s'offrent à l'élève avec toute l'intensité de la vie... et alors l'émotion se propage à l'instar d'un fluide électrique. Lacordaire avait senti ce frisson que l'auditoire semble communiquer en retour à l'orateur qui l'émeut et il en témoignait : « Il est impossible à une âme de subir sans tressaillements le souffle d'une autre âme » (1). Cela est vrai surtout quand les âmes en rapport s'estiment ou s'aiment, car alors grâce à cette sympathie l'imitation devient spontanée (2), et l'adaptation progresse avec une rapidité étonnante jusqu'à l'assimilation parfaite à l'idéal, jusqu'à la pleine éclosion de la vertu. Heureux les éducateurs qui, à la façon de Socrate, peuvent dire qu'ils ont la science d'aimer. Eux seuls formeront leurs disciples à leur image... à condition toutefois qu'ils sachent toucher les âmes sans les froisser, c'est-à-dire à condition qu'ils sachent les faire passer par les étapes que fixe une méthode d'influence efficace : mettre en jeu une aptitude reconnue dans l'âme du jeune homme ; la développer par des exercices adaptés afin de le conduire ainsi à la réalisation de la vertu qu'on lui a fait aimer.

c) *Maximes directrices*. — Pour conserver le fruit de tout ce travail, il sera bon ici encore de l'exprimer en une formule précise qui maintiendra sous le regard de l'âme l'idéal de vie sensible, auquel elle s'est attachée « *Potius mori quam foedari* », maxime qui condense l'effort passé et aux heures de trouble garantira la persévérance.

De cette marche progressive vers des sentiments élevés, qu'il nous soit permis de citer plusieurs exemples vécus, dont nous avons été témoins :

---

(1) Cf. *Pensées choisies*, édit. Chocarne, t. II, p. 168 (Paris, 1892).
(2) Cf. TARDE, *Les lois de l'imitation*, p. 16 et 95 (Paris, 1895).

H. D... était un élève de mine peu avenante, pâle, jaune de teint, presque une façon de mulâtre. Il avait des muscles puissants. Grand amateur de sports, il y voulait tout diriger avec un orgueil qui le rendait brutal à l'égard de quiconque lui résistait. Insubordonné, ne reculant devant aucune plaisanterie méchante, la terreur des surveillants. Sa compagnie habituelle était celle des élèves remuants et frondeurs. Cependant, il manifestait son estime pour quelques-uns de ses meilleurs condisciples, dont l'intelligence lui en imposait et dont il aimait la franche liberté à son égard lorsqu'ils lui faisaient des reproches. Au fond il eût voulu leur ressembler. Ce fut la ressource de ce caractère. Il était urgent d'orienter vers un but élevé cette activité qui devenait plus intolérante avec l'âge. Un professeur qui sut gagner la confiance de ce jeune homme et qui avait deviné son secret désir de ressembler aux meilleurs de ses camarades, l'amena à se transformer en moins d'une année. Il aviva autant qu'il put ce désir. Alors, par point d'honneur au commencement, puis peu à peu par esprit de discipline, H. D... dompta la violence de ses emportements en même temps qu'il cherchait une diversion nécessaire dans l'exercice physique et dans le travail intellectuel. Quelques succès l'encouragèrent ; il devint un passionné des études philosophiques. A partir de ce moment, il fut maître de lui-même : une porte était ouverte par laquelle les vertus de calme et de tempérance entrèrent dans son âme, qui conserva toujours sa marque d'extraordinaire énergie. Depuis, officier d'infanterie coloniale, il s'est fait un idéal d'honneur et de bravoure, auquel sa brillante conduite a plusieurs fois montré qu'il était fidèle. Sa vaillance ne s'est point démentie durant la grande guerre et l'a élevée aux grades supérieurs de son arme.

P. V... était le sanguin parfait, vif et sémillant, mobile et volage à l'excès ; toujours plein de bonnes résolutions, qu'il était incapable de tenir. Ardent, boute-entrain de sa petite société, où tout le monde l'aimait, il était toujours à l'affût d'une espièglerie. Enfant terrible dans le sens du mot le plus désagréable pour ses parents, ceux-ci se résolurent à le mettre au régime d'un pensionnat. Dès les premiers jours, il s'y révélait tout entier : colère, violent mais regrettant vite sa faute. Cœur noble par ailleurs et de très bons sentiments. C'est par là que le prit un de ses maîtres. Pour l'amour de sa mère, l'enfant accepta de travailler pendant un seul jour. Son professeur l'attendait à ce premier effort et sut en profiter. Certes, le devoir ne valait rien, mais il attira cependant à son auteur une discrète et publique félicitation. P. V... l'a raconté depuis, à ce moment-là, il se sentit « autre qu'auparavant et capable de sortir de la catégorie des cancres », c'est son mot. Il fit le devoir suivant avec une ardeur extraordinaire et osa même annoncer à son maître en lui remettant sa copie de version latine, qu'il croyait avoir très bien fait... Or, la traduction était absurde. Un autre aurait peut-être blâmé le pauvre enfant, qui se serait à jamais dégoûté de l'effort, le maître trouva à louer dans ce travail... Les choses allèrent ainsi pendant un mois, au bout duquel l'élève reçut une récompense et une excellente note. Ses compositions ne valaient guère mieux, mais l'amour du travail naissait en lui et avec le travail disparurent peu à peu tous les défauts de caractère et de sensibilité. La transformation fut telle qu'à la fin de l'année les parents firent cesser la « peine » de la pension, car c'en était une. Ainsi profitant des connaissances que lui avait livré son observation, le maître avait su faire jouer un des ressorts cachés de l'âme de son élève. Après avoir

amorcé l'activité de celui-ci en faveur d'une assimilation facile, il avait accentué par l'idée et par l'action
une prédisposition, une *aptitude* qui s'ignorait elle-
même ; puis, au prix de quelques éloges, il l'avait
développée en l'*adaptant progressivement* à l'idéal,
qu'il avait conçu pour son élève et l'avait conduit
suivant la loi d'*assimilation conquérante,* jusqu'à son
but : éveiller en cette âme l'amour du travail et
le sentiment du devoir.

**

3. — *Influence sur une foule.*

Ce que l'on peut faire pour les individus, on peut
le tenter également pour les foules. Celles-ci, en effet,
sont avant tout des *êtres de sensibilité.* Elles en manifestent jusqu'à la folie l'exaltation et l'irréflexion. Qui
donc veut agir sur elle doit être à même de faire à
chaque instant leur psychologie (1).

A) *Psychologie de sa sensibilité.* — Une foule n'est
pas une multiplicité d'individus sans relations entre
eux, c'est un être collectif : elle se constitue dès qu'une
circonstance synthétise plusieurs âmes autour d'une
même idée, les captive en vue d'un seul but et surtout
les soulève par une émotion unique (2).

a) *Ses dispositions actuelles.* — Intolérante et brutale, elle dévoile ses sentiments sans aucune retenue :
ses cris, ses chants trahissent aussitôt ses colères et
ses enthousiasmes. Elle va souvent aux excès, car ses
émotions ne durent qu'à condition de s'exalter sans

---

(1) Cf. Le Bon, *Psychologie des foules,* p. 155-160 (Paris, 1899).
(2) Cf. Sc. Sighele, *La foule criminelle,* 2ᵉ partie, ch. III, p. 218 et suiv.,
où il distingue la foule (cohésion physique) d'avec le public (cohésion mentale) (Paris, 1901).

cesse, selon le mot d'Enrico Ferri elle est « en fermentation psychologique ». Perdu dans l'entraînement
général, l'individu alors ne réfrène plus ses instincts.
C'est le règne d'une tyrannie anonyme et irresponsable. Ni raison, ni sagesse ne prévaut ; la contagion
des états sensibles est souveraine.

La psychologie nous enseigne que si deux personnes
éprouvent les mêmes sentiments et se les commu-
niquent, non seulement une sympathie mutuelle rapproche les deux âmes et supprime peu à peu les dis-
tances qui les séparent encore, mais le ton de leurs
sentiments s'élève très vite. Corneille a bien réalisé
cette observation dans une scène de Polyeucte.
Emporté par l'ardeur de sa foi, Polyeucte va courir
au temple afin d'y renverser les idoles. Néarque plus
calme cherche à le retenir, mais au fond de son âme
il éprouve les mêmes aspirations. En vain essaie-t-il
de les dominer c'est lui-même qui est vaincu, et chaque
entrecroisement de répliques entre les deux amis
marque un degré de plus dans l'exaltation de l'enthousiasme religieux. Ils en arrivent à l'action et d'un
commun élan volent à la mort. Voilà en petit ce qui
se passe dans la foule... Les plus calmes se grisent et
deviennent des héros ou des malfaiteurs : ils sont
entraînés à des actes, dont ils ne se seraient pas crus
capables. Au début, ils crient peut-être pour faire
comme tout le monde..., à la fin ils sont convaincus...,
et une fois de plus toute la gent moutonnière, inhabile
à se conduire faute d'idées nettes, se laisse mener par
les violents.

Ils savent bien cette influence irrésistible du milieu,
ceux qui organisent les émeutes en lançant des fanatiques, de « grande puissance suggestive » (1) pour

---

(1) Cf. LE BON, *ibid.*, p. 106.

mettre la foule en ébullition, — tout comme au théâtre on organise la claque pour échauffer l'admiration des spectateurs. La foule, qui leur est déjà favorable, ou du moins qui n'est pas en défiance, suit avec une spontanéité remarquable ces chefs improvisés. Parfois cependant, elle se reprend et ses retours sont terribles : une seule faute du meneur peut changer en colère l'enthousiasme qu'il avait soulevé : c'est la mobilité d'une sensibilité en délire.

b) *Ses préférences instinctives.* — Il est donc facile de saisir « à la surface » l'état d'âme de la foule à un moment donné, mais cette indication n'est que de surface ; elle ne suffit pas à baser une induction sérieuse. Il faut arriver à connaître les sources inconscientes ou physiologiques de ces sensibilités, les sentiments profonds et habituels, dont ces circonstances ne nous montrent qu'une manifestation. Les foules comme les individus ont, en effet, leur tempérament et la foule parisienne diffère de la foule bretonne ou flamande et plus encore de la foule russe ou anglaise. M. G. Le Bon en cite des exemples frappants. Lors de l'échec de nos troupes à Langson, l'émotion fut si vive en France que le ministère en fut renversé ; à peu près à la même époque le désastre beaucoup plus grave de Kartoum ne porta nulle atteinte à la considération du gouvernement anglais (1). Dans les congrès internationaux la discorde règne toujours entre socialistes : les idées générales, les buts sont identiques, mais pour les réaliser, les « latins » font toujours appel à l'État, les « anglo-saxons » à l'initiative individuelle (2).

c) *Ses aspirations profondes.* — Il y a donc un fonds de tendances qui ne change guère et caractérise une foule. C'est pour cela que certains mots font toujours

---

(1) Cf. Le Bon, *ibid.*, p. 27.
(2) *Ibid.*, p. 145.

fortune chez nous : ils éveillent des sentiments auxquels sont prédisposées toutes les âmes françaises. Il est de même façon des préjugés qu'il ne faut pas heurter sous peine de déchaîner la tempête. Enfin, parmi le peuple des malheureux, règne au dire d'Auguste Comte cet « état de rage chronique » (1), qui, à certains moments, leur fait éprouver le besoin de s'en prendre à quelqu'un ou à quelque chose.

L'observation patiente des amours de la foule, de ses haines, des passions, que très souvent elle manifeste, des sentiments auxquels est généralement sympathique l'âme populaire, nous fera connaître peu à peu ses ressources sensibles, c'est-à-dire ses aspirations et ses désirs en une région et à une époque déterminé.

La facilité avec laquelle elle adopte certains sentiments, *s'assimile* à l'état d'âme de ceux qui s'adressent à elle, *s'adapte progressivement* à leurs opinions, *réagit* d'une manière assez habituelle sous leurs excitations ou leurs injures aussi bien que les soubresauts, dont l'histoire a gardé le souvenir, nous font entrevoir quelque chose de leur personnage inconscient, de leurs sympathies et antipathies instinctives et par là des *aptitudes profondes*, des prédispositions latentes, des ressorts, sur lesquels doit agir une intervention qui veut être efficace.

B) *Action.* — Muni de ces renseignements et sachant d'ailleurs les souhaits et les souffrances intimes de ceux à qui il s'adresse, un orateur par exemple, après avoir constaté le degré d'exaltation de la salle déjà préparée par les chants de ses fidèles, saura comment aborder son auditoire. Ce premier contact est très important.

---

(1) Cf. Sc. SIGHELE, ouv. cité, 1ʳᵉ p., ch. II, p. 88.

a) *Se mettre au point.* — Rien de plus faux et de plus navrant qu'un désaccord entre l'âme de l'orateur et celle de la foule. En une grande réunion publique, à laquelle j'assistai, l'énervement était extrême, l'émotion vive, tout cri vibrant provoquait de frénétiques enthousiasmes. Un Démosthène eut triomphé avec un de ses exordes *ex abrupto...* Mais non... l'orateur vénéré et estimé de tous entame un début insinuant, inutile, déplacé, qui suscite des murmures et des protestations..., puis ses paroles coulent à l'infini tombant en douche d'eau glacée sur les ardeurs de tous : c'était une vraie souffrance... et la foule s'en alla tristement : si l'on avait rêvé d'éteindre ses généreux sentiments, on n'eût pu mieux faire. L'orateur n'avait point su s'adapter.

b) *Orientation par adaptations progressives.* — Pour entraîner une foule, en effet, il faut avant tout être *en sympathie* avec elle, en épouser les sentiments ou du moins de « feindre de les partager, puis tenter de les modifier en provoquant au moyen d'associations rudimentaires certaines images bien suggestives ; savoir revenir au besoin sur ses pas ; deviner à chaque instant les sentiments qu'on fait naître » (1). Celui qui parle doit être comme l'écho de toutes les aspirations indécises et vagues de son auditoire, auquel il les renvoie sous une forme précise et vibrante. Outre le prestige (2), qui le fera suivre de confiance, il doit posséder l'art de dire le mot qui va au cœur de ceux qui l'écoutent. Cela suppose qu'il connaît leur état d'âme actuel ou plutôt qu'il le sent dans toute sa vivacité. A ce prix, une seule parole, une inflexion de voix, un cri vraiment ému auront plus d'influence que

---

(1) Cf. LE BON, ouv. cité, p. 101.
(2) *Ibid.*, p. 119.

mille raisons excellentes. Un courant de sympathie s'établira entre la foule et l'orateur ; alors celui-ci, s'il est habile, adaptera progressivement ses auditeurs aux sentiments qu'il veut éveiller en eux. Mais il faut que lui-même domine ses émotions. Des orateurs oublient les expressions prudentes qu'ils avaient préparées, et, emportés malgré eux par l'ardeur de la salle, s'exaltent et traduisent des sentiments d'une violence et d'une injustice extrême. L'âme collective semble vibrer en eux et en ces instants leur triomphe tient du délire : la foule est électrisée.

Là cependant n'est pas le but de leur discours. Quand on parle au peuple, c'est pour l'éclairer et le conduire : le meneur doit diriger. Une grande maîtrise de soi en même temps qu'une grande adresse lui sont nécessaires pour y réussir, car la foule a vaguement conscience de sa force ; elle veut bien être guidée, elle ne veut pas qu'on lui commande. Aussi est-ce indirectement qu'on aura prise sur elle : après avoir éveillé une émotion à laquelle on la savait prédisposée, il faut présenter à son activité des images et des objets attrayants, qui captivent son attention et de proche en proche la conduisent au but que l'on poursuit.

Alors se réalise l'*acte commun*, qui est le signe de l'influence efficace : il se crée une communauté de vie sensible, dont l'orateur oriente à son gré l'expansion. Telle est l'*assimilation* finale qu'un homme de tact et de talent peut obtenir *progressivement* en utilisant les *aptitudes* de ceux qui l'entourent.

c) *Formules-programmes.* — Enfin, pour que les sentiments ainsi éveillés persistent et que se fasse l'éducation du peuple, il faut graver en son esprit des sentences qui revêtent l'aspect d'articles de foi parce qu'elles traduisent ses aspirations vers le bien et la justice. C'est pourquoi ceux qui souhaitent exercer sur la foule une action durable, cherchent à trouver des mots qui sont en eux-mêmes tout un programme : Justice, Égalité ; France d'abord, etc...

A force de les entendre dans les réunions publiques, et de les lire en grosses lettres sur les affiches, l'âme populaire les adopte et ne permet plus qu'on les discute. Aussi, ces formules, surtout quand elles sont brèves et imagées, acquièrent toute la puissance directrice d'un idéal passionnément aimé.

# CHAPITRE IV

## MÉTHODE D'INFLUENCE EFFICACE
## DANS LA VIE INTELLECTUELLE

Sommaire. — I. Théorie. — 1. Le progrès en trois étapes. — 2. Possibilité d'influence.

II. Applications. — 1. *Formation personnelle.* — *A)* Examen de conscience intellectuel : faire le point ; moyens pratiques : assimilations, adaptations, aptitudes. — § 1. Dans le domaine de la *connaissance sensible* : *a)* la distance de l'idéal ; *b)* les courants d'images ; *c)* les prédispositions. — § 2. Dans le domaine de la *connaissance rationnelle* : *a)* les idées favorites ; *b)* l'orientation de l'esprit ; *c)* la caractéristique intellectuelle. — *B)* Développment et correction : — § 1. Choix d'un idéal possible. — § 2. Mise en valeur : *a)* des aptitudes à la *connaissance sensible* : A. le milieu externe et interne ; B. l'exercice adapté ; c. l'orientation et la correction ; — *b)* des aptitudes à la *connaissance rationnelle* : A. l'utilisation des richesses en images ; B. l'effort éclairé et les corrections ; c. la pensée patiente.

2. *Éducation d'autrui.* — *A)* Pour le comprendre : observation et expérimentation. — § 1. Dans le domaine de la *connaissance sensible* : *a)* le ton et la tournure de l'attention spontanée ; *b)* la marque individuelle des adaptations ; *c)* le type imaginatif. — § 2. Dans le domaine de la *connaissance rationnelle* : *a)* l'organisation mentale ; *b)* les élaborations et réactions caractéristiques ; *c)* le type intellectuel. — *B)* Pour promouvoir le progrès. — § 1. Choix d'un idéal adapté. — § 2. Intervention : *A.* Dans le domaine de la *connaissance sensible* : A. le milieu ; B. la pratique ; c. l'appel à la curiosité. — *B.* Dans le domaine de la *connaissance rationnelle* : *a)* œuvre négative ; *b)* œuvre positive : A. la nécessité de saisir l'attention ; B. la fécondité de l'effort personnel ; c. l'orientation définitive.

3. *Action sur une foule.* — *A )* Investigation ; moyens de découvrir : *a)* ses conceptions actuelles ; *b)* l'orientation de son activité connaissante ; *c)* ses convictions indéracinables. — *B)* Intervention : conditions de succès : *a)* manière de prendre contact ; — *b)* moyens d'entraînement par adaptations progressives : A. le milieu ; B. les procédés oratoires ; — *c)* formation de notions directrices : A. la répétition ; B. la pratique ; c. les résultats et les limites.

I. — Théorie.

Notre intervention pourrait-elle en quelque mesure promouvoir la vie de l'esprit ? Nous le pensons, car les phénomènes intellectuels obéissent *à des lois* qui semblent favoriser d'une manière spéciale l'usage de notre double méthode d'investigation et d'action.

Pour nous en convaincre, il suffit de rappeler ici en une courte synthèse, — éclairée par nos conclusions sur la *loi*, le *mode* et les *exigences* de l'influence efficace, — les résultats de notre étude analytique (1).

1. *Le progrès en trois étapes.* — Au dire des physiologistes, l'impression organique est le prolongement ou plus exactement l'écho du mouvement extérieur : les cônes et bâtonnets de la rétine ou les fibres de Corti vibrent à l'unisson des excitations physiques, qui les entraînent à l'*acte commun en partie double* que nous avons décrit plus haut (2). C'est une première *assimilation* ; d'ordinaire elle est suivie d'une accommodation ou *adaptation* pour mieux recevoir l'influence extérieure ; enfin, *selon son degré d'harmonie* avec nos tendances corporelles, elle provoque en l'âme un contre-coup agréable ou pénible : la sensation.

Mise en éveil par cette dernière, l'âme réagit et désire se rendre compte du phénomène qui se passe chez elle, puis par son intermédiaire de la cause qui le provoque. Pour cela elle *s'adapte* à l'impression reçue : c'est le fait de l'attention spontanée. Alors se forme une représentation mentale de l'objet, représentation bien imparfaite sans doute, mais exacte au

---

(1) Dans le livre premier (ch. II, III, IV, V), nous avons montré que toute influence se fait par voie d'*assimilation conquérante* ; ici, nous constatons que cette assimilation se réalise par *adaptation progressive* grâce à des *aptitudes déterminées*. Nous marquons les conditions de cette marche parce que leur connaissance seule nous permet d'entreprendre une action efficace sur l'évolution de la vie intellectuelle.

(2) Cf. *supra*, livre second, ch. VI.

18

moins en un point : l'objet est une cause, une force
semblable à ma causalité à laquelle il s'oppose, tout en
l'entraînant dans son action. En effet, si nous ne
savons pas comment se fait en l'âme ce retentissement
de l'extérieur, qui aboutit à l'éclosion d'une image,
nous savons du moins qu'il y a là une influence étrangère qui pèse sur nous. Une action réciproque existe
donc. Or, une telle action exige que l'agent et le
patient (1) obéissent à une loi identique, ce qui suppose
en eux une même *aptitude* à réaliser « l'acte commun
du sensible et du sentant », d'où naîtra une première
image.

Celle-ci, grâce aux expériences qui permettent de
contrôler les unes par les autres nos données sensibles,
se perfectionnera au moyen de corrections progressives. Elle s'*adaptera* de mieux en mieux à la réalité,
qu'elle représente, par un effort continu vers cette
*assimilation*, dont les anciens exprimaient la possibilité dans cette formule : « L'âme est en puissance
semblable à tout le connaissable ». L'influence de l'objet
sur le sujet se ramène en effet à la mise en valeur dans
un acte commun d'*aptitudes complices ou parentes* (2).
C'est pourquoi nous pouvons avancer que, — si notre
interprétation spontanée attribue aux agents extérieurs les lois de nos états psychologiques (3), — après
étude nous devons reconnaître que cette interprétation n'est point appuyée sur une base purement
subjective. Elle se trouve au contraire légitimée par
les exigences de l'action réciproque : en dehors de
toute construction métaphysique, nous savons que les
substances extérieures dans leurs relations avec nous

---

(1) Cf. *supra*, livre second, ch. VI.
(2) *Ibid.*
(3) Cf. *supra*, livre premier, ch. V.

sont nécessairement — en ce point de relation — soumises aux mêmes lois que nous.

Cette assimilation connaissante ne s'achève pas sans développer l'*aptitude* qui l'a rendue possible. Or, l'aptitude plus spéciale à reproduire telle ou telle image constitue la faculté de rémémoration. Celle-ci entre en exercice sous l'influence du milieu psychologique, qui restaure par suggestion de ressemblance (1), l'image tombée dans l'oubli. Mais cette image ne reparaît pas aussitôt avec sa netteté d'autrefois ; elle se reforme peu à peu et le souvenir n'est complet que, quand, par une série d'*adaptations progressives*, la représentation présente arrive à restituer intégralement la représentation du moi passé.

En fait, une telle résurrection est rare dans notre esprit. Essentiellement actif, il travaille ses acquisitions et les perfectionne par des associations nouvelles ou des constructions imaginaires. Or, tous ces phénomènes s'accomplissent suivant le mode que nous avons exposé. Les images ne s'associent et ne s'élaborent en combinaisons plus parfaites que sous certaines conditions : il faut qu'il y ait entre elles des points de ressemblance ; il faut encore que l'esprit possède une *aptitude* spéciale à s'apercevoir de leur parenté, sans cela il n'invente et ne crée rien. Puis le progrès de ces œuvres intérieures se poursuit lentement par *adaptations* successives. Les divers éléments psychologiques utiles à la représentation de l'idéal ou à la solution du problème viennent pour ainsi dire se cristalliser autour de la « pensée patiente » de l'artiste ou du savant. Peu à peu les détails se précisent, les questions s'éclaircissent, tandis que d'autre part l'esprit devient plus capable de saisir les difficultés afin de les résoudre.

_____

(1) Cf. *supra*, livre premier, ch. III.

Et tout cela s'opère en vue d'une *assimilation* à l'idéal, c'est-à-dire de sa réalisation en une découverte ou en un poème par lesquels le génie semble pénétrer dans les âmes ou dans les choses, s'y unir, leur devenir semblable, les connaître comme il se connaît lui-même et nous en révéler les mystères.

En face des nombreuses images que lui offrent les facultés sensibles, la raison procède toujours d'une manière analogue. Elle ramène à l'unité les notions particulières en les assimilant les unes aux autres et toutes à un concept commun. Mais si tous les hommes sont capables de telles réductions, si tous ont les *aptitudes* nécessaires pour cela, tous n'arrivent pas à les réaliser avec une égale netteté et une égale promptitude. Il y a là une *adaptation* progressive à remarquer. L'enfant n'a qu'une connaissance pratique et bien vague des principes premiers tandis que les métaphysiciens en ont une vue théorique et autrement féconde.

Plus lents encore et jamais définitifs apparaissent les progrès de la connaissance scientifique. Ils s'accomplissent par la multiplication des jugements. Or, le jugement n'est autre chose que l'affirmation d'une identité partielle ou totale entre les diverses idées que l'esprit possède. Il est le résultat d'un travail d'analyse parfois poursuivi bien longtemps. Par l'analyse, en effet, l'esprit met en lumière des points de ressemblance qui rapprochent les données d'un problème jusqu'à ce qu'il les réunisse enfin dans une intuition unique ; il *assimile* alors l'inconnu au connu, ce qui est le but de toute explication.

La raison est donc une faculté unifiante opérant une synthèse ou *assimilation*. Mais elle-même n'avance vers ce but que par une série de progrès plus ou moins rapides suivant les *aptitudes* qu'elle possède. Il y a des degrés dans l'acuité des regards de l'âme et le même rayon de lumière n'affecte pas de même façon tous les esprits : ce qui n'impressionne pas le poète peut, chez le mathématicien, provoquer un élan vers la recherche d'une solution. Tout cela dépend de l'orientation de l'activité intellectuelle, que dirige l'attention dont le concours (1) est nécessaire pour réaliser l'*assimilation* que poursuit toute connaissance rationnelle.

En résumé, nous constatons que le progrès de la vie connaissante se marque toujours par trois étapes : un éveil d'aptitudes, leur développement grâce à des adaptations favorables, jusqu'à la conquête de la solution ou de la science cherchée, ce qui est l'assimilation de l'esprit à son idéal.

2. *Possibilité d'influence.* — Ce sont les trois moments où doit intervenir quiconque veut diriger son évolution intellectuelle ou celle des autres. — Mais une intervention, pour être féconde, suppose des lumières sur l'état actuel de son sujet, sur ses énergies en réserve et sur les moyens de les exciter. — En conséquence, à qui entreprend cette œuvre d'investigation et d'action notre double méthode est d'une incontestable utilité.


II. — Applications

1. — *Formation personnelle.*

A) *Examen de conscience intellectuel : faire le point.* — Si nous voulons travailler à la formation de notre esprit, il nous importe avant tout de le connaître tel qu'il est actuellement. Comment donc pourrons-nous, à la manière des navigateurs, faire le point afin de savoir à *quelle distance* nous sommes de l'idéal de sagesse, type de la vertu intellectuelle dont nous poursuivons l'acquisition ; — afin de savoir, par

---

(1) Cf. *supra*, livre premier, ch. III.

*quels courants d'images et d'idées,* vu nos dispositions, nous serions facilement entraînés ; — afin de savoir quels sont *nos moyens* de coopérer à cette poussée profonde ou de lutter contre elle, si nous jugeons qu'elle nous emporterait à la dérive ? — Nous n'avons qu'une méthode pour cela : observer scrupuleusement les opérations et les tendances de notre vie connaissante.

B) *Moyens pratiques* : § 1. *Dans le domaine de la connaissance sensible* : a) *la distance de l'idéal.* — Ici, comme dans la vie de sensibilité, nous remarquerons peutêtre des faits, qui nous apporteront la brusque révélation d'aptitudes impérieuses quoique encore latentes en notre âme. Ainsi, suivant la légende, La Fontaine se serait soudain reconnu poète en entendant déclamer une ode de Malherbe. — Mais, d'ordinaire, les choses ne vont pas si vite, et l'étude détaillée de nos propensions intellectuelles est nécessaire pour découvrir l'orientation profonde de notre esprit.

La faculté, qui semble entrer en jeu tout d'abord, celle qui enveloppe toutes les autres et à travers laquelle passent pour ainsi dire toutes les sollicitations, qui leur parviennent, est la sensibilité. Suivant le degré d'harmonie ou de désaccord entre l'âme et les actions à elle imposées, surgit un plaisir ou une douleur. Ces phénomènes, à leur tour, provoquent un attrait ou une répulsion pour l'action accomplie. En tout cela nous avons découvert les *souhaits inconscients* ou les *répugnances irraisonnées* de notre activité. Or, la sensibilité conduit l'intelligence comme par la main surtout en ce qui concerne la connaissance expérimentale. Si donc j'éprouve un goût prononcé pour tel travail, je conclurai qu'il existe une correspondance entre l'action, qu'il requiert, et mes dispositions intellectuelles.

Comment ce manifeste cet attrait ? — Par mes

phénomènes d'attention spontanée. En dehors de toute pression volontaire, l'attention en effet laisse voir des préférences. Elle se prend à fixer l'esprit par exemple sur certaines couleurs et certains sons, dont il arrive par là à distinguer toutes les nuances ; couleurs et sons, auxquels les sens s'adaptent d'une façon merveilleuse. Pourquoi ? — Parce qu'ils y sont préparés par une prédisposition naturelle, que trahit cette facilité d'action. Le premier renseignement que me donnera l'examen de mon attention spontanée, me fera donc connaître quel est celui de mes sens qui prime les autres en délicatesse. Suis-je un *visuel* ou un *auditif* ? Cette observation sera confirmée par la promptitude avec laquelle je me souviens soit des *images colorées*, soit des *images sonores*. Car, si ma mémoire les retient mieux et les ravive plus facilement, c'est qu'elles ont fait en moi une impression plus profonde. Ensuite, comme elles se représentent d'elles-mêmes à ma pensée, elles deviennent la matière de *métaphores favorites*, à travers lesquelles je puis entrevoir déjà avec les aptitudes de ma mémoire, la composition de mon *imagerie mentale*.

J'en obtiendrai une connaissance plus précise encore par l'étude de la façon dont se suggèrent chez moi les états de conscience. Que j'observe le jeu de l'association d'idées pendant mes *rêves* de la nuit ; — leur tournure triste ou gaie, les situations pénibles où ils me placent, ainsi que les interminables discussions philosophiques où ils m'engagent, m'indiqueront les préoccupations qui, refoulées peut-être par la nécessité du travail pendant le jour, ne sont pas cependant tout à fait bannies du champ de ma conscience malgré mes violents efforts. Un homme douloureusement hanté par un souvenir a peine à s'endormir de crainte qu'un cauchemar le lui ramène. A cause du manque de réducteurs antagonistes, l'image redoutée redevient tyrannique lorsque l'éveil des représentations mentales est abandonné au mécanisme de la suggestion des états de conscience. « Les désirs du jour font les rêves de la nuit : un pêcheur rêve de poissons », disait Théocrite, et le criminel se trahit parfois pendant son sommeil.

b) *Les courants d'images.* — Avec moins de netteté, mais encore d'une manière fort utile, les *rêveries* auxquelles je retourne à chaque distraction, *les images*, qui se glissent entre mon regard et l'objet de mon étude au point de m'en arracher totalement, dénoncent une direction spontanée de mon activité intellectuelle.

A travers ces adaptations, auxquelles elle se plie d'elle-même, je reconnais *pourquoi* tel mauvais exemple me touche et non tel autre ; *comment* telle image me captive et devient en mon esprit un centre de cristallisation ; *suivant quel mode* brusque ou graduel, systématique ou incohérent elle s'associe mes autres états de conscience et se rend dominatrice dans mon âme.

Parfois, certaines représentations instinctivement préférées sont si intenses qu'elles me font parler à haute voix ou esquisser certains *gestes*. Je me surprends à prononcer un nom, à dessiner une grève avec ses brise-lames au moment où mon imagination se reporte vers une plage chère à mes souvenirs. J'écris machinalement un air, dont les mots me poursuivent..., et cette *écriture automatique* me rappelle à moi-même le genre de rêverie auquel je me suis abandonné d'une manière inconsciente. En tout cela, je découvre le *courant*, qui entraîne le flot de mes représentations mentales.

c) *Les prédispositions.* — Enfin, lorsque l'orientation de mes rêveries et de mes rêves est persistante : qu'ils

soient faits de sons ou de couleurs ou de lignes
architecturales ; qu'ils me représentent d'ordinaire des
victoires ou des conquêtes scientifiques ou qu'ils
revêtent d'une teinte sombre toutes les suggestions
venues du dehors, j'en conclurai que mes facultés de
connaissance sensible sont préparées à de telles adaptations. Cette constatation prendra plus de valeur encore,
si je remarque par exemple que toute comparaison
empruntée à l'architecture ou à la peinture me semble
très lumineuse, alors qu'une comparaison empruntée à
l'acoustique me déconcerte.

§ 2. *Dans le domaine de la connaissance rationnelle :
a) les idées favorites.* — Ce résultat commencera d'éclairer mon enquête au sujet de mes *aptitudes rationnelles.*
L'image la mieux comprise, en effet est toujours celle
qui a été le plus souvent employée comme support
d'une idée, que d'ailleurs elle nuance toujours (1) :
il y a une relation étroite entre les images et les idées
favorites. Celles-ci, *mon imagination les colore avec
plus de bonheur.* Elles m'en reviennent plus nettes et
plus séduisantes. Aussi, je ne me lasse pas de les
exprimer et les métaphores pour les peindre se présentent d'elles-mêmes sous ma plume. Toute suggestion, qui me les rappelle, provoque un travail facile et
partant agréable, parce qu'elle s'insère dans un milieu
psychologique prêt à la recevoir, à favoriser son action,
à lui livrer la direction de ma synthèse interne (2). —
Ces idées, dont je fais l'objet préféré de mes réflexions
et de mes discussions, me laissent donc entrevoir en
quel sens m'inclinent mes penchants intellectuels.

---

(1) Cf. *supra*, livre premier, ch. III.

(2) Nous avons dit au livre premier, ch. I et ch. III, pourquoi une idée
n'est accueillie que si elle rencontre des harmoniques et des complicités dans
mes pensées actuelles ou dans les dispositions et les désirs, qui sous-tendent
pour ainsi dire l'évolution de mes connaissances, ravivant toujours mes
idées favorites, qui deviennent comme un canevas sur lequel brode sans
cesse ma réflexion.

b) *L'orientation de l'esprit.* — La puissance de ces derniers, leurs qualités distinctives ressortent ensuite de mes goûts pour tels *jeux d'esprit*, de ma finesse à deviner telle façon de charades et de rébus. J'en dirai autant du *plaisir* avec lequel je reçois ou je trouve une explication littéraire ou scientifique, et du *progrès* que j'accomplis dans l'une ou l'autre de ces études. Il n'est pas jusqu'à l'emploi de certaines *formules* ou sentences, qui ne mettent en lumière les préjugés, qui peuvent m'illusionner.

c) *La caractéristique intellectuelle.* — Enfin, la manière dont je m'exprime, les formes syntaxiques dont j'use de préférence me font connaître avec le degré de mon développement intellectuel un mode caractéristique de travail efficace pour moi. Jusques en classe de quatrième, par exemple, je n'avais rien compris à la grammaire française. Je possédais les règles de mémoire, mais j'en faisais l'application d'une manière fort hasardée. Un nouveau professeur entreprend alors de me faire recommencer cette étude à grands traits en une vue synthétique et rapide. Ce fut un coup de lumière. Toutes mes connaissances de détail se complétèrent les unes par les autres... Je jouissais de comprendre... et depuis lors j'évitai les fautes d'orthographe et je sus pourquoi. Ceci me révélait mon aptitude à la synthèse et le parti que j'en pouvais tirer.

Grâce à un examen de ce genre, chacun peut dans une certaine mesure reconnaître, *par les aptitudes* qu'il se découvre, *ce qu'il peut* entreprendre avec succès dans l'ordre littéraire, artistique ou scientifique, « *quid valeant humori, quid ferre recusent* ». En même temps, par les *adaptations* auxquelles se prête son intelligence, il verra comment il pourra poursuivre ce but, tandis que *ses assimilations actuelles* lui montreront *à quelle distance* il s'en trouve encore et quels sont les obstacles qu'il lui faudra surmonter. Ces connaissances sont précieuses au suprême degré à qui veut faire l'éducation de son intelligence.

B) *Développement et correction.*

Suivant les aptitudes de mes sens, de ma mémoire, de mon imagination, je choisirai ma voie.

§ 1. *Choix d'un idéal possible.* — Je n'aurai pas la prétention de me distinguer dans l'art musical si j'ai l'oreille dure et ne retiens aucune mélodie, ni dans la chimie ou la parfumerie si mon odorat est grossier et s'il m'est impossible de conserver le souvenir des odeurs ou d'imaginer l'heureux effet d'un mélange de parfums. « Ne forçons point notre talent », c'est le conseil du fabuliste et notre méthode d'investigation nous aide à le mettre en pratique. Non seulement nous éviterons ainsi de ces fautes lourdes qui aiguillent à faux toute une vie, mais nous saurons orienter notre activité en un sens où le progrès nous sera relativement facile.

Sans doute, d'une manière générale, le but d'une éducation intellectuelle est de conduire l'homme à cette suprême clairvoyance d'où naît l'action féconde et qui a nom *Sagesse.* Mais on peut la poursuivre par des chemins divers et l'atteindre en des réalisations différentes. Chacun doit donc choisir une forme d'idéal à laquelle il s'est reconnu *adapté.*

§ 2. *Mise en valeur.* — Développer de la sorte mes dons naturels, voilà l'entreprise qui s'impose à moi.

a) *Les aptitudes à la connaissance sensible :* A) *le milieu externe et interne.* — Pour y réussir une intervention directe est souvent impuissante, car « on ne commande à la nature qu'en obéissant à ses lois ». Aussi commencerai-je par surveiller les influences physiologiques dont le contre-coup peut troubler l'exercice de mes facultés. Ensuite, je cultiverai les prédispositions qui peuvent aider au progrès que je souhaite : habileté de main, délicatesse des organes, perspicacité des sens, promptitude de remémoration des images utiles, etc... Enfin, je veillerai à me composer un milieu, qui tiendra mes facultés en éveil et en exercice par des suggestions heureuses : si je veux développer mes aptitudes à la peinture, je fréquenterai les musées, je me rendrai dans la campagne ou sur le bord de la mer avec l'espérance d'enrichir mon imagerie mentale par la contemplation des merveilles de l'art et de la nature.

b) *L'exercice adapté.* — J'userai de la même méthode pour faire l'éducation de ma mémoire. Au lieu de m'irriter parce que, d'aventure, je ne puis conserver certaines images et les raviver à mon gré, je profiterai des indications recueillies par mon analyse préalable afin de corriger cette faiblesse. Connaissant mes états de conscience favoris, c'est à eux que j'associerai, par un artifice approprié à ma tournure d'esprit, les notions que je veux retenir. Je me ferai de la sorte une mnémotechnie personnelle basée sur les images visuelles, sonores, voire olfactives, prépondérantes chez moi ainsi que sur mes aptitudes à l'analyse ou à la synthèse. J'opérerai à la façon de l'aveugle-né, qui, faisant de l'optique, se rappelle les couleurs en les associant aux images sonores qu'il possède ; et si je suis visuel, je suppose, j'utiliserai la topologie pour retenir les notions abstraites. Ce procédé, sagement adapté à mes ressources intellectuelles, me conduira au développement général de ma mémoire sans que toutefois le progrès de cette dernière soit égal en tous points et en supprime jamais l'orientation spécial. (1).

---

(1) Cf. Binet, *Psychologie des grands calculateurs et joueurs d'échecs* (Paris, 1894).

Ses préférences d'ailleurs aideront à l'élaboration de mes connaissances. Avec un peu d'adresse, en effet, je pourrai provoquer des rêveries artistiques ou scientifiques, qui retiendront à l'état vif tout un choix d'images dont je souhaite l'association aux idées, que je pense exprimer un jour.

c) *Orientation et correction.* — Il en résultera des syncrasies de représentations très influentes sur le ton général de ma vie connaissante. — En elles, par exemple, je puis trouver le moyen de modifier la teinte mélancolique de mes imaginations et de mes réflexions. Puisque, suivant nos constatations (1), un phénomène psychologique comme l'idée n'arrive à se former en moi qu'à condition d'être d'accord avec les phénomènes qui occupent le champ actuel de ma conscience et lui prêtent leur concours, je commencerai par amorcer mon attention en la dirigeant sur une image en harmonie avec mes prédispositions intérieures. Ensuite, je l'attirerai sur une série lente et progressive de représentations moins tristes, puis indifférentes, puis gaies : il se produira ainsi une dégradation du reflet interne qui vient nuancer tous mes états d'âme. Avivant sans cesse les images agréables, je finirai par les rendre prépondérantes, au point qu'elles s'organiseront en un système serré capable d'écarter les représentations lugubres parce qu'elles ne lui sont pas adaptées. Il n'est personne qui ne sente l'avantage de cette manière d'hygiène intellectuelle.

b) *Les aptitudes à la connaissance rationnelles :* A) *l'utilisation des richesses en images.* — Le succès de cette éducation de la connaissance sensible a son contre-coup inévitable sur la connaissance ration-

---

(1) Cf. *supra*, livre premier, ch. III.

nelle (1). L'idée, en effet, s'accompagnant toujours d'images, il importe que le mathématicien contemple en son esprit tout un mouvement de chiffres, de figures, de constructions essayées, qui l'achemine comme par une progression vivante vers la solution de ses problèmes..., que le peintre ait l'intuition imaginaire des couleurs dont il composera ses tableaux. Or, le genre des représentations, qu'en sous-œuvre les facultés sensibles offrent à l'un ou à l'autre, influe sur son mode de travail rationnel. A plus forte raison, et ceci nous intéresse davantage, la facilité à produire et à utiliser telles ou telles images est souvent le signe d'aptitudes pour les sciences abstraites ou pour les sciences expérimentales, ou pour une forme d'art.

Eclairé par de semblables données, je m'orienterai à bon escient et choisirai un but proportionné à mes ressources. Mais ici encore mon progrès ne sera qu'*adaptation*, car, selon le mot de Pascal, la plus grande volonté du monde ne me fera pas voir la vérité d'une proposition si mon esprit n'y est tourné ; et de même la plus grande énergie du monde par elle seule ne me conduira pas à la production d'une œuvre d'art. C'est pourquoi je biaiserai avec ma nature pour l'amener au point de développement que j'ai choisi comme idéal.

b) *L'effort éclairé et les corrections.* — Si donc j'ai reconnu que mon mode préféré de travail est la synthèse, c'est d'une première vue générale sur un sujet, que je partirai, m'offrant la représentation anticipée d'un séduisant ensemble à réaliser. Amorcée, mon attention poussera alors vers ce but toutes mes énergies intellectuelles. Seulement, pour y atteindre, il faudra nécessairement entreprendre de passer par l'analyse.

_______________

(1) Cf. F. THOMAS *La suggestion, son rôle dans l'éducation*, p. 16 et suiv. (Paris, 1898).

Cette étape risquera de me fatiguer. Aussi, à chaque relâchement de l'attention, un regard jeté sur l'harmonie entrevue ranimera mon courage. D'ailleurs, je me créerai une manière spéciale d'analyse : je considérerai l'objet de mon étude dans les divers groupements, où il entre et joue un rôle ; j'examinerai ses relations avec les éléments de propriétés très différentes qu'il y rencontre et, pris dans une synthèse, puis dans une autre, il m'apparaîtra peu à peu dissocié d'avec ses phénomènes concomitants : ainsi, je découvrirai ses caractères essentiels. Pour varier de la sorte mes observations, je serai contraint de modifier sans cesse mon milieu intellectuel. Il s'ensuivra un changement progressif dans mes préoccupations : de là une sorte d'évolution de mes capacités naturelles, qui, par l'exercice, deviendront plus aptes à la conception mathématique ou à la création artistique.

Par une semblable adaptation je me rapprocherai de la vérité. Telle conception me semble obscure ou absurde : c'est sans doute qu'elle heurte quelqu'un de mes oracles internes, de mes préjugés. En ce cas, je me garderai bien de contempler indéfiniment cette antinomie. Pour saisir en son vrai jour la théorie proposée, j'essaierai plutôt de sympathiser avec l'état d'âme de celui qui lui a donné naissance ; alors seulement — c'est-à-dire quand je me serai adapté — je pourrai comprendre autrui et le juger avec équité.

Peut-être à ce moment voudrai-je changer l'orientation de mes idées, mais je n'y arriverai qu'à force de patience et de méthode. La première condition pour que la réflexion soit efficace en cette tentative, c'est de découvrir la *pensée commune* qui me mettra en relation véritable avec mon interlocuteur. Après cela, dans une intention conciliatrice, je chercherai à raviver en moi les idées en harmonie avec les siennes, mais dont les ressemblances sont voilées souvent par des divergences d'expressions. Enfin, je me composerai un milieu favorable au rapprochement que je souhaite : j'organiserai une conspiration du silence autour de certaines notions, une agitation autour de certaines autres, jusqu'à ce que mon esprit les saisisse avec une clarté suffisante pour se prononcer définitivement à leur sujet. En un mot, *aptitudes foncières*, *adaptation recherchée*, *assimilation obtenue* sont les étapes qui marqueront le progrès de ma connaissance rationnelle... Ce sont, nous l'avons vu, les étapes de toute influence conquérante.

c) *La pensée patiente.* — En cet effort vers un accroissement de science et aussi de perspicacité se marque l'influence de la volonté sur le progrès de notre intelligence avant et pendant son développement. Après, elle doit en assurer la fécondité. Nous aspirons à toujours plus de lumière, parce que nous voulons vivre à la clarté rayonnante de la vérité. Mais « la vérité ne gouverne ici-bas les esprits qu'à la condition de les conquérir sans cesse » (1). C'est d'expérience qu'est fait ce mot de Lacordaire. Il nous faut donc poursuivre la vérité toujours et cette persévérance seule créera en nous la « pensée patiente » qui met l'intelligence en possession de l'idéal qu'elle a imposé à ses recherches.

*<br>* *

2. — *Education d'autrui.*

Dès que l'homme est arrivé à un certain développement intellectuel, il éprouve un besoin de prosélytisme. Les idées sont comme des forces qui exigent expansion : elles veulent conquérir ceux qui les entou-

---

(1) *Pensées choisies*, édit. Chocarne (Paris, 1892), t. I, p. 171.

rent. Voilà pourquoi nous cherchons tous à exercer une influence, si discrète soit-elle ; nous sommes travaillés par le souhait inconscient de mettre notre milieu en harmonie avec nous-mêmes. Mais pour réaliser en quelque mesure cette aspiration, il faut s'éclairer et, dans l'ordre intellectuel autant et plus qu'ailleurs, il faut comprendre avant d'agir. « Lorsqu'on prétend instruire l'esprit, disait Malebranche, il est nécessaire de le connaître parce qu'il faut suivre la nature et ne pas l'irriter ni la choquer » (1).

A) *Pour le comprendre ; observation et expérimentation.*

§ 1. *Dans le domaine de la connaissance sensible :* a) *le ton et la tournure de l'attention spontanée.* — Au dire de Bell, le geste est un signe parce qu'il est un commencement d'action, il ébauche les mouvements, dont nous avons la représentation mentale. Celui qui pense au défilé d'un régiment se raidit comme s'il en était, tandis que l'élève songeant en étude à une discussion avec un camarade se surprend à crisper le poing. Etudier *les attitudes ordinaires, les mouvements habituels, les jeux de physionomie* de quelqu'un, *sa pose corporelle* nonchalante ou fiévreuse peut donc nous découvrir quelque chose de ses états d'âme (2).

Ces premières indications trouvent une contre-épreuve dans les *tendances spontanées de l'attention,* qu'il est facile d'éveiller alors : elles sont de même ton. Ce n'est pas au lymphatique ou au débilité que plaisent

---

(1) *De la Recherche de la Vérité ; de l'Imagination,* ch. V, p. 50, édit. de Genonde (Paris, 1837). Contre l'oubli de cette règle proteste P. LACOMBE, *Esquisse d'un enseignement basé sur la psychologie de l'enfant,* p. VII (Paris, 1899) : « Les auteurs du système (d'enseignement) consultèrent leur désir ; ils se demandèrent avec simplicité : « Que voulons-nous que l'enfant sache ? » et ils partirent de là sans songer le moins du monde à se poser cette autre question : « Qu'est-ce que l'enfant est apte à apprendre ? »

(2) Il est sous-entendu, évidemment, que ces faits doivent être interprétés grâce à nos observations personnelles, telles qu'elles ont été faites dans l'application précédente.

les jeux violents, qui exigent une surveillance soutenue des mouvements de l'adversaire et la dépense d'une grande somme d'énergie ; ce n'est pas non plus celui dont l'imagination est lente, que charment les charades, les devinettes et autres amusements de société. *Trahit sua quemque voluptas*, chacun a ses préférences et ces préférences révèlent les dispositions, les capacités et même les aptitudes profondes de chacun. L'un s'arrête ravi à l'audition d'un beau morceau de musique, il en retient les principaux passages, et ceux-ci lui suggèrent une foule de souvenirs du même genre. Le plaisir qu'il y éprouve montre que l'expansion de son activité est harmonieuse : c'est une âme naturellement musicienne. L'autre ne peut trouver un crayon de fusain sans couvrir de caricatures les murs de sa maison. Au grand chagrin de ses parents, rien ne peut le corriger. Force leur est de laisser ce fils suivre son penchant : il devient un peintre très apprécié.

b) *La marque individuelle des adaptations.* — Cette initiative dès le tout jeune âge est rare, et généralement le talent est éveillé par les *circonstances extérieures.* Le *besoin d'imiter* le met en valeur. Les jeux des enfants, en effet, sont-ils autre chose souvent qu'une imitation des actes dont ils ont été les témoins ? Seulement, le goût ou l'habileté qu'ils y montrent varient suivant leurs ressources. Quant à la manière dont ils reproduisent ce qu'ils ont vu, elle porte leur marque individuelle : elle nous indique ce qu'ils ont *considéré* de préférence, ce que leur mémoire a mieux *retenu* et *comment* leur imagination a su embellir ou fausser leur représentation mentale. Jacques a vu manœuvrer un régiment, il ne rêve plus que jouer au soldat. Il rassemble ses camarades et naturellement il en est le chef. Il ne laisse pas un moment de répit

à ses hommes : il les fait avancer, reculer, tourner
à droite, il tempête, il distribue les punitions ; il enlève
tout son monde dans une charge contre un ennemi
imaginaire, prend des drapeaux et se redresse comme
un « imperator » romain : c'est un autoritaire et un
enthousiaste à la fois. — Il diffère bien de Jean son
ami. Celui-ci a voulu également jouer au soldat, mais
il se dispute avec Jacques : il voudrait toujours de
l'exercice de campement. Il excelle d'ailleurs à disposer
de son petit fourneau de campagne, qu'il installe avec
trois briques, comme il a vu faire aux troupiers. Il y
rôtit quelques pommes de terre et trouve son repas
succulent : c'est pour lui le beau côté de la vie du
soldat. Observations, souvenirs, reconstitutions, tout
nous le montre adroit et pratique : il ne semble rien
avoir de la bouillante ardeur de Jacques.

D'ailleurs, il suffit de lier conversation avec eux
pour s'en apercevoir. Jacques est un chevalier d'antan,
il ne respire qu'idéal et triomphes héroïques. Les
comparaisons qu'il emploie, les exemples qu'il cite
s'en ressentent. En histoire, il n'a retenu que les récits
d'épopées guerrières, les grands coups d'épée et surtout les « belles paroles des généraux ». Ecoutez-le
raconter la plus vulgaire aventure de sa vie d'écolier :
il est « maître de camp » au jeu de barres ; il s'élance
« comme un lion », traverse les « rangs ennemis »,
il n'attrape pas ses adversaires, il les fait « prisonniers »
et veut qu'ils se rendent « à merci ». Quand il est battu,
il ne l'avoue jamais et la colère dans l'âme il se laisse
« capturer glorieusement ». Il a du panache et il s'en
vante. — Aussi Jean ne lui ménage pas les taquineries,
lui mettant sous les yeux la platitude des réalités.
En face du chevalier, c'est le rusé bourgeois du Moyen-
Age. En toutes choses, il voit une somme de peines à
comparer avec une somme de profits à retirer. Beau-

coup moins fort que Jacques au jeu de barres, il surveille celui-ci avec une persistance presque jalouse,
afin de gêner ses mouvements et de le prendre au
moment où il tentera quelque beau coup. C'est un
utilitaire, aussi est-il premier à la *leçon de choses*.

c) *Le type imaginatif*. — Cette partie de l'enseignement est encore un excellent moyen de découvrir
l'orientation des mémoires, des imaginations et des
aptitudes. Variées, comme elles le sont d'ordinaire,
ces leçons attirent l'attention de tous les élèves, mais
de manières bien différentes. L'un s'intéresse surtout
à la pratique des travaux agricoles et y montre une
habileté de main remarquable ; un autre souhaite
qu'on lui montre une expérience de physique amu-
sante, car il la reproduira dès sa rentrée à la maison ;
un troisième n'est heureux que si on lui enseigne
l'exercice d'un métier. Ainsi se révèlent les préférences
de leur pouvoir d'attention.

On tirera des indications analogues du genre de
*récit* qui captive un enfant, des *gravures* qu'il s'attarde
à considérer souvent, des *caricatures* qu'il reproduit
sur ses cahiers, etc... Celui dont les aspirations
vont à la gloire militaire *dessine automatiquement* des
épées et des pistolets, tandis que son voisin dans ses
moments de distractions enlumine la page de sa
narration d'une jolie barquette ou d'une canne à pêche
au bout de laquelle pendent des poissons ; un troisième écrit des notes de musique...

Par ces multiples procédés, on obtiendra nombre
d'indications peu probantes si elles sont isolées, mais
dont la *concordance d'ensemble* fait bien connaître le
personnage imaginatif de l'enfant : elles nous livrent
la note dominante qui lui fait prendre rang parmi l'un
des types moteur, visuel, auditif, etc...

Mieux encore, — afin de préciser le sens qu'il exerce

de préférence, les facilités de sa mémoire, le mode de travail de ses associations d'images, il est possible d'utiliser l'*expérimentation*. Faites passer un enfant au milieu d'une salle remplie de jouets ou d'objets divers, vous verrez aussitôt ce qui l'attire, c'est-à-dire, ce qui lui promet une expansion plus harmonieuse de son activité. Montrez à toute une classe un objet nouveau, laissez les élèves le considérer à loisir, puis cachez-le et ordonnez-leur de le dessiner ou de le décrire : chacun, vous le constaterez, aura vu l'objet à sa façon et le reproduira sous un aspect particulier. Enfin, demandez à plusieurs personnes de vous donner des exemples de « force » : immédiatement elles vous proposeront les métaphores qui, dans leur imagerie mentale, habillent d'ordinaire cette idée, les comparaisons que leur a suggérées le milieu où elles ont vécu et qui plaisent à leur tournure d'esprit (1). Elles vous révèlent d'un coup toutes ces choses.

§ 2. *Dans le domaine de la connaissance rationnelle.*

Ces résultats favorisent nos investigations dans le domaine de la connaissance rationnelle. Les idées et les images, en effet, marchent souvent de pair et leur réaction mutuelle influe sur l'orientation générale de l'intelligence.

a) *L'organisation mentale.* — Pour étudier le mode d'association des idées chez un homme, je lui propose un mot lui demandant d'y ajouter le plus vite possible

---

(1) Ce fait est tellement suggestif qu'on a prétendu, et non sans raison, reconnaître aux métaphores favorites d'un écrivain les milieux, industriels, citadins, campagnards, maritimes, où il a passé son enfance. — En tous cas, il est d'expérience que l'on traduit son âme dans son langage. Pour exprimer le rôle des grandes pensées parmi les hommes, un architecte (visuel) dit « les grandes pensées sont des monuments élevés par le génie à la vérité ou à la vertu », un musicien (auditif) : « Les grandes pensées sont comme des coups de tonnerre qui réveillent l'humanité et l'arrachent à la torpeur de ses vices... », un chimiste : « les grandes pensées sont des jaillissements d'éclairs, qui résultent de la combinaison réfléchie des notions anciennes ; à l'état naissant, elles éblouissent et manifestent une puissance irrésistible...

cent autres mots : je constate alors que les suggestions,
qui se succèdent en son esprit pour lui permettre
d'énoncer cette série de concepts, sont dues aussi
souvent aux images et aux métaphores qu'aux vues
générales de l'idée (1). Et à travers ces suggestions,
je puis entrevoir son organisation intellectuelle : son
acquis, l'enchaînement habituel de ses idées, ses notions
favorites, etc. Au même mot, en effet, et au concept
qu'il exprime, l'artiste et le mathématicien sont loin
d'ajouter les mêmes chaînons.

b) *Les élaborations et réactions caractéristiques.* —
Ces esprits n'ont pas à leur disposition des matériaux
identiques. Ils n'ont pas non plus la même méthode
d'élaboration : l'examen des travaux, où ils excellent,
les révèle analystes, spéculatifs ou artistes (2). Mais la
différence entre ces « tempéraments intellectuels » est
rarement nette chez l'enfant dont les tendances sont
encore indécises. C'est pourquoi, avant de se prononcer, il faut observer les *adaptations spontanées et persis-
tantes* auxquelles il se plie, la couleur sombre ou gaie
de ses *descriptions littéraires, ce qui le frappe* dans une
représentation théâtrale, *les vers* dont l'idée lui plaît
et qu'à cause de cela il retient indéfiniment comme
s'ils avaient exprimé et précisé des notions en formation inconsciente dans son esprit, les *citations* qu'il
affectionne, les *sentences* dont il agrémente sa conversation ou qu'il invoque comme principe d'excuse.

c) *Le type intellectuel.* — Enfin, il est d'importance
de le suivre à travers ses classes et de noter ses succès

---

(1) Nous avons montré au livre premier, ch. III, l'usage que l'on peut
faire de ce moyen d'expérimentation.

(2) On a donné des classifications fort ingénieuses de ces tempéraments
intellectuels. Il ne nous appartient pas de les discuter ici, où nous ne voulons
qu'établir une méthode générale. Sur ces classifications, on peut citer les
travaux de P. MALAPERT, *Les éléments du caractère*, de PAULHAN, *Les types
intellectuels, esprits logiques et esprits faux*, de FOUILLÉE, *Tempérament et
caractère*, etc.

et ses insuccès dans les diverses branches de l'enseignement. Nous y découvrirons ses aptitudes, car le bon élève d'humanité n'est pas toujours le bon élève de philosophie, et l'étude des mathématiques réclame d'autres dispositions que la poésie. — Cette patiente observation, poussée jusque dans ses détails, nous permettra peu à peu de dégager la qualité maîtresse de son esprit et, suivant l'expression de M. Paulhan (1), de déterminer son *type intellectuel*.

B) *Pour promouvoir le progrès.*

§ 1. *Choix d'un idéal adapté.* — Après avoir découvert, à l'aide de la précédente méthode d'analyse, les aptitudes de l'enfant, le maître doit d'abord les comparer entre elles afin d'apprécier leur *valeur éducative.* Il les mettra en regard de la formation qu'il entend donner à ses élèves en général et aussi du *but spécial,* auquel il peut espérer conduire chacun d'eux. Par ce moyen, il discernera mieux les vocations diverses et déterminera plus sûrement la voie à suivre pour les développer. Sa prévoyance, éclairée par la réussite de certaines adaptations antérieures, saura ménager les influences qui, efficaces, pousseront progressivement l'enfant vers l'idéal de perfection intellectuelle possible pour lui.

§ 2. *Intervention* : *A) Dans le domaine de la connaissance sensible* : a) *le milieu.* — Laissant donc tout son petit monde dans une atmosphère saine et vivifiante, l'éducateur variera les influences *immédiates,* qui agiront sur Jacques et sur Jean. Il entourera le premier de représentations d'actes héroïques, frappera son imagination par des exemples de généreux dévouements, attirera sa pensée sur les hauts faits des grands

_______

(1) Cf. Fr. PAULHAN, *Les types intellectuels, Esprits logiques et esprits faux* (Paris, 1896).

hommes, glorifiant à ses yeux la sagesse et la modération dans la victoire. Au second, il offrira l'image des situations prospères que l'ordre, l'économie et le courage ont su créer ; mais, afin de prévenir les cupidités et les avarices, il l'amènera à comprendre le devoir social de la richesse et à en estimer le bon usage ; il le mettra souvent dans l'occasion d'exercer la charité. En un mot, ne pouvant pénétrer dans le sujet même de son action, l'éducateur agira sur lui par un système d'influences et de sollicitations, dont l'efficacité se mesurera par leur adaptation aux ressources intimes de l'élève.

Le premier souci du maître sera donc d'organiser le milieu où s'épanouira la jeune intelligence qu'il veut cultiver. Il ne pourra y dépenser trop de soin, car en vertu d'un mimétisme inconscient, une âme humaine tend toujours à se mettre en harmonie avec ce qui l'entoure. Aussi, le choix des modèles, dont on orne une salle de dessin est loin d'être indifférent, car à la longue leur vue impressionnera l'imagination des élèves et orientera leur conception de l'idéal ; — les œuvres, qu'avec discernement on offrira à leur admiration dans la visite des musées, les paysages où on les fera vivre contribueront à leur formation artistique. — De même les morceaux considérés comme classiques et souvent présentés comme types de perfection dans une Académie de musique éveilleront le goût dans un sens déterminé, à ce point, que l'on reconnaîtra des « écoles » dont les créations porteront la marque distinctive. — Dans le domaine littéraire ou scientifique les lectures conseillées, les spectacles, les conversations, les discussions, les méthodes constitueront une atmosphère favorable à l'éclosion d'aptitudes intellectuelles, dont les fruits révèleront l'influence de l'éducation que l'auteur a reçue.

Mais la composition de ce milieu psychologique ne doit pas faire négliger celle du milieu matériel dont la partie la plus proche et la plus pressante est le corps. Il faudra donc surveiller l'influence du physique sur le moral, car « la plupart des autosuggestions ont leur cause dans le jeu plus ou moins régulier des fonctions physiques » (1). Personne d'ailleurs n'en doute, la bonne santé physiologique est une condition de féconde activité psychologique. C'est pourquoi, par l'exercice et l'hygiène qui favorisent le développement du corps, par le jeu qui active la circulation cérébrale si importante pour le travail de remémoration, par l'attitude énergique qu'il exigera dans les salles d'études, le maître prédisposera ses élèves au travail sérieux de la pensée.

b) *La pratique.* — L'unité de la nature humaine explique ce fait d'adaptation (2), comme elle explique aussi la puissance de l'action pour éclairer un enseignement théorique, l'importance du geste pour rendre nettes les images qui, plus tard, présideront à sa reproduction. Si je veux qu'un enfant apprenne à tenir un pinceau ou comprenne bien les procédés de la peinture, je lui mets un pinceau entre les mains et je conduis ses premiers essais, je lui fais réaliser lui-même les mélanges des couleurs... Alors sa représentation plus précise des mouvements à exécuter lui permet d'en mieux saisir la théorie, ce qui ensuite amène une opération meilleure, plus facile et partant plus agréable.

---

(1) Cf. F. Thomas, *La suggestion, son rôle dans l'éducation*, p. 89 (Paris, 1895) ; lire aussi, p. 16, la note où l'auteur cite à l'appui de son affirmation de curieuses expériences faites par le D<sup>r</sup> Luys.

(2) Cf. F. Thomas, *ibid.*, p. 16 : «C'est une vérité banale que certaines attitudes favorisent plus spécialement l'éclosion de certaines pensées : prendre par exemple celle de l'homme réfléchi ou colère, c'est se disposer par avance à la colère ou au recueillement. Pascal l'avait bien compris. « Prenez de l'eau bénite, disait-il aux incrédules de son temps, et vous retrouverez la foi ».

L'enfant y reviendra volontiers et son désir augmentera son aptitude à étudier la peinture.

Par ailleurs, l'éducation des aptitudes corporelles a souvent un contre-coup heureux sur l'expansion de l'activité psychologique. Celle-ci, en effet, cherche à se déployer suivant la ligne de moindre résistance, qui est aussi la ligne de plus grand agrément. Or, l'émotion agréable qui accompagne l'exercice harmonieux de notre activité amorce notre attention. Mais l'attention, nous l'avons vu (1), est l'instrument de tous nos progrès intellectuels. Elle concentre les forces de l'esprit, elle l'ouvre aux influences étrangères qui peuvent l'instruire (adaptation passive) et oriente toutes nos énergies connaissantes vers l'objet qui l'intéresse (adaptation active) Dès qu'elle est captivée, dès qu'elle s'est attachée à une étude, *même particulière*, l'éducation intellectuelle est assurée. C'est que, afin de poursuivre son but, elle discipline nécessairement nos aptitudes et, par l'exercice qu'elle leur impose, leur fait acquérir les qualités de persévérance, de souplesse, d'adaptation, que l'on recherche dans la formation générale de l'esprit. En voici un exemple.

J. V... est un jeune homme aussi léger que possible, rebelle à tout enseignement du latin et cependant condamné à le subir en toutes ses classes : il passe pour totalement dépourvu d'attention. Un jour son frère apporte un jouet compliqué, c'est une boîte à musique. La nouveauté de l'objet l'intéresse, il l'examine..., on lui défend d'y toucher, sa curiosité s'en augmente... Pendant une absence de ses parents, il s'empare du jouet, en dévisse le couvercle, en étudie le mécanisme, il est vraiment heureux de le comprendre. Hélas ! on vient ; il veut ranger précipitam-

---

(1) *Cf. supra*, livre premier, ch. III.

ment l'appareil et le brise. — Saisi du désir de le
réparer, il travaille deux jours durant et réussit enfin.
Son succès est une révélation pour lui autant que pour
ceux qui l'entourent. Sans déployer plus de zèle pour
ses études classiques, il s'éprend de mécanique, de
physique, de chimie, il s'adonne à ces sciences, et
réalise avec une surprenante dextérité les expériences,
qu'il voit décrites dans ses livres. Il aime — on peut
dire passionnément — ce travail : la paresse a été
vaincue en lui par le développement de l'imagination
scientifique. Maintenant, il porte son goût et son
aptitude dans la fabrication des tissus ; il connaît
à fond les machines qu'il emploie et se montre industriel fort ingénieux.

c) *Appel à la curiosité.* — Des circonstances heureuses ont mis en valeur les ressources de J. V... et
assuré dans l'ensemble sa formation intellectuelle.
Ce qu'elles ont fait, le maître devrait s'attacher à le
faire pour chacun de ses élèves en provoquant habilement leurs spontanéités. Ayant reconnu par l'analyse
préalable *à quoi se prend l'attention* d'un enfant, il lui
proposera des objets, idées, notions, capables de
l'amorcer. Avant de décrire un instrument, il le lui
montrera, il piquera ainsi sa curiosité et mettra son
intelligence dans cette fermentation de désir qui
facilite extrêmement l'assimilation connaissante. Il y a
là une question de tact et de savoir-faire que l'éducateur doit porter en toutes choses. S'il s'agit, par exemple
de développer le goût du beau chez un enfant, il faut
l'amener à jouir d'une œuvre belle avant de lui faire
un cours d'esthétique. Il faut éviter au contraire de
lui proposer l'audition d'une œuvre d'art lorsqu'il est
épuisé de fatigues et d'humeur triste, mais plutôt
profiter de ce qu'un chant a eu l'heur de lui plaire afin
d'attirer son attention sur les principes de l'art musi-

cal : alors, en effet, sont plus grandes les chances
d'adaptation et de formation artistique.

*B) Dans le domaine de la connaissance rationnelle.*

Les mêmes sollicitudes et les mêmes précautions
minutieuses sont nécessaires à qui veut promouvoir
efficacement le progrès rationnel de l'élève. Son
influence peut intervenir au début du travail de la
pensée pour le provoquer dans une direction donnée ;
elle peut intervenir pendant l'élaboration intellectuelle pour orienter ses adaptations ; elle peut intervenir au moment où le concept s'achève pour corriger
ou tout au moins combattre une assimilation mauvaise.

a) *Œuvre négative.* — Mais avant toutes choses,
il faut débarrasser l'enfant des prédispositions défavo-
rables, qui mettraient obstacle à son développement et
le prémunir contre les influences inconscientes, qui ren-
draient vaine toute tentative d'éducation. Cette entreprise préalable est délicate, car mille accidents peuvent blesser un esprit d'enfant : lectures risquées,
conversations entendues au hasard, propos inconsidérés. Une notion venue d'on ne sait où peut séjour-
ner dans l'âme, s'y développer sourdement, puis
fleurir en un préjugé qui faussera la claire-vue intellectuelle. Que de difficultés ensuite pour l'extirper !
Sans doute, en cette œuvre de déblai, les trois moyens
que nous avons signalés à propos de l'éducation sensible (1) : *la réflexion, la conspiration du silence, la
substitution,* conservent ici toute leur fécondité. Mais
leur usage réclamera un soin particulièrement assidu.
En effet, changer un préjugé d'enfance, c'est en réalité
changer l'âme entière : travail de longue patience, car

---

(1) Cf. *supra*, livre troisième, ch. III.

si pour enlever une tare physique il est nécessaire de surveiller pendant plusieurs années la circulation du sang et l'état général du corps (cures, régimes, etc.), l'évolution des idées semble mettre un temps plus considérable encore à changer d'orientation. La prudence, par conséquent, ne sera jamais trop grande pour éviter cette cause d'arrêt.

De même, s'il s'agit de mettre l'enfant en garde contre le mal, l'erreur ou le scepticisme, on le fera avec une discrétion infinie de crainte de provoquer, en attirant l'attention sur lui, l'éclosion de l'état d'âme que l'on veut combattre.

b) *Œuvre positive.* — Et toujours il sera mieux de faire œuvre positive : de remplir ces jeunes intelligences d'idées droites et saines, de les exciter au travail mais en les guidant. « Laissez aller votre pensée, disait Socrate, comme un insecte à qui vous permettriez de voler dans les airs, mais un fil à la patte » (1). Ce fil directeur est ici remplacé par l'influence du maître ou la pression du milieu, qui sollicite l'esprit en ouvrant des chemins à son activité.

A) *Nécessité de saisir l'attention.* — Ne rien abandonner au hasard et ne jamais laisser oisive l'intelligence qu'on a réussi à éveiller est une règle primordiale. Il faut attirer et absorber son pouvoir de réflexion. La première condition pour y réussir est de se faire comprendre. Aussi est-il nécessaire d'employer en manière de comparaison des images que l'enfant connaît bien et qui l'intéressent. Variez donc les métaphores jusqu'à ce que l'une d'elles plus suggestive attire son attention.

B) *Fécondité de l'effort personnel.* — A partir de ce moment, vous aurez prise sur l'intelligence de l'enfant

---

(1) Cité par F. Thomas, *La suggestion, son rôle dans l'éducation*, p. 92 (Paris, 1898).

et vous pourrez le conduire jusqu'à la vérité. Telle était la méthode de Socrate : il sériait les questions en vue de l'interlocuteur, à qui elles s'adressaient, et lui faisait dégager à lui-même les principes du juste, du beau, du vrai. Ce procédé est excellent, puisque nous ne possédons bien que les idées que nous avons créées ou pratiquées nous-mêmes.

A lui est due la fécondité de ce que nous appellerions volontiers la méthode des doubles corrections ou des corrections successives. Que le maître, sans rien ajouter aux éléments contenus dans la copie de son élève, leur fasse revêtir une forme nouvelle, qu'il les mette en valeur ; qu'il esquisse le tracé d'un plan logique, en amorce même, s'il en a la patience, les paragraphes ; — puis, qu'il laisse à son disciple le soin d'achever l'œuvre ainsi ébauchée. Celui-ci l'entreprendra sans trop de succès d'abord, mais d'ordinaire, après une seconde correction, il réussira à composer une dissertation-type. Désormais, il aura la conception nette de ce genre de travail, car le modèle qu'il *aura construit lui-même* lui sera intelligible dans tous ses détails. Souvent l'élève aura l'impression qu'un voile se déchire pour lui, — et son progrès — qui sur l'heure fera un bond énorme (l'expérience l'a maintes fois prouvé) ne se démentira plus.

Toujours il en ira de la sorte : faire pratiquer une action est la meilleure manière de l'enseigner, car c'est produire directement l'adaptation progressive au but poursuivi.

Pour ancrer une conviction dans un jeune esprit, faisons-la défendre par l'enfant. Afin de suffire à sa tâche, il précisera la thèse, s'y adaptera, la connaîtra mieux et la discussion même le convaincra davantage. Par cet effort personnel, nous éveillerons les initiatives. Or, « dans l'éducation, ce que fait l'instituteur par lui-même est peu de chose, ce qu'il fait faire est tout » (1).

c) *L'orientation définitive.* — Soumis à cette discipline intellectuelle, l'élève distinguera l'idéal qu'il lui est permis de poursuivre avec chances de succès. Il prendra conscience des ressources dont il dispose. Son goût pour un genre déterminé de travail, — si l'on veut, sa vocation artistique, littéraire ou scientifique,— s'affirmera et orientera d'une manière définitive son activité connaissante. Son éducation commencée de la sorte se perfectionnera durant toute sa vie.

Donc, respecter la spontanéité de l'enfant tout en guidant son activité, en d'autres termes, découvrir le développement intellectuel, auquel il est prédisposé et progressivement conduire vers cet idéal sa débordante ardeur, c'est le but. Mais ce but n'est poursuivi avec succès, que si une connaissance exacte des aptitudes du sujet éclaire l'influence d'un maître, qui ne ménagera ni sa peine ni son dévouement. A ce prix, s'assimilant à son disciple, devenant lui en quelque sorte par une sympathie qui lui fera reconnaître les *aptitudes* et ressentir les aspirations de cette jeune âme, il les conduira par une série d'*adaptations progressives* à l'*acte commun*, à la vie d'union, de possession, avec son idéal de science et de sagesse.

*<br>* *

3. — *Action sur une foule.*

A) *Investigation.* — Si l'on veut exercer une influence efficace sur une foule, il importe de la connaître, car au dire de M. G. Le Bon : « Les foules sont un peu comme le sphinx de la fable antique, il faut savoir résoudre les problèmes que leur psychologie nous pose

---

(1) Cf. Mgr DUPANLOUP, *De la haute éducation intellectuelle*, I, p. 56 (Paris, 1866).

ou se résigner à être dévoré par elles » (1). Il ne suffit donc pas de savoir vaguement que la foule se laisse séduire par l'image brillante et la phrase sonore, ni que l'art oratoire doit l'instruire un peu, lui plaire davantage, la toucher surtout ; il faut encore déterminer l'*état psychologique de* telle foule *à tel moment* donné, en conclure l'*orientation* de son activité intellectuelle, de ses associations d'idées, et même savoir quelles *convictions profondes* et presque indéracinables en reprennent toujours la direction après des écarts passagers.

a) *Ses conceptions actuelles.* — Deux ou trois mille personnes sont réunies dans un hippodrome : les cris, les interjections, les bravos, les coups de sifflet se croisent. A première vue, c'est un indescriptible brouhaha ; cependant une note domine et il est nécessaire de la dégager sous peine de ne pouvoir rien sur cet auditoire. On appréciera de même à quel ton est montée la surexcitation nerveuse si favorable à l'exaltation des images et de leur pouvoir-moteur ; de même on déterminera dans quelle mesure le calme relatif des esprits, s'il s'établit, permettra de provoquer la réflexion. Celle-ci, il est vrai, pèsera généralement fort peu, car le désir de faire triompher vite et bien leur conviction ne laisse plus aux âmes en groupe la tranquille indépendance qu'exige une discussion sérieuse. Tendues vers la conclusion et le regard fixé sur la représentation de l'idéal social à réaliser, elles sont prises par un monoïdéisme, qui absorbe toutes leurs vies intellectuelles. C'est la raison du *simplisme* des foules : assoiffées d'illusion, elles sont comme des enfants rêveurs, dont il faut caresser la rêverie sous peine de provoquer de violentes colères.

---

(1) Cf. *Psychologie des foules*, p. 90 (Paris, 1899).

L'orateur est à leur service pour parler de ce qu'elles aiment et préciser en traits brillants les conceptions qu'elles se sont faites. Celles-ci forment un groupe d'images élues, dont l'une deviendra un centre de cristallisation au gré de l'habile conducteur d'hommes. Non que ce dernier ait besoin pour cela de trouver des séries de relations régulières ; les plus grossières associations y suffisent ; tant est grande la magie des mots et des formules ! Vagues surtout sous une apparente concision de forme, elles pourront éveiller les images les plus diverses chez les différents auditeurs. Chacun les interprétant à sa façon, tous les applaudiront (1). On les conservera même comme principes de conduite jusqu'au jour où la formule commencera d'être discutée... Alors, nous nous apercevrons peut-être avec stupeur que nous professons une opinion tout à fait opposée à celle que prêchait l'orateur. C'est que, à ce moment et par rapport à cette formule, nous avons cessé d'être foule pour redevenir individu qui réfléchit et qui raisonne. Jusque là nous croyions posséder une telle évidence qu'il nous eût semblé absurde d'examiner le sens de nos paroles. Il a fallu que les actes d'autrui apparussent comme conséquences de cette règle de vie et, comme conséquences opposées à celles que nous avions prévues, pour que le problème se posât.

On le voit, la foule est irréfléchie : l'image la fascine principalement quand les sentiments s'y ajoutent ; elle admet les légendes les plus absurdes pourvu qu'elles soient en harmonie avec ses souhaits. Une chanson, par exemple, vaut toutes les preuves ; à un argument le peuple répond par un couplet et cela lui semble sans réplique.

---

(1) Ce fait rend raison de la surprise provoquée souvent dans une assemblée parlementaire par les explications que les députés des divers groupes donnent d'une formule, qui a rallié tous leurs votes et au sujet de laquelle ils se croyaient unanimement d'accord.

Aussi, la masse n'a pas d'initiative ; elle suit le flot des représentations qu'un meneur suscite en elle et dont elle a besoin. En ses aspirations sourdes se trahit le désir d'un chef qui lui donne le sentiment de sa cohésion et pense pour elle. Elle ne veut pas de longs raisonnements. Si elle a confiance en son guide, elle suppose qu'il a tout étudié ; son prestige, qu'il soit dû à la force ou à la réputation ou à la séduction personnelle, suffit à tout. Elle ne lui demande que des conclusions. Qu'il les exprime en formules brillantes, courtes et son succès est assuré. A une condition cependant, c'est que ses formules soient *adaptées* au *tempérament de la foule* : ce point est de très grande importance.

b) *L'orientation de son activité connaissante.* — Il y a, en effet, des foules plus enthousiastes les unes que les autres, et l'idéal, dont elles sont éprises, varie suivant les circonstances. Une foule calme et sombre où éclatent parfois des rugissements de colère dénote des prédispositions intellectuelles autres qu'une foule réunie pour fêter l'érection d'une statue. — Des commerçants en leur réunion syndicale ont des intérêts qui réagissent sur leur mode d'envisager les questions. — Un groupe de matelots bretons en pélerinage à Sainte-Anne d'Auray n'est pas dans le même état d'esprit que les inscrits maritimes de Marseille réunis pour voter la grève générale. Le but qu'ils poursuivent est différent, et différentes sont aussi les images et les idées capables de faire impression sur eux.

A ce premier renseignement tiré de l'examen extérieur s'ajoutent ceux que fournira une observation plus persévérante sur les progrès que fait tel ou tel genre d'idées dans une foule. Quand plusieurs orateurs se suivent, le dernier doit surveiller exactement le succès ou l'insuccès des autres, afin de saisir d'une façon exacte la mentalité de l'auditoire au moment où arrivera son tour de parole..., à lui d'être assez souple pour adapter son discours aux circonstances.

c) *Les convictions indéracinables.* — Ces remarques peuvent guider l'influence passagère et superficielle qu'on aura sur une foule. Mais les courants d'opinion qu'on aperçoit de la sorte ou que l'orateur provoquera un instant, n'auront guère de durée, s'ils ne sont pas l'expression des *convictions profondes et habituelles* de cette foule. Or, ceci ne se reconnaît qu'à la persistante faveur de telle idée ou de tel orateur : par là se révèlent des préférences d'adaptation et comme un tempérament intellectuel commun. A ce point de vue aussi bien qu'au point de vue des sentiments la foule anglaise par exemple diffère de la foule française. Il y a, en effet, des facilités d'imaginer, de penser, de raisonner qui nous sont imposées par notre milieu, par l'étude même de notre langue et son génie national. Il y a des idées préconçues que nous suçons avec le lait et qui deviennent pour nous des oracles internes contre lesquels nul ne peut s'insurger sans nous paraître absurde. Il y a ainsi tout un ensemble de traditions, que nous avons reçues du passé et qui semblent commander d'autant plus chez nous qu'elles surgissent des profondeurs de l'inconscience. Quand elles sont mises en cause, on ne se reconnaît plus ; on imagine, on juge tout autrement que de sang-froid.

Ce n'est que lentement que se sont formées ces traditions nationales et elles en conservent une stabilité extraordinaire. Elles créent une mentalité à l'influence de laquelle l'individu se soustrait parfois, la foule jamais (1). Le citoyen français peut vanter

---

(1) On peut en voir un exemple remarquable dans la manière digne, calme et résolue dont se fit la mobilisation, en août 1914, même dans les régions où venaient d'avoir lieu de violentes campagnes antipatriotiques.

l'initiative individuelle et en faire montre dans la pratique des affaires ; — en foule et quand il s'agit de questions générales, s'il faut en croire M. G. Le Bon, il retrouvera sa tendance à recourir à l'Etat organisateur et promoteur du progrès social. L'anglo-saxon ferait le contraire : fier d'appartenir à une nation puissante et disciplinée, par conviction il n'admet pas même en foule l'empiétement de l'Etat sur les droits du citoyen (1).

Puisque cette orientation d'esprit a tant de puissance, c'est à la travailler que doit viser tout effort qui prétend à une influence durable.

B) *Intervention : conditions de succès.* — Quand donc auront été découvertes les aptitudes foncières, dont l'activité des foules nous montre l'évolution, l'orateur et le politique essaieront d'en diriger le développement vers l'idéal qu'ils poursuivent.

a) *Manière de prendre contact.* — Ainsi, l'orateur étudiera jusqu'en ses détails l'état momentané de la foule, afin de ne lui offrir que des idées capables de frapper les esprits : il ne leur proposera pas un but trop élevé, ni trop difficile, ni surtout trop abstrait. Il faut que sa conception prenne corps et se présente revêtue des plus brillantes images : captiver l'imagination d'abord est le moyen de se faire écouter. Puis l'attention des auditeurs se prendra de plus en plus et augmentera entre eux la cohésion, qui constitue la foule en la ramenant à un monoidéisme, en imprimant une direction commune à toutes ses activités intellectuelles, en la poussant vers un idéal, auquel inconsciemment elle aspire. D'ailleurs toute assemblée sent le besoin d'un but précis : l'orateur doit lui en offrir un

---

(1) *Psychologie des foules*, p. 145 et suiv. (Paris, 1899).

qui réponde à ses dispositions. Celles-ci peuvent être avantageusement préparées au préalable.

b) *Moyens d'entraînement par adaptations progressives* : A) *le milieu.* — L'influence du milieu y pourvoit : par les affiches, les caricatures et principalement par les chants, la salle sera mise sous pression ou, si l'on veut, en « attention expectante ». Dès lors, toute image ou toute formule harmonisée à cet état d'âme amorce une activité prête à s'exercer et que l'homme en foule contient avec impatience (1). Les représentations déjà esquissées par les chants se précisent, la persuasion commencée par les affirmations de l'affiche s'achève et s'anime de tous les sentiments, qu'éveille une imagination ardente jusqu'à provoquer la passion.

B) *Les procédés oratoires.* — L'orateur, en effet, procède par des peintures aux tons exagérés, voire même criards comme les tons des décors de théâtre vus de près, il ramasse en faisceaux de menus faits sans importance en leur isolement ; il fait sonner bien haut les résultats des statistiques ; il amène ainsi ses auditeurs à partager ses convictions. Il légitime à leurs yeux ces déductions, dont l'imagination seule semble faire tous les frais, en leur donnant l'illusion de raisonner : des proverbes en patois du pays, quelques mots du « crû » charment toujours le peuple quand il les entend redire par un homme qu'il estime. Evoquant des images familières, ils deviennent aussitôt les majeures incontestées d'arguments, dont les conclusions revêtues de formules bien adaptées et par là bien comprises se rendent très vite fascinatrices.

A ce moment, l'orateur est en « sympathie d'idées » avec son auditoire. Sa pensée va se refléter dans les

---

(1) De là cette nécessité de changer les formules quand elles sont usées ou suggèrent une image désagréable.

intelligences qui l'entourent, et lui revient plus vibrante et plus belle. C'est pourquoi le véritable orateur, lorsqu'il est ainsi porté par la foule, trouve des expressions et des figures d'un éclat et d'une vie intenses. Grâce à cette communication des âmes, il façonne l'esprit de ceux qui l'écoutent. Il y suscite certaines images, en obscurcit d'autres. Par ces artifices, il détourne l'attention d'une première idée au profit d'une seconde et jette l'indécision dans la pensée de ses adversaires. Puis, profitant de cette confusion, dont ils ont hâte de sortir, il offre en pâture à leur avidité intellectuelle la doctrine qu'il prêche. Il la leur présente sous des couleurs qui les séduisent et les entraînent sans plus de réflexion.

c) *Formation de notions directrices.* — Ce triomphe pourtant ne sera que passager s'il ne tient pas à des dispositions habituelles : bien du temps se passe entre l'heureuse trouvaille, qui enlève un auditoire, et la conviction profonde, qui conquiert tout un peuple et dirige ses actes sans plus supporter de contestation qu'un dogme de foi.

A) *La répétition.* — Les journaux, par leurs quotidiennes répétitions, travaillent sans cesse à perfectionner en ce sens cette passagère assimilation de l'esprit de la foule avec celui de ses guides. C'est œuvre d'*adaptation lente et progressive.* Il se passe pour les opinions et les théories ce qui se passe pour les produits industriels grâce à la réclame. La loi de pénétration dans le milieu consommateur et la loi de propagande sont identiques : *affirmer* toujours et encore, maintenir sous les yeux du lecteur la représentation du but où on veut l'amener et des moyens pour y atteindre ; faire de cette image aimée un centre de cristallisation mentale.

En cette œuvre excellent les esprits convaincus ;

ils n'admettent pas la discussion et leur force d'affirmation en impose, car leur parole chaude et vibrante électrise la foule. On ne peut s'empêcher de tressaillir sous leur influence comme sous l'influence d'un prestige magnétique ; on se sent attiré vers leurs idées. D'autant plus qu'ils les répètent sans cesse, ne laissant pas à l'attention le loisir de se distraire. — Or, on sait comment devient prépondérante une notion toujours rappelée. A force d'avoir lu dans un journal le récit des crimes d'un personnage, dont on connaît très bien l'innocence, on se prend à douter malgré soi ; à force de lire une idée, qui de prime abord nous répugne, nous finissons par nous adapter à elle et par nous laisser envahir inconsciemment ; elle se glisse dans nos réflexions, déteint sur elles, cesse de nous sembler étrange, puis un beau jour nous la voyons remonter de notre fonds comme si elle était nôtre : ce jour-là — vaincus par un *progrès d'adaptation inconsciente* — nous l'admettons. De même nature est la suggestion que l'atmosphère intellectuelle fait subir à la foule... Ainsi, après des mois et des années de travail caché, éclate soudain un courant d'opinion : la formule, qui le traduit, est répétée partout à la fois, sa force se multiplie en s'affirmant ; c'est une vogue, une mode, une contagion à laquelle ni individu ni gouvernement ne peut s'opposer.

B) *La pratique.* — Ces grands résultats ne s'obtiennent pas sans beaucoup d'habileté et beaucoup de patience. Il en faut plus encore pour les accentuer en faisant pénétrer certaines convictions dans les âmes sous forme d'indéracinables traditions. Celles-ci doivent en quelque sorte s'identifier à la nature même du peuple, et cette œuvre est de longue haleine. Aussi, pour aboutir elle ne peut rester dans l'ordre purement intellectuel, elle doit descendre jusque dans la pratique.

La pratique, en effet, illumine singulièrement la théorie et l'attache invinciblement, j'allais dire, l'incorpore à l'intelligence. Elle est très efficace sur la foule. Voulons-nous, par exemple, faire son éducation sociale en lui enseignant les bienfaits de la mutualité, tâchons de lui faire profiter pendant quelque temps des avantages de l'association. Lors de premières discussions au sujet de la « loi sur les retraites ouvrières », et aujourd'hui encore, pourquoi l'idée mutualiste a-t-elle si peu captivé nos concitoyens ? Parce qu'ils ne l'ont pas comprise, n'ayant guère vu les beaux résultats économiques et moraux qu'elle produit. Au contraire, en Belgique, ces organisations sociales ont pris un superbe développement : avec l'aide de l'Etat, les citoyens, par libre initiative, peuvent se constituer à eux-mêmes des retraites importantes. Toute la faveur a été pour ce mode d'opération parce que dès l'école les enfants ont pratiqué cette manière de solidarité.

c) *Les résultats et les limites.* — Les idées fécondes ne progressent donc que lentement et sous un effort continu, mais le résultat est proportionné aux sacrifices. « Il faut de longs siècles d'ennui à un morceau de charbon pour devenir diamant. Ni l'adresse ni le hasard des combinaisons ne peuvent suppléer à ce travail patient de la nature », disait M. de Vogué (1), en parlant de la formation d'un caractère énergique : on peut en dire autant de ces convictions populaires qui ont la solidité du diamant. Pour les détruire ou pour les refaire à nouveau, il est nécessaire d'imiter la nature, notre éternel modèle. D'après ce principe, « l'adresse des combinaisons », comme l'enseigne notre méthode, s'efforcera— à partir des assimilations spontanées, dont notre enquête nous a révélé la forme —

---

(1) Cf. *Spectacles contemporains*, p. 99 (Paris, 1891).

d'*orienter* l'énergie connaissante de la foule vers des assimilations déterminées ; elle les *maintiendra* dans la même direction par d'incessants rappels (affirmations, agitation, etc.) jusqu'à ce que le temps faisant son œuvre, la contagion gagne peu à peu, et par *adaptations progressives*, atteigne les âmes jusqu'en leurs *aptitudes fondamentales* d'imaginer et de réfléchir.

Bien des étapes marqueront ces progrès : la conception théorique et parfaite du philosophe mettra plusieurs générations à s'infiltrer dans les intelligences populaires, et encore se modifiera-t-elle en revêtant des images plus ou moins exactes. Dans le livre ou le roman, elle prendra la forme de « morale en action » ; puis, dans leurs faits divers, les journaux trouveront des applications de la thèse en faveur. Par eux elle arrivera à la foule ; puis, celle-ci passant toujours de l'idée à sa réalisation, suscitera des mouvements d'idées, des indulgences ou des sévérités de jugements, des préjugés communs, des engouements, qui finiront par exercer une influence en retour sur les penseurs eux-mêmes.

Ainsi se crée cette mentalité nouvelle qui change totalement l'orientation de la pensée des foules. Cependant, malgré la valeur de ces résultats, il y a une limite infranchissable à de telles transformations. Certaines notions sont tellement en harmonie avec notre nature, qu'on les appelle des « *vérités humaines* » : elles sont admises de tous les temps et dans tous les pays. Ce sont par exemple les idées de bien, de mal, de devoir, de Dieu. Aucune entreprise ne réussit contre elles parce qu'elles surgissent d'*aptitudes* foncières et constitutives de notre raison, parce que sans cesse elles sont ravivées par des *assimilations spontanées* en leurs applications pratiques ; parce qu'elles sont en même temps développées par l'*adaptation progressive* de notre vie psychologique aux réalités que ces notions expriment.

Notre méthode, on le voit, n'a fait que traduire la marche par étapes de la nature travaillant à développer en notre intelligence des notions directrices. Comment s'étonner, dans ces conditions, que non seulement elles soient indestructibles, mais qu'elles ne cessent de grandir en clarté avec l'expérience de chaque jour.

# CHAPITRE V

## MÉTHODE D'INFLUENCE EFFICACE
## DANS LA VIE MORALE

Sommaire. — I. Théorie. — 1. Solidarité des énergies de l'âme. —
2. Rôle de la volonté. — 3. Double méthode nécessaire : *a)* connaître ; *b)* agir.

II. Applications. — 1. *Formation personnelle.* — *A) Enquête.* —
§ 1. Résolution préalable : *a)* ses conditions ; *b)* les secours et le
problème. — § 2. *Examen de conscience moral* ; moyens pratiques :
*a)* mes propensions ; *b)* les sollicitations qui ont prise sur moi ;
*c)* mes diverses capacités de vouloir. — *B) Action : a)* Difficultés
et possibilités ; *b)* moyens pratiques : A. le milieu ; œuvre négative
et positive ; B. les délibérations faites d'avance ; C. le ton général
d'énergie ; — *c)* le caractère.

2. *Éducation d'autrui.* — Initiative et persévérance. — *A)* Pour *connaître* le caractère : observation et expérimentation : *a)* les assimilations et réactions ; *b)* le contrôle par les adaptations ; *c)* la
détermination des aptitudes. — *B)* Pour *façonner* le caractère :
*a)* l'idéal à proposer : A. rôle de l'instruction; B. de la méditation ; — *b)* les moyens de progrès : A. sollicitations du milieu ;
B. gradation d'exercices ; C. exemples vivants ; — *c)* les fruits de
l'effort personnel.

3. *Influence sur une foule.* — *A) Investigation : a)* les prédispositions
de caractère ; *b)* les expérimentations d'essai ; *c)* la promptitude
et le sens des réactions. — *B) Action : a)* par glissements successifs ;
*b)* par provocation et traduction des vouloirs confus ; *c)* par
résolutions collectives. — Conclusion : *a)* éducation des masses ;
*b)* solidarité sociale.

I. — Théorie.

1. *Solidarité des énergies de l'âme.* — En vertu de
l'intime solidarité unissant toutes nos énergies, la
volonté, qui a mené vers leur idéal de *Tempérance* et
de *Sagesse* la sensibilité et l'intelligence, reçoit de ces

dernières un précieux concours pour assurer sa liberté dans la *Force* et dans la maîtrise de soi. De l'une lui viennent les élans de l'activité, qu'elle doit régir ; de l'autre la lumière, qui éclairera son intervention. Celle-ci a pour but de rendre *morale* la vie humaine tout entière, c'est-à-dire d'en orienter l'expansion vers une fin librement choisie. Mais pour le faire, elle a besoin de conquérir une autorité souveraine sur toutes nos tendances et d'affirmer son indépendance définitive à l'égard de toutes les sollicitations, qui peuvent venir du dedans et du dehors. Cette indépendance constitue le caractère. Or, former un caractère est l'œuvre suprême de l'éducation.

Les lois psychologiques, qui président au développement de la volonté, permettraient-elles à notre double méthode d'aider à cette entreprise ? C'est ce qu'il faut examiner d'abord.

L'acte de volonté libre est conditionné par les faits sensibles et intellectuels, auxquels il se superpose : lorsque nous nous sentons sollicités à agir en vue d'un but à atteindre, celui-ci nous est toujours suggéré par des sentiments et des associations d'idées. Encore, pour qu'il nous attire, faut-il que notre attention s'arrête quelque peu à le considérer. Mais cela n'aura lieu que si les éléments psychologiques, qui représentent l'action à réaliser, trouvent des complicités parmi nos tendances profondes (1).

D'une manière sourde et inconsciente, en effet, ces tendances sont à la racine de nos sympathies spontanées. Malgré que nous en ayons, elles écartent de nous jusqu'à la pensée de certains actes et restreignent d'autant le domaine d'exercice de notre libre arbitre. D'autres fois, au contraire, elles nous font

---

(1) Cf. *supra*, livre second, ch. VII.

mieux comprendre le but d'une entreprise, nous la font souhaiter, la teintent à nos yeux des plus séduisantes couleurs, au point de ne plus nous laisser de repos que nous ne l'ayons achevée. Or, nous ne comprenons et nous n'aimons de la sorte que ce qui est un peu nous-mêmes ou promet une heureuse expansion à nos énergies. Il y a donc en notre âme tout un fonds d'aptitudes déjà orientées, et c'est à elles que la sensibilité et l'intelligence par leurs mobiles et leurs motifs adressent comme un appel à l'assimilation. Elles répondront dans la mesure où leur adaptation initiale les y prédispose, et par une progression d'harmonie tendront à rejoindre en un acte commun les états d'âme, dont l'influence les éveille.

2. *Rôle de la volonté.* — Cependant, cette unification, cette synthèse intérieure, cette assimilation au sens propre du mot ne s'achèvera que si la volonté le permet. Celle-ci, en effet, peut dominer l'évolution intérieure, la favoriser ou la combattre et assurer, pourvu qu'elle soit habile, son souverain domaine sur l'homme tout entier. Pour cela, elle oppose les unes aux autres les multiples sollicitations, qui lui arrivent ; et, grâce à l'équilibre qui s'établit entre les tendances, elle échappe aux influences déterminantes. Les divers projets se heurtent alors dans l'esprit, modifient leur forme et au besoin leur fond pour se mettre d'accord avec les désirs secrets de l'âme. Bientôt l'un d'eux semble favorisé. Par son adaptation progressive, il gagne une à une les puissances internes. Enfin, la volonté, qui — si elle est en éveil — a librement, quoique d'une manière indirecte, toléré ou recherché cette orientation, la sanctionne par son choix.

La résolution est prise. Tout cependant n'est pas achevé, car dans le monde psychologique non plus que dans le monde matériel, l'exécution d'un ordre

donné ne se fait d'elle-même : elle requiert le concours
de certaines de nos énergies. Mais sur elles la volonté
n'a pas de pouvoir despotique. Ses commandements
seront méconnus, si elle ne sait pas biaiser avec la
nature et la diriger en obéissant à ses lois. On voit par
là quel précieux service la science de l'âme peut rendre
à l'éducateur. S'il veut que son action soit efficace,
il doit faire la psychologie *actuelle* de son sujet, connaître les *ressources* résultant de son tempérament,
de ses associations antérieures, de ses passions, de ses
préjugés, etc... ; organiser un milieu qui conduise leur
évolution en un sens déterminé afin de les amener
peu à peu au but qu'il a choisi. C'est un travail
considérable. Seule une volonté bien trempée l'achèvera et donnera à une âme cette splendeur de l'unité
de vie dans la variété des tendances, qui constitue la
beauté morale.

.3. *Double méthode nécessaire.* — Or, et ce point de
vue nous intéresse ici, — la processus du *vouloir*
*efficace* vers ce but ne diffère point du processus
que, d'après nous, suit l'influence en général : toute
victoire remportée sur la sensibilité et sur l'intelligence est due à une judicieuse *adaptation* des ressources découvertes en notre âme. Elle s'affirme en
des *assimilations* ou orientations d'activité, qu'une
pratique constante de la vertu fixe en *dispositions*
*profondes* dans cette seconde nature, que constitue
l'habitude. Grâce à cette dernière, le passé est plein
de l'avenir et l'éducation garantit dans la mesure du
possible la persévérance de la bonne volonté.

Cette constance du vouloir qui fait l'unité de la vie
morale conduit l'homme, — et il le sent d'instinct, —
au bonheur suprême dans le plus grand développement de toutes ses puissances. Là, pour lui, se trouve
le Bien et c'est vers ce Bien qu'il s'élance de toute sa

spontanéité, mais le mode de cet élan varie d'individu à individu. Sans doute, nos aspirations fondamentales revêtent toujours trois formes qui les entraînent à l'action égoïste, altruiste et supérieure sous la pression de l'amour du plaisir ou de l'intérêt, de l'amour d'autrui, de l'amour du Bien suprasensible et infini auquel, à certaines heures, nous souhaitons ardemment d'unir notre âme ; mais c'est avec des divergences d'évolution, qui nuancent les caractères. De ce fait, ressort une fois de plus la nécessité de posséder *pour chaque cas particulier* une méthode d'investigation et d'action, si nous voulons tenter une intervention efficace.

Nos précédentes recherches, pensons-nous, peuvent nous la fournir.

a) *Connaître.* — En effet, elles nous ont appris d'abord que tout souhait d'assimilation suppose au point d'influence réciproque une parenté complice, c'est-à-dire une ressemblance, voire parfois une identité entre l'agent et l'agi. Voilà pourquoi l'examen des diverses aspirations et adaptations spontanées de ce dernier nous permet de conclure à l'existence en lui de certaines *aptitudes* innées ou acquises, dont ces élans ne sont que la manifestation. Bien plus, la nature de ces aptitudes, leur puissance, leur vivacité nous fait connaître la forme d'idéal, à laquelle l'être qui les possède, est *actuellement* prédisposé.

Elles nous ont appris ensuite à dégager — du fait des assimilations spontanées ou des adaptations réussies — *sous quelles influences* entrent en activité les aptitudes d'un sujet et comment, dès lors, on aura chance d'avoir prise sur elles pour provoquer et guider leur évolution.

Enfin, elles nous ont appris, par une investigation méthodique à déterminer *à quelle distance* de l'idéal rêvé pour lui se trouve le sujet au moment de notre intervention. Cela éclairera notre action, qui ne peut être féconde qu'à condition de s'adapter à l'état d'âme actuel pour l'élever progressivement.

b) *Agir.* — Certes, l'œuvre de l'éducateur est si ardue que toutes les énergies de l'être doivent y apporter leur concours. Nulle d'entre elles ne doit être considérée comme inutile ou essentiellement nuisible : l'affirmer serait mutiler la nature humaine. Il y a cependant un équilibre à maintenir entre nos aspirations ; chacune d'elles, en effet, est exposée à devenir exclusive et égoïste avec une pointe de jalousie. Laissez dominer l'amour du plaisir et toutes les forces de l'homme, son intelligence, sa volonté, son cœur deviendront l'esclave des instincts sensuels et n'auront plus d'autre soin que de travailler à les satisfaire. Que l'intérêt s'empare du pouvoir et l'âpre soif du gain étouffera la voix de la conscience, ne laissant à sa victime d'autre jouissance que celle de l'avare, qui enfle ses trésors. Quant à la sympathie, plus volontiers on lui laisserait la direction de l'activité, si on pouvait éviter les contradictions, les incohérences, les à-coups, auxquels elle exposerait notre vie. Il est vrai qu'elle s'adjoint parfois le « spectateur impartial » d'Adam Smith, mais n'est-ce pas alors faire appel à l'intervention de la raison. Cette dernière enfin voit clairement le devoir et peut guider notre volonté dans son rigoureux accomplissement. Toutefois elle doit, elle aussi, se garder de tout exclusivisme, car *pour être la plus noble puissance interne, elle n'a pas le droit de dédaigner les autres* : la conception de Zénon est inadéquate à notre nature aussi bien que la conception d'Epicure.

La morale vraiment humaine sera celle qui aiguillera nos activités vers un idéal capable de donner à chacune d'elles le bien auquel elle aspire. Pour atteindre ce résultat, elle aura besoin de discipline car l'anarchie est toujours inféconde, et aussi de rigueur dans la méthode car le désordre est l'ennemi de tout progrès. Lors donc que la raison aura déterminé l'emploi à faire de chacune de nos puissances, il restera encore à la volonté le soin de l'accepter : assentiment de la conscience morale et consentement de la volonté sont deux, et il en est qui péchent contre la lumière. Mais supposons faite cette élection, — et elle se fait nécessairement puisque le refus de choisir est encore ici une manière de choisir un idéal de vie, — la volonté libre s'appliquera à perfectionner l'adaptation qui nous rapproche de lui. Patiente et inlassable, elle ne cessera de travailler à nous y assimiler dans la mesure où le comporte notre nature humaine.

Cette entreprise occupera toute notre existence, car elle ne se poursuit qu'avec une extrême lenteur. Le pouvoir direct de la volonté est en effet assez peu considérable et ce serait une illusion bientôt suivie de cruelles déceptions que de s'imaginer qu'un violent coup de barre suffit à changer d'une manière définitive la direction de notre activité, ou encore qu'un effort héroïque nous débarrassera soudain des lourdes entraves d'habitudes invétérées ou de penchants tyranniques (1). Non, l'œuvre réclame une longue persévérance. Il faut conquérir les plus humbles activités sensibles et même physiologiques, parce que pour former un caractère, perfectionner l'ordre intellectuel et moral est nécessaire sans doute ; ce n'est pas assez (2). Le croire serait penser qu'il suffit de sculpter le chapiteau d'une colonne pour faire de celle-ci tout entière une œuvre d'art. Certes, ce couronnement est une pièce capitale

_______________

(1) Cf. Jules Payot, *L'éducation de la volonté*, p. XV (Paris, 1899).
(2) *Ibid.*, p. 36-45, où se trouvent décrits avec une grande finesse les influences réciproques de nos divers éléments psychologiques.

et sans elle le monument serait fruste et inachevé, mais si les fondations en sont mal assurées, si le fût en est branlant, son ornementation artistique paraîtra bien inutile ? Que si, au contraire, de la base au sommet, tout a été surveillé et travaillé avec soin, l'ensemble sera d'une belle venue et très résistant. Pourvu qu'elle sache déployer une même patience minutieuse, la volonté, grâce aux habitudes, conquerra sa pleine liberté dans le sens, que de longue date elle aura élu ; elle agira avec une promptitude tenant de l'instinct (1), et ce sera la récompense de ses efforts passés ainsi que la garantie de sa persévérance à l'avenir.

Tel est le but à réaliser en chacun de nous. Voyons maintenant en détail comment notre méthode peut aider à l'atteindre à travers les contingences individuelles.

## II. — Applications.

### 1. *Formation personnelle.*

L'idéal commun à toute éducation de la volonté est la *maîtrise de soi*, que donne la vertu de force. Mais dans quelle mesure et comment pourrai-je y atteindre *moi-même* ? La solution de ce problème exige qu'au préalable soit achevé mon examen de conscience psychologique et moral.

### A) *Enquête.*

Par un premier regard jeté sur le monde intérieur, j'ai constaté sous trois formes nécessaires d'aspirations, mon incoercible besoin d'activité, mais j'ai constaté aussi mon pouvoir d'en orienter l'expansion. Au

---

(1) Ce serait au dire de M. G. Le Bon le but même de l'éducation, qu'il définit. « L'art de faire passer le conscient dans l'inconscient », *Psychologie de l'éducation*, épigr. (Paris, 1909).

fur et à mesure que la vie se perfectionne en moi, le personnage tout égoïste des premières années se prend de sympathie pour ceux qui l'entourent et lui ressemblent, puis il arrive à concevoir le Beau, le Vrai, le Bien et à éprouver pour eux un réel amour. Cependant, l'apparition des formes supérieures de l'aspiration ne ruine pas l'égoïsme initial des tendances ; leurs exigences persistent et provoquent souvent des conflits. A qui donnerai-je la palme ? La conscience morale me dit que le devoir consiste à maintenir un harmonieux équilibre entre toutes mes puissances. Lui obéirai-je ?

§ 1. *Résolution préalable.* — La réponse est à ma liberté ; c'est à elle de *déterminer quel idéal* éclairera mes actions et donnera de l'unité à tous mes efforts.

a) *Ses conditions.* — Il est à remarquer cependant que cette résolution, pour être libre en elle-même, n'en subit pas moins l'influence des conceptions que je me fais de la vie et le contre-coup des sentiments qui m'agitent : un esprit, qui n'est plus vide, est difficilement un esprit impartial, et le cœur voit toutes choses à travers le prisme de ses amours. Par froide et claire raison, je puis, il est vrai, reconnaître le devoir. Mais si mes prédispositions, mes états d'âmes actuels ne lui sont pas sympathiques, il ne trouve pas en moi les complicités que nous avons reconnues nécessaires à l'efficacité d'une influence. La représentation des actes, qu'il suggère, ne peut pas s'insérer dans la série de mes images motrices et y devenir prépondérante. Elle s'évanouit et comme dans le Roman de la Rose, la raison en est pour ses frais d'arguments, car

> « Cy, répond l'Amant à rebours,
> Mais la Raison n'est pas l'amour ».

Une première nécessité s'impose donc : pour que ma volonté libre puisse intervenir avec succès, il faut de longue main explorer et préparer son champ

d'action ; *où en est* mon âme ? Est-elle actuellement
dans des *dispositions favorables* à la conquête de l'idéal
moral que j'ai résolu de poursuivre ? *De quelles ressources dispose-t-elle* ? Voilà ce qu'il m'importe de
savoir d'abord.

b) *Les secours et le problème.* — Les précédents
examens de consciences personnels (1), en me faisant
connaître mes propensions sensibles et intellectuelles,
soulèvent déjà un coin du voile. Ils m'indiquent les
voies les mieux ouvertes à mon activité. Il me reste
à considérer *comment* d'ordinaire *ma volonté libre*
utilise mes possibilités d'action ? — Est-elle assez
maîtresse d'une attention assez puissante pour dissoudre les associations de motifs et de mobiles, quand
elles sont devenues funestes ? Ou bien est-elle esclave
du passé, enlisée dans la routine ? — A-t-elle de l'initiative ? ou bien, moutonnière, subit-elle toutes les
contagions du milieu ? — Persiste-t-elle dans ses
desseins ? — Est-elle prompte à réveiller et à serrer
avec une vigueur nouvelle tous les systèmes d'images
et de sentiments que l'habitude lui a laissés ? ou bien
se décide-t-elle avec une lenteur désespérante ?

§ 2. *Examen de conscience moral ; moyens pratiques.* —
Notre méthode d'investigation nous aidera à répondre :
les assimilations spontanées et habituelles de mon
activité volontaire m'en révéleront les qualités, les
*aptitudes* ; ses adaptations heureuses et fécondes m'en
diront les *propensions* et les préférences, tandis que les
unes et les autres me feront apprécier la *distance* où
je suis actuellement de mon idéal.

Décrivons ce processus au moyen d'un exemple.

a) *Mes propensions.* — Je suppose que, faisant un
retour sur moi-même, je me reconnaisse un penchant

---

(1) Cf. *supra*, livre troisième, ch. III et ch. IV.

accusé pour une foule d'entreprises. Les projets s'ébauchent dans ma tête, mais jamais rien ne se réalise. Si je rêve à une œuvre humanitaire : en un clin d'œil, je la vois s'organiser, j'en suppute les bienfaits. Hélas ! tout cela reste à l'état de conception, parce que je redoute l'effort et que ma volonté n'a pas suffisamment d'énergie pour surmonter les considérations égoïstes qui se dressent devant moi... ; faute d'initiative, j'en reste aux bonnes intentions. Au contraire, s'agit-il d'entreprendre une partie de plaisir, il me semble que je suis toujours prêt ; mais trop utilitaire, je pèse minutieusement les joies promises et les difficultés à vaincre : c'est à grand'peine que se coordonnent mes pensées et mes sentiments sous la pression d'une volonté indolente.

b) *Les sollicitations qui ont prise sur moi.* — Cependant, à la longue, mon pouvoir de résolution s'affirme. J'ai constaté, qu'après plusieurs essais, — un peu contraint par mes amis, je l'avoue — j'ai pris goût au jeu de tennis. Progressivement je m'y suis attaché, et enfin je me suis décidé à entrer dans une équipe. Depuis lors, il me semble que mon énergie est sortie de son sommeil : quand il s'agit d'une partie de tennis, je n'hésite plus. Cette fois j'ai de l'initiative.

Une telle adaptation me révèle une propension à agir, si vive qu'elle domine en moi les craintes de l'indolence sans doute, mais aussi la conscience de mes obligations les plus pressantes. Quand un conflit s'élève entre mon amour du jeu et un devoir dont l'accomplissement m'éloignerait de la piste, je balance bien un moment, mais l'attrait de l'agrément triomphe vite des motifs du devoir.

c) *Mes diverses capacités de vouloir.* — Qu'est-ce à dire ? sinon qu'une complicité intérieure assure en moi la victoire aux mobiles du plaisir ; que leurs images sont par moi mieux comprises et plus aimées, parce qu'elles favorisent les aspirations intimes de mon âme. Je suis à leur sujet comme en attention expectante. Il m'arrive ce qui arrive au savant à la recherche d'une preuve : dès qu'il en aperçoit un élément, il risque d'être étourdi par les inférences, qui jaillissent de son intérieur..., dès qu'un objet m'apporte quelque agrément, il se colore de toutes les séductions du plaisir en général. Cela m'apprend quelle est actuellement l'orientation profonde de mes *aptitudes* et combien l'amour du sport peut devenir dominateur chez moi.

Cette propension, que l'exercice a éveillée, — aussi bien que les répugnances souvent irraisonnées qui en sont la contre-partie, — toutes mes tendances acquises en un mot m'apparaissent exigeantes à l'égal de mes aspirations naturelles vers l'action vertueuse. Elles semblent même pratiquement plus impérieuses qu'elles. Il faut les discipliner (1).

En effet, c'est à leur sujet que se pose surtout le problème de la défense de ma liberté contre la pression de tout mon passé. Elles enlacent ma volonté comme d'un réseau dont chacun de mes actes resserre davantage les mailles : il me faudrait les briser afin de reconquérir mon indépendance. Voilà pourquoi Mgr d'Hulst disait : « Pour croire à la liberté il ne suffit pas de l'affirmer ni même de la démontrer, il faut la pratiquer, j'allais dire il faut la faire, car elle est en chacun de nous ce que nous la faisons ». (2). — Pour moi, en ce moment, je viens de le découvrir, ma volonté est victime à la fois de mon indolence en face du devoir et de mon goût pour un sport, qui semble avoir accaparé toute ma réserve d'énergie.

Comment donc réussirai-je à m'affranchir ?

---

(1) Cf. G. Le Bon, *Psychologie de l'éducation*, p. 177-182 (Paris, 1909).
(2) *Carême* 1891, 3ᵉ conf., à la fin.

B) *Action* :

a) *Les difficultés et les possibilités.* — Inviolable et absolue en elle-même, la liberté dans son exercice est conditionnée par les motifs, par les mobiles et par ce que j'appellerai le *ton psychologique et moral* de l'âme. J'entends par là cette orientation due à une foule de phénomènes subconscients, qui donnent ou refusent leur concours aux mobiles et aux motifs surgissant en nous à un moment donné. Ceux-ci sont portés par ceux-là : ils sont comme des bouées, que des masses d'eaux profondes soutiennent et tirent dans le sens des courants cachés ; seuls, ils sont éclairés; seuls ils sont dans le champ de la vie consciente pour en diriger l'expansion volontaire et libre. Ils indiquent les routes à suivre, mais en même temps tracent par avance les lignes entre lesquelles s'accomplissent nos évolutions. Notre choix est de fait limité par les alternatives, qu'ils nous proposent et subit encore l'influence de la manière dont ils nous les proposent. Ainsi, les séductions de la sensibilité et les charmes de l'imagination se rient souvent des froides conclusions de la raison et entraînent l'âme à leur suite malgré la malice entrevue dans l'action à laquelle ils nous invitent. Leur coalition et l'organisation de leurs forces peuvent même rendre toute résistance momentanément impossible ; parfois elles occupent l'âme en entier et alors « l'être sensible absorbé, fasciné par le charme d'une seule passion, n'ayant de vie et de mouvement qu'en elle et par elle, se trouve presque ramené à un état de simplicité native. Automate sentant, toujours mû par des ressorts étrangers qui se tendent ou se relâchent sans sa participation, il a perdu sa liberté, sa force propre et constitutive » (1).

---

(1) Cf. MAINE DE BIRAN, *Œuvres inédites*, t. II, p. 75, édit. E. Naville (Paris, 1859).

Pas d'une façon complète cependant, car à côté des tendances dominantes persistent des *capacités d'action favorables* à la pratique du devoir. Anémiées et affaiblies par le joug, dont les écrase la passion, elles manifestent encore un peu de vitalité : en elles se trouve la source, jamais tout à fait tarie, des vigoureuses protestations que la raison élève et que la volonté adopte aux heures où leur tyran sommeille. Ce sont elles qui provoquent alors les révoltes du bon sens et de la vertu. — A ce moment nous sommes déjà ce que nous voulons ou voudrions être, mais nous ne le sommes encore qu'à l'état de souhait, sous forme de germes, qu'une culture habile conduira seule à maturité. Réussir à les faire éclore, c'est parvenir à recouvrer la maîtrise de soi.

b) *Moyens pratiques.* — Vers un tel but la connaissance de mes aptitudes me facilitera le chemin. Pour combattre ma paresse en apparence invincible, je choisirai parmi mes puissances d'agir celle qu'il m'est le plus facile d'amorcer et de mettre en jeu actuellement, si humble soit-elle. Or, justement l'investigation, à laquelle je me suis livré, m'a fait prendre conscience du charme que je trouve au tennis. Frivole en soi et même excessif, ce goût peut être un moyen d'éducation personnelle, puisqu'il me fait triompher de mon indolence. Je pratiquerai donc cet exercice avec prudence et modération afin de ne point provoquer fatigue extrême et satiété. Peu à peu, les efforts qu'il réclame hausseront le ton d'énergie de mon âme et exalteront mon désir de l'action en général. Le tout est ici que ma volonté ne se décourage pas, car l'éducation de mon énergie requiert, je le sais, la persévérance dans l'effort.

A) *Le milieu.* — L'organisation du milieu où je vis m'apportera un précieux secours. Ses influences, par les exemples, les occasions, les sollicitations incessantes tiendront mon attention en éveil et enserrant mon activité comme d'un réseau d'aiguillons, m'empêcheront de m'arrêter jamais. — Sous de telles pressions, ma volonté acquerra de la puissance, d'autant plus que sa facilité d'action croîtra avec l'*adaptation* de mes forces à l'acte choisi. — L'organisation de ce milieu favorable à une expansion d'activité dans une direction définie est œuvre. de patiente attention volontaire. Elle sera double.

*Négative* d'abord, elle s'attachera à libérer mon esprit des considérations qui poussent à la paresse, à l'indolence, à la lâcheté. A ce prix seulement je pourrai travailler avec succès à mon indépendance. L'image, en effet, est comme la passion qu'elle suscite, « on ne l'arrête pas en droit fil » : toute agitation pour l'attaquer en face travaille à son épanouissement. Ainsi en est-il d'une digue opposée à un torrent impétueux. Elle accumule les eaux, qui finissent par la franchir; débordant et envahissant tout. On n'étouffe pas les idées et les sentiments : faire la solitude autour d'eux est la seule tactique, qui les détruise. — Si l'on n'y peut arriver, il reste encore une ressource : associer à ces états d'âme quelque répugnance qui nous empêchera de les favoriser. Les cristallisations antérieures, entraves pour notre liberté, se dissoudront alors ; leur bloc se brisera et elles tomberont peu à peu dans le domaine de l'inconscient (1).

Pour me garantir ensuite contre le réveil de ces anciennes habitudes de penser et de sentir qui me faisaient tant apprécier le doux farniente, il sera prudent de profiter des moments où la lutte est moins vive, où l'âme aspire d'elle-même à une activité

---

(1) Au sujet de ce déblai préliminaire d'ordre sensible et intellectuel, voir nos considérations aux chapitres précédents (liv. III, ch. III et IV) ; on y trouvera tout ce qui intéresse la partie rationnelle de l'éducation d'une volonté — justement appelée par les anciens *appetitus rationalis*.

féconde. C'est l'heure de l'*entraîner* vers la vertu, ne fut-ce que par l'exercice imaginaire, car la méditation d'entreprises généreuses, leur poursuite en une agréable rêverie prédispose certainement à les réaliser le cas échéant. Cet artifice psychologique conduit à des résultats appréciables : les représentations et sentiments souvent ravivés viennent plus facilement apporter le concours de leur alliance aux états d'âme qui leur sont sympathiques, tandis qu'ils s'opposent à l'épanouissement des motifs et des mobiles qui leur répugnent. Ceux-ci ne peuvent pas dès lors utiliser leur puissance entière et pèsent d'autant moins sur les décisions de la volonté libre.

B) *Les délibérations faites d'avance.* — Il y a donc une *orientation préalable* de l'activité grâce à une foule d'influences plus ou moins subconscientes qui s'exercent sur nous. Contre elles et contre tout le psychisme inférieur qu'elles représentent, il importe d'assurer pleinement notre liberté. Il arrive souvent, en effet, que la valeur morale de nos actes n'a point sa source dans leur accomplissement lui-même, mais dans les dispositions, les résolutions antérieures, les habitudes prises. Celui qui a coutume de remplir son cœur de nobles sentiments, de prévoir par une méditation sérieuse, c'est-à-dire de contempler dans une représentation nette, l'acte qu'il accomplira dès que les circonstances s'y prêteront, a préparé chez lui le triomphe de la vertu (1). Il n'hésitera point, car à

------

(1) C'est ainsi qu'une âme acquiert de l'INITIATIVE. *Voir clair*, en effet, est la première condition d'une action féconde. Il faut sortir du nuage plus ou moins poétique dont l'imagination embrume souvent nos projets pour nous en dissimuler les imperfections ; il faut se mettre bien en face de l'œuvre à entreprendre. Un effort vigoureux est nécessaire pour cela : s'astreindre à ne pas abandonner un travail, une lecture, une discussion avant d'avoir conquis une conclusion nette ; s'astreindre à ne jamais quitter une méditation sans former de ses réflexions un « bouquet spirituel », c'est-à-dire une direction précise pour sa conduite, — cela semble dur parfois..., mais à ce prix on vit dans la lumière, on sait où l'on va et ce que l'on veut.

*Voir concret* est une perfection de plus, car c'est contempler le but, qu'on

l'image du devoir maintes fois ramenée dans son esprit ne peut faire équilibre aucune image d'intérêt ou d'égoïsme. Tel fut d'Assas : tombé dans une embuscade, il entrevoit clairement qu'il doit se sacrifier pour le salut de l'armée, spontanément il pousse le cri d'alarmes. Sur le coup, il ne délibère point ; mais cela n'enlève rien au mérite de son généreux dévouement, parce que la délibération était faite d'avance. Son acte apparaît comme le fruit d'une haute éducation morale, comme le couronnement d'une vie toujours prête à s'immoler pour le devoir.

c) *Le ton général d'énergie.* — Suivant un si noble exemple, je puis entretenir en moi un milieu de conceptions généreuses : plus de place en mon esprit pour les tableaux jadis si séduisants du repos et de la flânerie. La représentation des efforts qui me rendent agréable mon sport favori, puis celle de toute entreprise, qui exalte l'activité, occuperont en moi la scène psychologique. Je vivrai dans une atmosphère d'énergie et de vigueur. Toujours maintenue en haleine, mon âme se débarrassera de son ancien penchant pour la

---

se propose, dans le cadre de la réalité ; c'est mesurer son entreprise à ses ressources ; c'est subordonner sa pensée aux faits, condition nécessaire pour les dominer ; c'est prévoir dans le détail les difficultés à vaincre et se marquer d'avance par quelle série d'étapes on se résignera à passer ; en un mot, c'est connaître non seulement la fin à atteindre, mais encore les moyens pratiques de le faire. On prend ainsi conscience de sa force ; de là naît la confiance dans le succès. — Par ailleurs, l'idée reconnue possible ne tarde pas à devenir attrayante, séduisante même. Elle adapte spontanément toutes nos énergies au but qu'elle représente ; elle n'attend plus, semble-t-il, que l'occasion de se réaliser.

Cette préparation de l'âme en vue de l'action est plus efficace encore lorsqu'elle se précise et s'exprime en résolutions concrètes, déterminant comment on agira dans telle ou telle circonstance définie, c'est ce que j'appellerai : *voir d'avance.*

Quand la nécessité d'agir nous presse, l'émotion, les distractions extérieures, la crainte d'erreurs possibles troublent l'âme et lui enlèvent le calme que requiert une initiative éclairée. On est exposé à se précipiter à l'aveugle ou à perdre un temps précieux en hésitations ordinairement désastreuses. Il est donc utile d'avoir prévu : réflexions faites et conclusions posées sont un grand moyen d'action rapide. C'est, répétons-le, la condition des *initiatives héroïques.* Celles-ci cependant exigent encore une volonté énergique qui, ayant vu clairement, d'une manière concrète et d'avance le devoir à accomplir, n'hésite pas devant les sacrifices à faire pour cela. L'éducation de la volonté dont nous nous occupons ici a pour but principal de faire acquérir à l'âme ce *ton général* d'énergie.

rêverie, dont l'émiettement et l'indécision me laissaient inerte : elle sentira le besoin d'atteindre ce but choisi avec peu de conviction sans doute, mais que chaque *effort* rend plus précis et plus séduisant. La soif d'agir aura remplacé la paresse. Suscitée à propos d'une opération particulière, courageusement voulue et exécutée, elle finira par enfiévrer toutes mes énergies sous forme d'*habitude générale* (1). Après avoir éprouvé la joie de l'action, on perd le goût de la torpeur : l'indolence me deviendra insupportable. Désormais, ma volonté sera orientée vers le travail et son éducation influera sur mes décisions futures.

Aucune hésitation ne se produira plus entre deux alternatives, dont l'une vante les charmes du farniente et l'autre propose un déploiement d'activité. Images et sentiments favorables se hâteront de renforcer cette dernière ; ils réaliseront à son profit une synthèse puissante et belle, qui fera si bien voir à l'âme l'excellence du travail, qu'elle aura d'extraordinaires chances d'emporter son adhésion. L'exécution suivra de près. Elle sera facile à une âme qui possède l'idée nette de la tâche à remplir (2) et un ardent désir de dépenser pour cela ses réserves d'énergie.

c) *Caractère.* — Ainsi une foule d'actions, qui jadis m'étaient pénibles et même répugnantes me deviennent agréables, quand j'y suis habitué. C'est que

---

(1) Cf. J. Payot, *L'éducation de la volonté*, p. 136 (Paris, 1899) : « Souveraine et sûre du triomphe, l'habitude procède d'une marche insidieuse et comme sans se presser. On dirait qu'elle sait la prodigieuse efficacité des lentes actions indéfiniment répétées. Un premier acte, même pénible, accompli, sa répétition coûte déjà moins. A une troisième, à une quatrième reproduction, l'effort diminue encore et va s'atténuant jusqu'à disparaître. Que dis-je, disparaître ! Cet acte pénible au début va devenir peu à peu un besoin, et franchement désagréable d'abord, c'est son non accomplissement qui deviendra pénible ! » Et cette première habitude active s'étendra pour ainsi dire dans l'âme entière, l'entraînant par « le plaisir qu'il y a à agir, plaisir si vif que beaucoup de gens agissent pour agir... », p. 140.

(2) Cf. J. Payot, *ibid*, p. 146, 147, où nous lisons cet excellent moyen de prévenir l'indécision et l'indolence dans le travail : « Le moyen capital d'arriver à cette maîtrise de son énergie, c'est de ne jamais s'endormir sans fixer la tâche exacte que l'on doit faire le lendemain ».

mes premiers exercices ont déposé en moi un résidu
d'aptitudes, un ensemble de virtualités, qui constitue
« comme une seconde nature ». Celle-ci est *adaptée* au
but que j'ai poursuivi ; elle est l'œuvre de ma liberté
et j'en suis responsable. En la formant, en assimilant
ma volonté à l'idéal que j'ai choisi pour elle, j'ai
formé mon *caractère*. Or, l'idéal du caractère est la
maîtrise de soi qui assure l'indépendance en face des
impulsions du dedans ou du dehors. Le caractère est
donc fait d'initiative et de force de résistance ; œuvres
de l'éducation individuelle, elles s'acquièrent ou se
développent par des moyens que suggère la méthode
générale d'influence : mettre en éveil les aptitudes
découvertes, les développer par des adaptations progressives à l'idéal choisi, jusqu'à ce qu'on arrive à le
faire sien, à s'y assimiler dans la parfaite possession
de soi-même.

En cette œuvre, notre effort devra ne se relâcher
jamais, car les puissances instinctives sont toujours
prêtes à s'agiter et à se révolter contre le principat de
la volonté. Si bien que l'on ne se possède vraiment
soi-même qu'à condition de se reconquérir sans cesse.

* *<br>*

2. — *Éducation d'autrui.*

Le caractère de l'homme énergique, nous venons de
le voir, résulte de deux facteurs : la clarté de l'intelligence qui, montrant nettement l'idéal à atteindre et
les moyens d'y aboutir, provoque l'*initiative* ; puis une
vigueur de volonté acquise par un exercice habilement
gradué, qui oriente de mieux en mieux notre âme vers
le bien, tout en lui donnant une force invincible de
*persévérance*. Faire l'éducation d'un enfant, cela comporte donc pour le présent une double entreprise ; et

si l'on veut la mener à bonne fin, il faut, comme toujours, débuter par l'observation.

A) *Pour connaître le caractère : observation et expérimentation.*

a) *Les assimilations spontanées.* — On s'efforcera d'abord de découvrir ces points de pensée obscurs et imprécis, qui gênent ou faussent l'usage de la liberté. Tel est le cas des scrupuleux : chez eux la correspondance entre le trouble de l'idée et la faiblesse de la résolution est remarquable. Chose naturelle d'ailleurs : là où la raison flotte dans les nuages, et où les tendances sont en anarchie, règnent le scepticisme et l'indécision : impuissance de conclure pénible au point que l'âme souhaite parfois sortir de ses incertitudes en abdiquant son pouvoir volontaire.

Cette hésitation d'apparence invincible, cette lenteur de décision, s'il y est condamné, ou bien sa joyeuse promptitude au contraire, l'enfant les révélera par les *assimilations spontanées* et plus ou moins rapides de son activité : à peine en récréation se met-il au *jeu* ? ou perd-il un temps précieux à calculer les avantages de tel ou tel exercice, imitant ainsi ces gens d'obstinée réflexion qui, pendant qu'ils pèsent le pour et le contre, laissent passer l'heure d'agir ?

Parfois cependant, la violence même des impressions devient un obstacle : les émotions en lutte sont d'égale puissance et l'enfant, sollicité par deux plaisirs ou deux objets qu'on lui offre, soucieux de les posséder tous les deux, ne peut se résigner à choisir. La décision exige en effet un coup de barre que donne la volonté.

L'examen se poursuivra dans la salle d'*étude*. Il arrive que le même élève est un de ces lambins qui semblent ne pas oser aborder leur travail. Nullement paresseux peut-être, ils déploient une activité énergique quand ils ont pris goût à leur composition, mais

la foule de leurs idées jaillit trop tard et ils ne peuvent
jamais finir une œuvre avec soin : volontés lâches qui
n'abordent la difficulté que de biais. Tout au contraire, il en est de braves et d'impétueuses, qui s'élan-
cent vers leur besogne comme vers un ennemi ; elles
secouent à la hâte l'inertie qui nous écrase en face de
tout effort pénible. Ceux qui les possèdent sont des
réagissants ; leurs colères vives le prouvent.

Tel est le sanguin ardent au jeu comme à la dispute,
espiègle mais d'une inaltérable gaîté. Il deviendra un
homme parfait si sa débordante activité sait être
tenace et si, maître de lui-même, il sait l'endiguer :
à ces conditions seules, l'esprit d'initiative, qu'on voit
naître chez lui, donnera des résultats féconds. — Au
contraire, s'il ne se tient pas en main, il est exposé à
devenir violent et capricieux, victime de toutes les
contagions morales. Changeant sans cesse, il sera
comme l'écho des activités de son milieu et dans sa
conduite ne sera rien moins que lui-même. C'est
l'homme léger. Il ne s'appartient pas, il est le jouet de
toutes les impressions. Toutes les images, que suscite
le monde qui l'entoure, dominent dans son intérieur.
Sa vie est pleine de contradictions : « une pauvre âme
livrée à la curiosité, à la légèreté, est vraiment comme
les flots de la mer livrée à tous les vents..., ce n'est pas
seulement une terre molle, un sable mouvant, c'est la
mobilité de l'onde » (1). Ainsi le « snob » s'assimile à
toutes les nouveautés et ne se fixe à rien : il est plein
de folle ardeur pour les jeux récemment inventés,
mais il a tôt fait de les délaisser. Il papillonne dans ses
études et ses plus belles résolutions de travail n'aboutissent jamais... On ne sait comment le diriger. Heureu-

_______________

(1) Cf. Mgr Dupanloup, *De la haute éducation intellectuelle*, t. I, p. 18
(Paris, 1866).

sement cette mobilité atteint rarement un degré aussi extrême et elle trouve des correctifs dans la hardiesse et l'audace à entreprendre, qui souvent l'accompagnent. Ceci pourtant conduit aux pires excès si une intelligence nette, une volonté puissante et calme ne modèrent ce besoin d'expansion et ne le soutiennent en le contraignant à la persévérance.

Cette dernière vertu se rencontre chez les élèves brillants. Cependant, elle est d'ordinaire le privilège des élèves laborieux, pour qui l'étude est une série infinie de luttes presque sans succès, obscures, dans lesquelles leur volonté s'obstine, opiniâtre jusqu'à réaliser tous leurs projets. Ceux-là plus tard ne seront ni présomptueux ni volages : ils sauront vouloir et par leur force de volonté commanderont à tous leurs camarades.

*Hésitants* ou *décidés* dans leurs résolutions ; *indolents* et *routiniers* ou *réagissants* et *initiateurs* dans leurs jeux et dans leurs études ; *légers* ou *persévérants* dans la poursuite de leurs projets, *moutonniers* ou *personnels* et parfois *meneurs* dans leur milieu, tels nous apparaissent les enfants à l'école ; mais, chose remarquable, les qualités et les défauts les plus opposés se manifestent chez eux dans des exercices différents. Le paresseux en étude peut être un adroit et un énergique au foot-ball ou un observateur d'une rare patience dans son laboratoire de chimie. Nos remarques précédentes sur les conditions d'action de la volonté nous en diront le pourquoi : images plus nettes, tendances plus vives, exaltées par la jouissance recueillie d'une harmonieuse dépense de force...

b) *Le contrôle par les adaptations.* — Il ne faut donc pas se hâter de déterminer la note dominante d'une âme. Son caractère est chose complexe et les inductions à son sujet doivent être prudentes. Peu à peu seulement et, en, poursuivant l'examen des *assimila-tions spontanées* citées plus haut, nous découvrirons qu'en fait tel motif ou tel mobile enlève toute hésitation de la volonté et décuple la vigueur de l'énergie. Mais la cause de cette prépondérance où réside-t-elle sinon dans une harmonie, une *adaptation* de l'âme avec cet élément de son milieu intérieur.

Cette adaptation peut être due à des circonstances passagères ; elle peut être due également à des convictions et à des sentiments habituels : préjugés ou haines héréditaires, illusions ou égoïsme invétéré, etc... Ainsi, certaines formules, dont on ne discute plus la valeur, nous affligent parfois d'un daltonisme intellectuel, qui fausse toute appréciation des actions et des choses. On les retrouve dans les délibérations qui précèdent l'acte libre de l'enfant, dans les explications ou les excuses qu'il en apporte. Et souvent elles sont renforcées par la passion. L'idée qu'elles expriment ne peut en effet demeurer si longtemps dans un esprit sans s'adjoindre une foule de sentiments. Or, la toute-puissance de ceux-ci est assurée chez l'enfant, lequel ne réfléchit guère. D'autant plus qu'ils se dissimulent comme l'amour-propre, au dire de La Rochefoucauld, au fond d'abîmes où ils sont souvent invisibles à eux-mêmes.

c) *La détermination des aptitudes.* — Ces influences inconscientes, qui vicient les actes spontanés en apparence les plus libres, il importe grandement de les découvrir chez l'enfant. Une bonne méthode pour y arriver est d'examiner les *milieux,* où il se complaît, parce qu'il peut y déployer à l'aise ses aptitudes. *Operari sequitur esse,* l'action révèle quelque chose de l'âme, qui agit ; mais réciproquement la complicité, — que nous avons reconnue nécessaire entre les puissances intimes d'un être et les influences étrangères efficaces sur lui (1), — nous permet d'ajouter que la nature d'un milieu provocateur d'adaptations heureuses révèle la nature des énergies qu'il met en valeur. En elle donc nous pouvons étudier ces dernières, comme en un miroir nous observons les mouvements d'un homme que nous ne pouvons voir directement... *Milieu de vertu ? milieu d'intérêt ?* Quel est celui qui suscite d'une façon constante ou à peu près l'activité calme ou enthou-siaste, calculée ou généreuse ? Est-ce le souci d'une récompense ou une satisfaction de vanité ? est-ce le désir de plaire à ses parents ou l'approbation accordée à l'accomplissement du devoir, qui détermine un élève à travailler ? — Devant quels *spectacles* se réjouit-il ? Le dévouement ou l'acquisition de la richesse ? — Quels *récits* l'intéressent ? — Nous avons déjà signalé ces moyens d'enquête et d'analyse psychologique : ils sont à utiliser ici, afin d'entrevoir chez l'enfant ce fonds inaliénable et difficilement modifié d'aptitudes, dont l'orientation a été déterminée par la nature et par toute la vie antérieure. Grâce à leur fixité relative, ces *aptitudes* nous permettront en effet de prévoir les actes, auxquels l'enfant est prédisposé. Nous pourrons alors intervenir en connaissance de cause dans son éducation morale.

B) *Pour façonner le caractère.*

Cette découverte confirmera ou infirmera nos induc-tions précédentes (2), au sujet de la vocation de l'enfant. Non seulement nous connaîtrons ses aspira-tions sensibles et ses ressources intellectuelles, mais, ce qui dépasse le reste en importance, nous saurons *de quelle énergie* il dispose pour atteindre à l'idéal que

---

(1) Cf. *supra*, livre second, ch. VI.
(2) Cf. *supra*, livre troisième, ch. III et ch. IV.

prudemment il peut choisir. Si une grande vie est un beau rêve de la jeunesse réalisé dans l'âge mûr, notre étude de la sensibilité nous a révélé avec quelle ardeur l'enfant s'en est épris ; — celle de l'intelligence nous a montré ses ressources de réalisation ; — celle de la volonté nous dit s'il a une trempe d'âme assez forte pour mener à bien l'entreprise.

On peut en effet toujours faire fond sur un enfant de volonté persévérante et tenace. Au contraire, malgré les plus belles espérances, on ne peut pas compter sur l'enfant léger. Il est comme ces pâtes visqueuses, qui prennent facilement toutes les formes, mais n'en conservent aucune dès qu'on les abandonne à elles-mêmes. Or, tous les enfants sont un peu légers et cela tient au manque de fixité de leur attention : ils n'ont pas encore de but à poursuivre.

a) *L'idéal à proposer.* — *En choisir un* est donc le premier travail que l'éducateur demandera à leur volonté, mais, guidé par l'investigation préalable dont nous avons rappelé la méthode, il dirigera leur choix vers un but proportionné à leurs aptitudes. Il le fera en mettant sous leurs yeux les diverses fins, qu'il leur est loisible d'élire. Puis, suivant avec soin leur délibération intérieure, il l'éclairera des conseils de l'expérience et des exemples de la vertu.

Plus l'idéal d'action sera net en ces jeunes esprits, plus il sera séduisant et plus la volonté s'élancera vers lui avec vigueur : la claire-vue du devoir en fait aimer la noblesse et pousse à l'accomplir avec promptitude.

A) *Rôle de l'instruction.* — L'instruction, c'est-à-dire l'effort pour enrichir ses connaissances et les préciser, est donc un réel moyen d'éducation. Après en avoir exalté l'importance, on a parfois tenté de la dénigrer. Cependant que produirait la force d'impulsion la plus considérable sans une lumière proportionnée qui la

dirige ? Elle courrait souvent à un désastre. La raison,
qui éclaire notre vie, est au contraire la condition de
notre « vraie liberté ». Il faut donc la développer ; il
faut lui faire prendre des habitudes d'analyse, qui lui
rendront insupportables le vague et l'indécision de la
pensée. De nombreux exercices, tels que la traduction
d'un texte (1) par exemple, seront utiles à ce progrès
intellectuel, tandis que d'autres, comme la déclamation (2), forceront l'élève à vivre en quelque façon les
idées, les sentiments, les volontés qu'il doit exprimer ;
si bien que la tenue d'un rôle pourra contribuer à
épanouir un caractère.

B) *Rôle de la méditation.* — En effet, pratiquer ainsi
une vérité, une émotion, une résolution, la faire sienne
en la réalisant dans son âme, est le moyen de la connaître par l'intérieur, de traverser l'expression verbale,
qui l'enveloppe, pour en saisir la saveur substantielle,
en goûter la douceur, en éprouver l'attrait. A ce prix,
elle devient facilement un principe d'amour, un idéal
d'action. — Or, il est possible à chacun de vivre quelque grande vérité, quelque émotion sublime, quelque
résolution énergique et cela par la *méditation.* C'est
pourquoi, en son « *Introduction à la vie dévote* », si
pleine de sage psychologie, Saint François de Sales
la donne comme indispensable à qui veut devenir

---

(1) Les exercices de traduction semblent à ce point de vue d'excellents
moyens de formation intellectuelle. En face d'une page de latin, par exemple,
l'élève doit commencer par décomposer la forme de la phrase afin de saisir
les détails de l'idée qu'elle recouvre, remarquer pour cela les désinences
des mots, leurs constructions, tous les éléments qui expriment les diverses
nuances de la pensée et font d'une langue une véritable méthode d'analyse.
Puis il cherchera l'équivalent français de cette idée ; et cela exige une nouvelle analyse compliquée d'une comparaison entre les deux idiomes. L'attention passe vivement de l'ensemble aux détails afin d'en assurer la concordance. Tout ceci suppose un travail considérable, qui a sa récompense dans
le développement de la souplesse intellectuelle.

(2) La déclamation peut être un moyen d'éducation morale, car elle
exige l'analyse de tous les états d'âme, que l'on devra exprimer. De plus,
ce n'est pas impunément que pendant de longs jours une âme d'enfant se
sera entretenue dans des idées, des sentiments, des résolutions, qu'elle
cherche à s'assimiler afin de les mieux dire..., il en peut résulter pour elle
une profonde impression.

vertueux ; et des philosophes très avertis la recommandent avec insistance comme moyen d'éducation de la volonté (1). C'est qu'elle seule fait voir d'une manière concrète et détaillée le but à atteindre et réalise par là même le première condition d'une volition énergique.

Lorsque l'enfant, après avoir choisi un idéal de vie, aura pris conscience des énergies dont il dispose pour le conquérir, il s'efforcera de les *mettre en œuvre*.

b) *Les moyens de progrès*. — En cette entreprise, il peut subir des influences étrangères : c'est le deuxième moment où son maître aura quelque action sur lui. Encore cette action ne sera-t-elle qu'indirecte, car il n'est pas de réelle compénétration des âmes et ici, plus encore que dans la formation intellectuelle, la spontanéité de l'enfant réclame un souverain respect. La diminuer par une intervention violente serait ruiner toute espérance d'éducation : il faut au contraire s'attacher à éveiller l'*initiative personnelle* du sujet.

A) *Sollicitations du milieu*. — Les circonstances extérieures, l'organisation d'un milieu plein de sollicitations à agir dans un sens déterminé, des provocations discrètes pourront la promouvoir en vue d'une adaptation progressive au but vers lequel on désire l'orienter.

Cette intervention indirecte fait de l'éducation une œuvre de longue patience, possible cependant. L'élève, en effet, ne se tient pas en garde contre les influences du milieu. Son attention encore neuve se prend à tout sans se fixer à rien. — Chez l'homme fait, la volonté la dirige, mais chez l'enfant, celle-ci est trop faible pour appliquer l'esprit avec quelque persévérance, et le maître doit la remplacer. A lui donc le souci de

---

(1) Cf. J. PAYOT, *L'éducation de la volonté*, p. 92-135 (Paris, 1899).

captiver l'attention spontanée et de la faire vivre en une atmosphère favorable à l'éclosion des activités, qu'il veut développer.

B) *Gradation d'exercices*. — Amorçant l'imagination et la raison de son élève, il lui fera concevoir un idéal qui ne soit pas au-dessus de ses *aptitudes présentes*. Il l'empêchera d'abord de rêver un héroïsme dont il est encore incapable et dont la hauteur l'aurait vite découragé. Ensuite, lui proposant chaque jour, chaque mois, chaque année, une tâche à remplir courageusement au milieu des difficultés, il le rendra peu à peu capable des plus grands efforts. Au violent, il n'ordonnera pas de dompter par un unique coup de volonté et pour toujours l'ardeur de son tempérament... Il tâchera seulement d'obtenir une victoire sur les émotions du jour même. Il lui en demandera autant le lendemain, suscitant autour de lui de nouvelles causes de contrariété et au besoin soutenant d'un regard le courage du jeune lutteur. Puis, feignant de ne plus l'apercevoir, il l'abandonnera seul avec sa vertu et son expérience dans un milieu qui l'irrite. Si l'enfant triomphe de ces petites épreuves, il se forgera une énergie qui pourra aller jusqu'à l'héroïsme dans l'entraînement des grandes circonstances. — On emploiera une méthode analogue à l'égard de l'indolent: on ne lui demandera qu'un effort possible, de manière à lui éviter le découragement tout en lui faisant goûter le plaisir d'atteindre son but. Cet exercice agréable suscitera en lui le désir et la volonté d'agir en même temps qu'il développera ses aptitudes à l'action : telle est la puissance des *adaptations progressives*.

c) *Exemples vivants*. — Remarquons cependant que les sollicitations adressées à la volonté libre ne sont guère déterminantes, si elles revêtent la forme de maximes austères, qui restent à la surface de l'esprit et ne pénètrent point dans le cœur. Au contraire, les gravures, les lectures qui frappent l'imagination, les expériences concrètes, qui émotionnent, ont bien plus de puissance. L'exemple surtout, quand il est donné par une personne estimée et aimée est souverain. Il précise la notion de l'acte à accomplir, indique les moyens de le faire et ruine les objections tirées d'apparentes impossibilités. Enfin, il nous entraîne à l'*acte commun*, par imitation voulue jusqu'à l'*assimilation* (ce qui, nous le savons, est le terme de toute influence efficace). Il nous y entraîne d'une manière irrésistible, sous la pression du besoin que nous éprouvons toujours. de nous rendre semblables à ceux que nous admirons et que nous aimons.

c) *Les fruits de l'effort personnel.* — Ainsi procède cette maïeutique morale, qui amène l'enfant *à vouloir par lui-même*. Elle évite toute discipline constrictive qui transforme les écoles en « geôles de jeunesse captive », défiante et hypocrite ; au contraire, elle amorce sans cesse et guide l'énergie (1).

L'enfant orientera donc lui-même son activité. Sous l'influence de son maître, influence discrète sans doute, mais d'autant plus efficace qu'elle est plus aimante et plus aimée, il se mettra par un effort personnel à la poursuite d'un idéal de vertu. Ses luttes lui en auront fait connaître la grandeur ainsi que les difficultés à vaincre pour l'atteindre ; elles lui auront en même temps fait prendre conscience des ressources dont il dispose. Il se sera exercé à la maîtrise de soi, il en aura goûté la suprême satisfaction et entendra ne plus l'abandonner jamais.

---

(1) Cf. Rollin, *Traité des Études*, liv. VII, 1ʳᵉ p., art. X, p. 343 (Paris, 1819) « Il ne faut jamais perdre de vue ce grand principe, que l'étude dépend de la volonté, qui ne souffre point de contrainte. « *Studium discendi voluntate, quae non cogi potest; constat* » (Quintilien) ».

*<br>* *

3. — *Influence sur une foule.*

Quant au principe d'où surgissent les résolutions
collectives, à cette volonté commune qui, dans une
foule, engendre des décisions auxquelles les volontés
prises individuellement se refuseraient, pouvons-nous
quelque chose pour l'éclairer, la diriger, l'élever ?

Généralement incapable de se conduire elle-même,
la foule est emportée par la violence des instincts qui
se déchaînent en elle. Elle en devient irresponsable en
ses moments de passion. Cependant, chez elle comme
chez les individus, ces explosions d'enthousiasmes et
de haines ne sont pas des générations spontanées.
Elles sont préparées par un long travail, qui dépose
dans les âmes des sympathies ou des répugnances à certaines vertus et à certains vices. En un mot, il est des
circonstances qui conditionnent les décisions de la
foule.

A cause de cela, il est possible d'agir sur elle avec
l'espérance d'influer sur le formidable élan, dont elle
dispose. Mais d'abord, il faut la connaître telle qu'elle
est au moment où l'on veut intervenir et dans ces cas
particuliers notre méthode d'investigation peut n'être
pas inutile.

A) *Investigation.* — a) *Les prédispositions de caractère.*
— Sous les phénomènes complexes et extrêmement
mobiles qui constituent la vie d'une foule, d'un groupe,
d'une nation, on peut découvrir, nous l'avons vu,
certaines *orientations de sympathies*, de préférences, qui
ne changent guère ou du moins qui se modifient très
lentement. On y peut découvrir aussi une certaine
constance dans leur manière de vouloir. On distingue

alors des foules enthousiastes et à volonté mobile, comme le peuple de Paris, ou froidement résolues, haineuses et à volonté durable, comme certains groupes révolutionnaires solidement organisés. Les excitations qui réussissent à les mettre en émoi, auxquelles elles font toujours écho par leurs cris, leurs chants, leurs hurlements, ne nous révèlent pas seulement leurs dispositions actuelles, mais manifestent encore les *prédispositions habituelles* qui les font vouloir avec violence.

Il y a donc des *aptitudes* assez déterminées qui donnent une physionomie caractéristique à telle foule, à tel groupement, à telle nation (1).

b) *Les expérimentations d'essai.* — Mais les circonstances dans lesquelles elles se déploient ne sont jamais deux fois les mêmes. C'est pourquoi il est difficile de prévoir l'action d'une foule. Avant donc d'intervenir, pour guider sa volonté, il est essentiel de l'étudier, de l'essayer, de la tâter, en lui donnant l'occasion de manifester son état actuel par l'acceptation ou le rejet de résolutions préalables. Selon qu'elle s'adapte par une réponse favorable ou ne s'adapte pas à ce qu'on souhaite lui faire vouloir, on saura dans quel sens une action sur elle a chance d'être efficace et comment on la réalisera.

c) *La promptitude et le sens des réactions.* — Ensuite, afin de mesurer sa force actuelle d'élan, son goût actuel de l'indépendance, le degré de conscience qui l'éclaire encore, il est nécessaire d'examiner la promptitude de ses réactions, la valeur des motifs qui emportent son assentiment, la confiance ou la défiance

_______________

(1) Cf. Sc. SIGHELE, *La foule criminelle*, 1<sup>re</sup> p., ch. III (Paris, 1901). Responsabilité de la foule criminelle, p. 120-146, où par comparaison avec les effets de la suggestion sur un sujet et les conditions de sa réussite, l'auteur montre qu'il y a un fonds de prédispositions bonnes ou mauvaises dans les foules...

qu'elle manifeste à qui lui parle de tel projet vertueux
ou intéressé. Toutes connaissances indispensables pour
une action efficace et qui ne peuvent s'obtenir que par
l'étude spéciale de chaque cas particulier. Nous n'en
pouvons rappeler ici que la méthode : examen des
sympathies et assimilations spontanées, lesquelles
découvrent les *aptitudes* de la foule ; examen des
adaptations provoquées, qui réussissent, pour savoir
*comment* on peut *hic et nunc* avoir prise sur elle ;
examen de son état psychologique *actuel*, par rapport
à la décision qu'on veut lui suggérer.

B) *Action*. — a) *Par glissements successifs*. — Grâce
à ces renseignements, on pourra tenter d'orienter la
volonté de la foule. La foule, en effet, se constitue dès
qu'une même passion, une même idée, une même intention émeut d'une sympathie commune des individus
divers, les rassemble dans une conviction identique,
les pousse vers un but unique. Mais elle se désagrège
avec une égale facilité, dès que s'évanouit le principe
d'union. Que celui-ci, par une série de glissements successifs, se déplace ou varie, « l'âme commune » le suit
en ses changements : de là les retours et les contradictions de la volonté populaire. Il suffit qu'un meneur
habile capte l'attention de la foule et lui fasse entrevoir
sous un jour nouveau l'objet de ses amours et de ses
haines. Pas plus qu'elle ne sait penser par elle-même,
elle ne sait se décider après une sage délibération. Les
sentiments et les idées en fermentation chez les individus rassemblés se heurtent en un chaos pénible : ils
font songer à une lave en fusion qui cherche une fissure
par où s'écouler. Qu'un homme résolu leur ouvre une
voie, ils s'y déversent aveuglément, pourvu toutefois
qu'il s'y prenne avec habileté. S'il connaît la direction
générale des résolutions de ceux qui l'écoutent, leurs
aspirations habituelles, leur volonté d'aujourd'hui, —

qu'il les fasse siennes d'abord, qu'il épouse leurs colères et leurs enthousiasmes, qu'il ne semble être que le porte-parole de chacun d'eux ; puis, peu à peu, par des transitions insensibles, — nous dirions volontiers par des *adaptations progressives*, — il les amènera à sentir comme lui, à penser comme lui, à vouloir comme lui.

b) *Par provocation et traduction des vouloirs confus.* — Mais le résultat de son effort s'évanouira bientôt si, pour conserver son prestige et l'augmenter, le meneur ne sait pas travailler à longue échéance. Profitant de la confiance qu'un premier contact avec la foule lui a attirée, il doit veiller sans cesse à fortifier les résolutions qu'il a suggérées. Les journaux, par exemple, lui sont un moyen de créer une atmosphère intellectuelle et sensible, dont l'influence s'insinue partout sans qu'on puisse s'en défendre. Par eux, il peut assurer ses triomphes futurs en développant dans l'âme de ses partisans des aptitudes, qui seront complices de son action sur eux. Ce sont elles, qu'au jour choisi par lui, il avivera encore par des chansons, des cris, des provocations, voire des contradictions... Aussi, dès que sous une forme concrète et vivante, il jettera à son auditoire les mots et les images, qui traduisent d'une manière vibrante les mêmes aspirations et les mêmes volontés, tous se sentiront en sympathie avec lui ; ils s'enthousiasmeront lui sachant gré d'exprimer avec un tel feu des sentiments, qui sont les leurs, et ils s'abandonneront à lui avec une confiance aveugle.

c) *Par résolutions collectives.* — Alors se passera un phénomène curieux mais incontestable : exaltée par cette sorte de fluide, que dans les grandes assemblées on sent aller de celui qui parle à ceux qui écoutent, la sympathie réciproque s'accroît, devient totale. Toute la foule est soulevée du même souffle : ce n'est plus qu'un corps dont l'orateur est l'âme. En cette *assimilation* parfaite, l'influence de ce dernier apparaît souverainement efficace pour le bien ou pour le mal. Et elle durera après ses triomphes de parole, pourvu que, les discours terminés, il sache par son exemple et son dévouement, maintenir toujours la foule dans une volonté d'action vertueuse.

*Conclusion* : a) *Éducation des masses.* — Ainsi se fait l'éducation des masses : groupe, corporation, nation. Que ce soit par la parole, par l'exemple ou de toute autre manière, tenir l'attention des hommes en éveil sur l'idée d'une qualité à acquérir, la leur faire estimer, désirer et vouloir, c'est peu à peu par un travail inconscient d'adaptation les élever jusqu'à elle, les y prédisposer et déjà comme en germe la réaliser chez eux. De là l'utilité d'une *devise* nette et souvent répétée.

Ce n'est pas autrement que se forme la conscience professionnelle souvent si puissante et révélatrice d'une réelle éducation collective de la volonté. En effet, qu'est-ce qu'acquérir l'esprit militaire, par exemple, sinon accepter, par l'influence du milieu, une série de décisions toutes faites, adapter progressivement son âme aux actes, qu'elles réclameront un jour et par là se rendre capable de les accomplir au prix des plus grands sacrifices. C'est en son éducation militaire que d'Assas avait puisé ses principes d'héroïsme, voilà pourquoi son dévouement honore tout le corps auquel il a appartenu.

Napoléon, grâce à la connaissance instinctive qu'il eut de la foule française, grâce aussi au talent avec lequel il entretint son prestige, sut faire de ses recrues les premiers soldats de l'Europe. L'on respirait l'héroïsme dans ses camps et la contagion était si forte que nombre de conscrits amenés malgré eux sous les armes devenaient bien vite des fanatiques de l'empereur résolus à toutes les morts pour lui.

De semblables influences peuvent s'exercer sur toutes les foules au moyen d'une pression discrète et continue du milieu, qu'un chef doit savoir organiser. Sans doute, cette action est lente, mais elle n'en est que plus efficace. Les siècles sont peut-être pour les nations et les modifications qu'elles subissent ce que sont les années dans la vie des hommes. Dans ses « Spectacles contemporains » (1), M. de Vogué donne un bel exemple de ce que peut une intention persévérante pour transformer un peuple. Il s'agit de Guillaume I<sup>er</sup> qui, doué d'une intelligence ordinaire, « avait reçu un don plus précieux pour régner : une volonté patiente toujours appliquée aux mêmes objets ». Lorsque ce prince voulut refaire son peuple et réveiller son énergie, il l'a plié sous le joug d'une discipline sévère ; il a exercé son courage par le sacrifice. De gens paisibles, lymphatiques et mous, il a fait de vigoureux soldats. La race a été comme repétrie par ses rudes mains.

b) *Solidarité sociale.* — Si telle peut être l'influence d'un chef, on comprend la responsabilité qu'un gouvernement assume par rapport à la nation tout entière. A lui incombe donc le devoir de faire adopter au peuple un idéal élevé de clarté intellectuelle et de vertu morale, de lui faire aimer le vrai, le beau, le bien, de nourrir sa volonté de résolutions généreuses. Mais, chaque citoyen est tenu de coopérer à cette œuvre : la *solidarité sociale* l'y oblige. On ne peut d'ailleurs être bon ou mauvais pour soi seul. Tous nos actes, en effet, ont un retentissement sur ceux qui nous

---

(1) P. 98 et suiv.

entourent. Cette pensée nous fait concevoir une plus haute idée de l'influence que nous pouvons tous exercer dans notre sphère, et nous fait souhaiter plus ardemment d'avoir trouvé une méthode qui nous indique mieux l'effort à entreprendre et la manière de le rendre plus efficace.

# CONCLUSION

Sommaire. — Résumé : 1. L'enquête et les conclusions. — 2. Les procédés de la double méthode d'investigation et d'action. — 3. A quoi se ramènent toutes les influences réciproques. — 4. Leur ampleur : l'aspiration suprême.

« Savoir afin de pouvoir », la science pour l'action, tel est le but que nous avons poursuivi. C'est pourquoi, s'il nous a semblé intéressant d'étudier l'expansion de l'activité humaine, c'est afin de connaître les moyens de la promouvoir. Il nous fallait pour cela découvrir le secret des influences réciproques.

Celles-ci se présentent comme un fait dont nous sommes les témoins en nous et hors de nous (livre premier, ch. I). — Suivant quelles lois s'exercent-elles ?

1. *L'enquête et les conclusions.* — Une enquête menée à travers les phénomènes de notre vie sensible, intellectuelle, volontaire et par manière de contre-épreuve à travers les phénomènes du monde, qui nous entoure, physique, physiologique, psychologique, nous a conduits à une conclusion appuyée sur toute la rigueur du raisonnement expérimental. Nous l'avons énoncée sous forme de loi empirique : *toute influence s'exerce par voie d'assimilation* (Livre premier, ch. II, III, IV, V).

Par cela même, toute assimilation devient le *signe* d'une influence efficace. Les théories les plus opposées, émises pour expliquer les actions réciproques, s'accor-

dent en ce point, nous l'avons constaté (Livre second,
ch. I). Leurs divergences s'accusent seulement dès
qu'il s'agit de rendre compte de la nature même de
cette assimilation.

En quoi consiste-t-elle ? — Est-elle le résultat d'une
*compénétration* des substances, comme le veut l'empirisme à la façon de Démocrite (Livre second, ch. II) ? —
Est-elle l'effet d'une *harmonie préétablie* entre les
êtres, comme le soutient Leibniz (Livre second, ch. III)?
— Est-elle la manifestation d'une *identité foncière*
sous une distinction de surface, comme l'enseigne le
monisme depuis Schopenhauer principalement jusqu'à M. H. Bergson (Livre second, ch. IV).? — Aucune
de ces hypothèses n'est admissible et en les réfutant
nous avons montré 1º qu'entre les substances il n'y a
*pas de compénétration*, car leur immanence essentielle
est inviolable ; 2º qu'entre elles il y a *plus qu'une
harmonie préétablie*, car l'action est réellement efficace ; 3º qu'entre elles il y a une *distinction radicale*
malgré des ressemblances et des aptitudes sympathiques, qui rendent possible ou facilitent l'influence
des êtres entre eux.

Mais, — loin de résoudre le problème, — ces conclusions semblent mettre dans une lumière plus crue,
*l'antinomie de la causalité* : rien ne passe de l'agent
dans l'agi et pourtant l'action du premier produit un
effet dans le second. — Comment concilier ces deux
termes ? — Comment concevoir entre des substances
distinctes une action efficace sans une mutuelle compénétration ?

La solution nous est suggérée par ce fait que le
résultat de toute influence réelle est une assimilation.
En effet, si l'action engendre une ressemblance, si son
expansion se marque par une harmonie grandissante
entre l'agent et l'agi, et si le premier respecte néces-

sairement l'essentielle immanence du second, cette harmonie, qui les rapproche et progressivement les assimile l'un à l'autre, ne peut être le résultat que d'une *adaptation*.

Elle est la seule hypothèse valable. Elle se trouve d'ailleurs confirmée par les vérifications expérimentales demandées à l'emploi des méthodes d'accord, de différence et de variation : *pour un être les possibilités d'influence subie ou exercée se mesurent à ses puissances d'adaptation passive ou active* (Livre second, ch. V).

Ces puissances passent à l'acte sous l'intervention de l'agent, dont l'initiative impose, détermine, dirige une évolution des capacités du sujet, afin de l'entraîner dans une action identique à la sienne. Ainsi l'adaptation, lorsqu'elle est achevée, aboutit à l'union dans un *acte commun* (Livre second, ch. VI). Nous avons déterminé la nature de cet acte commun qui constitue, à notre avis, le véritable moyen d'influence causale. Nous en avons aussi dégagé les conditions nécessaires : l'initiative de l'agent, en effet, n'est efficace que si elle rencontre un accueil favorable dans le sujet sur lequel elle s'exerce. Or, cela suppose en ce dernier l'existence de prédispositions sympathiques, de similitudes ébauchées, d'*énergies complices* sous forme d'aptitudes à l'acte auquel on veut l'amener. Celles-ci, chez les êtres concrets, sont *définies* et n'entrent en jeu que sous une excitation *adaptée* à leur nature (Livre second, ch. VII).

Ces énergies intimes, innées ou acquises, analogues à ce que les anciens appelaient *raisons séminales* (Livre second, ch. VIII) sont donc les ressorts ultimes de l'activité. C'est à elles, par conséquent, que doit s'adresser une intervention qui veut être efficace. Il est donc très important de les connaître.

2. *La double méthode.* — Il nous a semblé que ce

résultat précieux était le point d'arrivée de toutes nos recherches. Elles nous suggèrent, en effet, une double méthode d'investigation et d'action (Livre troisième, ch. I), qui peut, dans des conditions déterminées (*Livre troisième, ch. II*), éclairer et guider notre influence dans l'ordre *psychologique* (formation personnelle), dans l'ordre *pédagogique* (éducation d'autrui), dans l'ordre *social* (action sur une foule).

A partir des faits que nous offre l'observation, nous remonterons donc jusqu'aux énergies qui les produisent : les *assimilations spontanées* nous révélant les sympathies et les propensions d'un être, nous en font connaître les dispositions présentes, ainsi que l'orientation actuelle de son activité ; — les *adaptations,* auxquelles il se plie volontiers au cours de nos expérimentations, nous permettent de voir quelles influences sont efficaces à son endroit et comment elles ont prise sur lui ; — enfin la *manière* constante, suivant laquelle il réagit sous les multiples excitations qu'apportent les circonstances, nous livrent le secret de ses énergies intimes, de ses aptitudes foncières.

Eclairés par cette analyse, nous pourrons influer sur l'évolution de la synthèse éminemment concrète et vivante que constitue le progrès d'une âme. Alors, en effet, il nous sera possible de choisir en connaissance de cause un but, un idéal en harmonie avec les dispositions et les *ressources* du sujet, sur lequel nous voulons agir (nous-mêmes, autrui, la foule). Nous serons à même d'en développer les aptitudes au moyen d'*adaptations progressives,* dont nous avons reconnu l'efficacité sur lui, jusqu'à ce que nous l'amenions enfin, par une *assimilation* aussi parfaite que possible, à la possession intime, à la réalisation en son âme de cette science ou de cette vertu, vers lesquelles nous avons entrepris de l'élever.

Pour faire ressortir l'efficacité pratique de notre méthode, nous avons montré en détail par quelles étapes et au prix de quels travaux on peut faire ce double chemin dans le domaine de la vie sensible (Livre troisième, ch. III), dans le domaine de la vie connaissante (Livre troisième, ch. IV), dans le domaine de la vie morale (Livre troisième, ch. V).

3. *A quoi se ramènent toutes les influences réciproques.* — Il ne nous reste plus qu'une remarque à faire, c'est que l'assimilation est la caractéristique de toute action réelle et concrète. L'influence efficace, en effet, s'exerce toujours *entre deux assimilations.* Elle suppose dans son sujet une ressemblance ébauchée avec l'idéal où elle veut le conduire, et son œuvre consiste à développer cette ressemblance, au moyen d'adaptations sagement graduées, qui amorcent certaines aptitudes initiales, les fortifient et en font des principes d'action future. L'influence n'est donc possible qu'entre les êtres qui possèdent des « parentés complices », et elle n'est efficace que là où se rencontrent des aptitudes préordonnées. Elle est, au sens étymologique du mot, une éduction, une éducation *(e ducere).* Elle tire de la puissance où elles sommeillent les énergies des êtres pour les élever à l'acte ; et cette transformation marque tous les progrès que nous devons aux influences réciproques.

4. *Leur ampleur : l'aspiration suprême.* — C'est ainsi que d'une marche irrésistible s'accroît sans cesse l'harmonie de l'univers « poème magnifique, qui s'embellit au cours des temps » (1).

Mais la plus belle et intéressante pièce de cet univers

---

(1) Cf. Saint Bonaventure, *in II Sent.* dist. XIII, art. I, q. II, ad 2um, édit. *Collegii s¹ Bonaventurae* (Quaracchi 1882), t. II, p. 315.

n'est-elle pas l'homme lui-même ? il en est le centre vers lequel tout converge et le couronnement qui l'achève. Grâce aux ressemblances et correspondances qui l'unissent au monde, grâce aux parentés complices de son corps avec la matière il exerce et subit des influences, qui l'ont fait avec raison considérer par les anciens comme un microscome, comme le résumé de la nature. Bien plus, en vertu de son besoin d'expansion, que nous avons signalé à notre point de départ (1), il la domine, la met à son service, il se l'assimile en quelque sorte : au sens scolastique du mot son âme l'informe, l'anime de son intelligence et de sa volonté. Interprète et maître de la nature, il en devient le représentant et l'ambassadeur pour traduire et répéter ce chant par lequel les cieux sans le savoir célèbrent leur auteur « *Cœli enarrant gloriam Dei* » (2).

En fait, il se sent porté à remplir ce rôle sublime, car « une inclination naturelle d'aymer Dieu sur toutes choses » (3) l'y amène spontanément. Or, « ce playsir, ceste confiance que le cœur humain prend naturellement en Dieu ne peut provenir que de la bonne convenance qu'il y a entre ceste divine bonté et nostre âme... Nous sommes créés à l'imaige et semblance de Dieu » (4). Voilà pourquoi le mouvement de notre action vise de lui-même à parfaire cette ressemblance.

Alors, comme nous l'avons constaté (5), l'homme veut rejoindre Dieu et s'unir à Lui. En vérité, les *aptitudes foncières* de sa nature autorisent cet espoir et l'y incitent, tandis que le bonheur des *adaptations*, qui constituent son progrès, exalte à l'infini son

---

(1) Cf. *supra*, livre premier, chap. I.
(2) Ps. XVIII.
(3) Cf. Saint François de Sales, *Traité de l'Amour de Dieu*, liv. I, ch. XVI, édit. Dom Mackey (Annecy, 1894), t. IV, p. 77.
(4) *Ibid.*, ch. XV, p. 76.
(5) Cf. *supra*, livre premier, ch. I.

amour de ce Souverain Bien ; et dans un irrésistible·
élan il rêve *d'assimilation totale.*

Cependant, si la cause efficiente, fût-elle divine,
n'absorbe pas le sujet sur lequel elle agit et respecte
son immanence essentielle, à plus forte raison l'homme
n'absorbera pas la divinité dont il fait la cause finale
de son action. La barrière est infranchissable. Aussi,
toute participation à la vie divine se réduira nécessairement à une imitation.

Même en ces limites, l'entreprise est déjà assez
séduisante pour légitimer notre effort, mais de plus
elle s'impose à nous comme notre destinée. « Devenir
semblable à Dieu autant qu'il est possible » (1), c'est
la loi de toute morale humaine, telle que, au dire de
Platon, l'a voulue le « Dieu bon, exempt d'envie » (2) ;
dans un plan infiniment supérieur, c'est encore la loi
de la morale surnaturelle, puisque au dire de saint Paul,
nous sommes tenus de « devenir les fidèles images du
Christ » (3), modèle éternel, parfait puisqu'il est Dieu,
imitable puisqu'il est homme et que nous sommes
apparentés avec lui.

Il est vrai que cet idéal est de fait au-dessus de nos
forces et cependant l'atteindre semble bien être la
tâche nécessaire. — Il faut que l'homme se dépasse
lui-même. « O la vile chose et abjecte que l'homme
s'il ne s'élève au-dessus de l'humanité ! — Voilà un
bon mot et un utile désir, mais pareillement absurde ;
car, de faire la poignée plus grande que le poing, la
brassée plus grande que le bras et d'espérer enjamber
plus que l'étendue de nos jambes, cela est impossible
et monstrueux, ni que l'homme se monte au-dessus
de soi et de l'humanité, car il ne peut voir que de ses

---

(1) Cf. *Théétète*, édit. Firmin-Didot, n° 176, b.
(2) Cf. Timée, *ibid.*, n° 29, e.
(3) *Ad Rom*, VIII, 29.

yeux et saisir que de ses prises ». — Mais, ajoute Montaigne (1), « Il s'élèvera si Dieu lui prête extraordinairement la main ; il s'élèvera abondamment et renonçant à ses propres moyens et se laissant hausser et soulever par des moyens purement célestes. C'est à notre foi chrétienne, non à la vertu stoïque, de prétendre à cette divine et miraculeuse métamorphose ».

Ainsi, quand l'homme a atteint ses limites, il aspire à un progrès qu'il lui est impossible de réaliser.

Son « inclination naturelle d'aymer Dieu sur toutes choses » (2), signe « indice et memorial de nostre premier principe... (3), belle marque-de nostre origine » (4) révèle l'existence en lui d'une *aptitude* à s'élever par un mouvement de retour vers son premier principe. Mais « la nature n'est-elle pas vayne de nous inciter à un amour qu'elle ne peut nous donner ? » (5) — Certes, nous constatons ici l'impuissance « de notre cheftive nature navrée par le péché » (6), et notre indigence implore un secours d'en haut. Or, nous dit saint François de Sales : « L'inclination... d'aymer Dieu sur toutes choses, que nous avons par nature, ne demeure pas pour néant dans nos cœurs : car, quant à Dieu, il s'en sert comme d'une anse pour nous pouvoir plus suavement prendre et retirer à soy » (7).

Il nous donne, en effet, des « moyens purement célestes » pour aider au succès de nos adaptations progressives en chacune des étapes sensibles, intellectuelles et morales, à travers lesquelles nous avons conduit notre bonne volonté. Et finalement, répon-

---

(1) Cité par E. FAGUET, *La démission de la morale*, p. 352 (Paris, 1910).
(2) Cf. SAINT FRANÇOIS DE SALES, *loc. cit.*
(3) *Ibid.*, liv. I, ch. XVIII, p. 84.
(4) *Ibid.*, p. 85.
(5) *Ibid.*, p. 83.
(6) *Ibid.*, ch. XVII, p. 82.
(7) *Ibid.*, ch. XVIII, p. 84.

dant à nos efforts, il nous unit à Lui par ce merveilleux accroissement de ressemblance surnaturelle, qu'apporte la grâce divine. En cette *assimilation* suprême s'achève tout le cycle de l'influence efficace (1).

---

(1) Nous proposons des exemples concrets de cette ascension de l'âme : son principe, son mouvement, son achèvement dans notre étude sur *La méthode d'influence de Saint François de Sales.*

# TABLE DES MATIÈRES

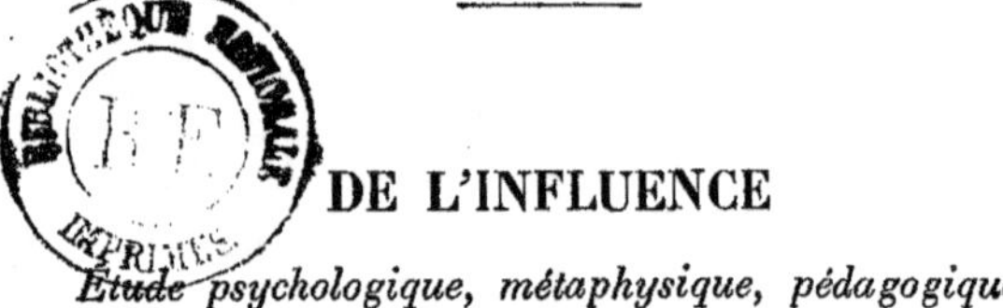

## DE L'INFLUENCE

*Étude psychologique, métaphysique, pédagogique*



## LIVRE PREMIER

### ENQUÊTE EXPÉRIMENTALE

#### CHAPITRE PREMIER

*Le fait des influences réciproques*

### Chapitre II

*Comment s'exercent les influences réciproques dans la vie sensible ?*



### Chapitre III

*Comment s'exercent les influences réciproques dans la vie intellectuelle ?*



### Chapitre IV

*Comment s'exercent les influences réciproques dans la vie volontaire ?*



### Chapitre V

*Contre-épreuve expérimentale*

# LIVRE SECOND

## EXPLICATION

### Chapitre premier

#### *Les diverses hypothèses*



### Chapitre II

#### *L'hypothèse de la compénétration des substances*



### Chapitre III

#### *L'hypothèse de l'influence idéale*

### Chapitre IV

#### *L'hypothèse de l'identité foncière*



### Chapitre V

#### *L'adaptation progressive*



### Chapitre VI

#### *Comment se fait l'adaptation progressive*



### Chapitre VII

#### *Les exigences de l'adaptation progressive*

# LIVRE TROISIÈME

## APPLICATION

### Chapitre premier

*Recherche d'une méthode d'application*

## Chapitre V

### *Méthode d'influence dans la vie morale*

---

# CONCLUSION

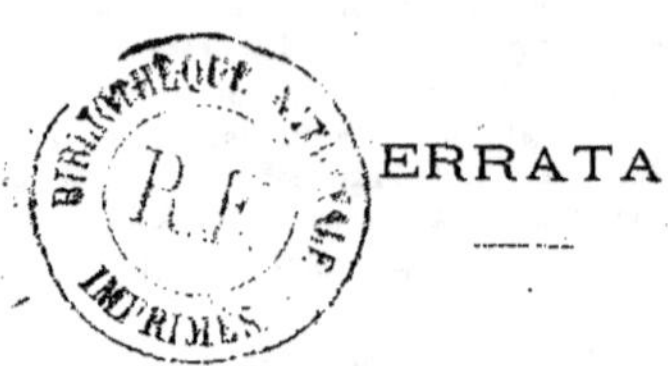


## ERRATA

| p. 10, | ligne | 33, | au lieu de : | (φιλία | lire : | (φιλία) |
| --- | --- | --- | --- | --- | --- | --- |
| — | — | 35, | — | avorise | — | favorise |
| p. 21, | — | 11, | — | qu'elles | — | qu'ils |
| p. 83, | — | 30, | — | qu'ils | — | qu'elles |
| p. 84, | — | 1, | — | ils | — | elles |
| p. 88, | — | 14, | — | broyées | — | broyé |
| p. 103, | — | 6, | — | ιδωλα | — | εἴδωλα |
| p. 116, | — | 30, | — | physiologique | — | psychologique |
| p. 148, | note | 3, | — | d | — | *ibid* |
| p. 198, | ligne | 18, | — | ρεξ | — | ὄρεξις |
| p. 199, | — | 8, | — | μιγμα | — | μίγμα |
| — | — | — | — | ριστον | — | ἀόριστον |
| p. 218, | — | 29, | — | et le rôle | — | et tel est le rôle |
| p. 232, | — | 10, | — | de l'âme » | — | intérieur » |
| p. 241, | — | 8, | — | peux, | — | veux |
| p. 268, | — | 14, | — | déterminé | — | déterminées |
| p. 270, | — | 9, | — | extrème | — | extrèmes |
| p. 278, | — | 3, | — | ce | — | se |
| p. 282, | — | 38, | — | *humori* | — | *humeri* |

p. 283, ligne 6, lire : de mon imagination, de ma raison